KB203160

신부단장 지침서를 하나님께...

신부단장 지침서를 여러분께...

너희가 성경에서 영생을 얻는 줄 생각하고 성경을 연구하거니와

이 성경이 곧 내게 대하여 증언하는 것이니라 요한복음 5:39

이르시되 때와 시기는 아버지께서 자기의 권한에 두셨으니 **너희가 알 바 아니요** 사도행전 1:7

그러나 그 날과 그 때는 아무도 모르나니 하늘의 천사들도, 아들도 모르고 오직 아버지만 아시느니라 마태복음 24:36

이르시되 **미혹**을 받지 않도록 주의하라 많은 사람이 내 이름으로 와서 이르되 내가 그라 하며 때가 가까이 왔다 하겠으나 그들을 따르지 말라 누가복음 21:8

주께서 호령과 천사장의 소리와 하나님의 나팔 소리로 친히 하늘로부터 **강림**하시리니 그리스도 안에서 죽은 자들이 먼저 일어나고 데살로니가전서 4:16

너희도 길이 참고 **마음**을 굳건하게 하라 주의 강림이 가까우니라 야고보서 5:8

보라 **내가 속히 오리니** 내가 줄 상이 내게 있어 각 사람에게 그가 행한 대로 갚아 주리라 요한계시록 22:12

이것들을 증언하신 이가 이르시되 **내가 진실로 속히 오리라** 하시거늘 아멘 주 예수여 오시옵소서 요한계시록 22:20

차 례

이는 보좌 가운데에 계신 어린 양이 그들의 목
자가 되사 생명수 샘으로 인도하시고 하나님께
서 그들의 눈에서 모든 눈물을 씻어주실 것임이라

[요한계시록 7:17]

1부

무명인이 전하는 간곡한 부탁

─────── ♔ ───────

저는 지금도 제 스스로 생각하기를 매우 미천한 사람이라고 생각을 하며 살고 있습니다. 왜냐하면 예수님께서도 자기 자신 스스로를 아무것도 아닌 존재로 만들어서 아버지의 뜻을 이루시려고 겸손의 본체로 살아오신 것을 간곡히 본받고 싶기 때문입니다.(빌 2:7-8 영어원문 성경 번역) 그러나 여러분들이 이 기도 책을 찾아주셔서 많은 사람들이 읽어주시고 그로 인해서 제가 미지근한 수준 단계까지 올라오게 되었습니다. 저 같은 자가 가장 밑바닥에서 이제 중간단계가 되는 미지근한 층까지 오게 된 것은 다 하나님의 은혜요, 여러분들의 덕분입니다.

여러분들 이 시간 혹시 여러분의 신앙이 차지도 덥지도 않고 미지근하여서 근심하고 계십니까? 여러분들이 근심하는 현재의 영적 근심은 하나님께서 주시는 하늘의 선물로써 회개에 이르게 하는 근심이요, 천국에서 빛나는 상을 받고 장차 큰 칭찬을 받을 수 있는 아주 귀한 영적인 근심이라는 것을 꼭 기억해 주시면 고맙겠습니다. 여러분은 이제 올라갈 것이 반 밖에 남지 않으셨습니다. 오르려고 하는 자는 성장할 것이고 가만히 있는 자는 그대로 남아있는 신앙이 될 것입니다. 제가 여러분들을 위하여서 그 미지근한 신앙이 자라나고 성장하도록 섬겨 드리기 위하여 이 책을 쓰게 되었습니다. 이 신부단장 지침서를 통하여 여러분들에게 처음 사랑을 회복하도록 돕고, 더 나아가서는 처음 사랑보다 더 큰 불이 임하여 그리스도 안에서 열정적인 영의 사람이 될 수 있도록 섬기겠습니다. 저는 아직도 여전히 미천하고 미흡하기는 하나 성경에 있는 말씀을 성령으로 여러분께 메시지를 전달해 드리도록 최선을 다하겠습니다. 오직 성령만이 하나님의 깊은 뜻을 통찰하고 계시므로 성경의 원 저자이신 성령의 뜻을 따라 이 지침서를 먼저는 하나님께 두 손 모아 올려 드리고 그 다음 여러분의 가슴에 고이 안겨 드리고자 합니다.

　여러분, 오직 성경만이 절대적인 진리이며 변하지 않는 영원한 하나님의 말씀입니다. 주변에서 어느 누가 그럴듯한 말로 현혹할지라도 성경에 없는 말을 하고 있다면 그것은 진리가 아니므로 따르지 말아야 합니다. 사람의 전통을 하나님의 말씀보다 비교우위에 놓고 교묘하게 말씀과 섞어서 하는 것에도 미혹되지 마십시오. 이 모든 것에서 제가 여러분께 확실한 영적 해법을 알려 드리겠습니다. 누구와 대화하였을 때 뭔가 생각이 정리가 안 되거나 마음에 걸림이 있다면 그것을 따르지 않으시기를 간곡히 부탁드립니다. 특별히, 말하는 것과 행동하는 것에 불일치가 많을수록 가짜일 가능성이 매우 높습니다. 그의 삶이 성경과 일치되는지 확인해 보시고 "무슨 음성을 들었다" "무슨 환상을 보았다"라고 하는 사람들과도 깊은 만남을 갖지 않으시기를 적극 권면해 드립니다. 진짜 성령의 사람은 실제로 보고 들었을지라도 그것이 너무 귀하고 소중해서 자칫 흘러가게 될까봐 말을 절대 금언하며 아끼고 심지어는 자기가 본 것과 들은 것을 하나님이 강권적으로 하라고 하지 않는 한 절대로 말하지 않습니다.

그러므로 알려진 사람이라고 해서 맹목적으로 찾아가서 여러분의 속얘기를 말하지 마십시오. 여러분이 가지고 있는 그 약점을 역이용하는 악한 자들이 그럴듯한 타이틀을 가지고 여러분의 마음을 어지럽혀서 여러분의 영혼을 노리고 있습니다. 특별히, 헌금을 은연중에 말하거나 여러분으로 하여금 도울 수밖에 없도록 양심의 벼랑 끝으로 몰아가는 사람들을 주의하십시오. 그리고 순종 순종 순종을 강요하여 어떤 봉사를 지속적으로 강요한다거나 하나님의 말씀을 이용하여 불순종 하는 것을 지적하고 혼내면서 끝끝내 직분이나 봉사를 요구한다면 과감하게 그 자리에서 나오셔야 합니다. 진정한 하나님의 사람들은 상대방의 허물이 있을지라도 직접적으로 마음 상하게 말을 하지 않고 그 허물을 덮어주고 타인의 약점을 말하지 않는답니다. 왜냐하면 죄가 되는 것을 절대하지 않으니까요. 여러분들은 오직 성경에 있는 말씀만을 기준으로 살아가시면 전혀 문제 될 것이 하나도 없을 것이고 여러분을 해칠 자도 결코 없을 것입니다. 그러니 두려워하지 마시고 방황하지 마시기를 주님의 이름으로 정중히 부탁드립니다.

저는 주님이 잃어버린 한 영혼을 위하여 존재하는 미천하고 천박한 종놈일 뿐입니다. 그저 신부 단장 지침서라는 이 책을 통해서 한 사람이 살아난다면 저의 사명은 완수되었다고 생각하고 있습니다. 그 한 사람이 지금 이 글을 읽고 있는 여러분이 될 것이고 하나님이 그토록 찾고 찾으시는 너무나 귀하고 귀한 하늘의 성도가 될 수 있음을 꼭 기억해 주시기를 고개 숙여 부탁드립니다. 하나님이 눈물을 흘리며 십자가 위에서 여러분 한 사람을 살리시기 위하여 주님의 눈가에는 눈물의 길이 생길 만큼 잃어버린 당신을 찾아 헤매고 다니십니다. 진정으로 주님의 메시지를 전해 드리는 것입니다. 여러분을 그토록 찾기 위해 이리저리 돌아다니시면서 흘리신 그리스도의 핏자국을 보십시오. 이미 여러분의 마음에 수도 없이 찾아가서서 흘려주셨고 여러분의 생각 속에도 남겨 놓으신 주님의 핏자국을 찾아보세요. 세상에 있는 죄들에 가려진 주님이 흘리신 가녀리고 얼룩진 피의 흔적이 여러분의 삶에 자국마다 핏길로 되어 있으실 것입니다. 단 한 사람을 살리시기 위하여 먼지만도 못한 저 같은 자를 사용하셔서라도 잃어버린 당신을 찾으시려는 그리스도의 그 고귀한 사랑의 향연에 지금 이 자리에서 정중히 초대해 드립니다. 이 책의 주인은 예수 그리스도 이시며 이 책의 주인공은 바로 이 글을 읽고 계시는 여러분이십니다. 주님의 이름으로 여러분들을 진심으로 축복하고 축복하고 또 축복하며 축복하겠습니다.

　— 예수님만 알고 싶고 그리스도의 안에서 영원히 살고 싶은 무명의 기도자 드립니다 —

예수님의 마음

양 백마리가 있는데 그 중의 하나가 길을 잃었으면 길 잃은 양을 찾지 않겠느냐 만일 찾으면 길을 잃지 아니한 아흔 아홉 마리보다 이것을 더 기뻐하리라 마태복음 18:12-13 (중간략)

이 작은 자 중의 하나라도 잃는 것은 하늘에 계신 너희 아버지의 뜻이 아니니라 마태복음 18:14

너희 중에 양 백마리가 있는데 그 중의 하나를 잃으면 그 잃은 양을 찾아내기까지 찾아다니지 아니하겠느냐 누가복음15:4 (중간략)

이와 같이 죄인 한 사람이 회개하면 하늘에서는 회개할 것 없는 의인 아흔 아홉으로 인해 기뻐하는 것보다 더하리라 누가복음 15:7

이와 같이 죄인 한 사람이 회개하면 하나님의 사자들 앞에 기쁨이 되느니라 누가복음 15:10

목자 되신 예수님의 메세지

나는 선한 목자라, 선한 목자는 양들을 위하여 목숨을 버리노라. 나는 내 양을 알고 그 양도 나를 알아보느니라. 내가 온 것은 양으로 생명을 얻게 하고 더 풍성히 얻게 하려는 것이라.

아직도 나의 양우리에 들지 아니한 다른 양들이 내게 있노라. 나는 양우리에 들지 않은 저 양들을 인도하여야 할 터이니 그들도 내 음성을 듣고 한 무리가 되어 한 목자이신 그리스도 안에 있게 하려 함이라. 보혈은 잃어버린 너희를 위함이라. 영생의 기회를 놓치지 말라. 지금 나의 품 안으로 들어오는 자들은 내가 결코 내어 쫓지 아니하리니 너희는 마음에 근심하지 말라.

하나님을 믿으니 또 나를 믿으라. 내가 오늘도 네 마음 문 밖에 서서 두드리고 있지 않느냐. 너희 마음의 문은 문 손잡이가 안 쪽에 있느니라. 너희 겉을 만드신 이가 너희 속도 만들지 아니하였겠느냐. 너희가 내 음성을 듣고 문을 열면 내가 그에게로 들어가 그와 더불어 먹고 그는 나와 더불어 함께 먹으리라. 나의 피를 마시게 할 것이고 나의 살을 먹게 할 것이라.내 살을 먹고 내 피를 마시는 자는 영생을 가졌고 마지막 날에 내가 그를 다시 살릴 것이라. 내 살을 먹고 내 피를 마시는 자는 내 안에 거하고 나도 그의 안에 거하리라. 나는 부활이요 생명이니 나를 믿는 자는 죽어도 살겠고 살아서 나를 믿는 자는 영원히 죽지 아니하리니 너희는 이 진리를 믿어야 할지니라.

나의 보혈로 너희 허물을 주머니에 봉하여 보이지 않게 하고 너희 죄악을 싸매 주리라. 나는 네 창조주요, 영원한 네 하나님이라. 나는 기억할 능력도 있고 너희 죄를 기억하지 않을 능력도 있노라. 나는 상심한 자들을 모른척하지 않을 것이며 너희들의 상처를 싸매 주리라. 나 여호와는 내 백성의 상처를 싸매주고 맞은 자리를 고칠 것이니라. 연약한 자를 강하게 해주며 병든 자를 강하게 할 것이라. 상한 자를 내가 감싸주며 쫓기는 자를 돌아보게 하고 잃어버린 자를 다시 찾을 것이라. 이제는 내가 양과 양 사이에 친히 목자가 되어 직접 이끌 것이라.

나의 양떼 너희여, 너희들을 나의 말씀 안에 있는 푸른 초장으로 초대하노라. 너희를 푸른 풀밭에 누이고 쉬게 해 주리라. 수고하고 무거운 짐을 내 앞에 내려놓게 하리라. 너희를 쉴 만한 물가로 인도하여 목마르지 않게 해 주리라. 네 영혼을 소생시키고 내 이름을 위하여 의의 길로 인도해 주리라. 발바닥에서부터 머리끝까지 성한 곳 없이 상한 것과 터진 것과 새로 맞은 흔적을 싸매 주며 나의 기름으로 부드럽게 치료해 주리라. 너희들이 받은 마음의 상처와 아픈 몸에 일일이 그 위에 손을 얹고 안수하여 고치리라. 그리스도의 손이 네 생각과 마음을 다스리리라. 나는 나의 잃어버린 양들의 이름을 일일이 부르고 있노라. 너희에게 좋은 꼴을 먹이리라. 너희에게 맑은 물을 먹이리라. 너희를 어깨로 밀어뜨리고 뿔로 받아 무리 밖으로 흩어지게 한 자들을 내가 기억하고 있노라.

그러므로 내가 내 양 떼를 구원하여 그들로 다시는 노략거리가 되지 아니하게 하고 양과 양 사이에 굳건히 서서 불꽃같은 눈으로 지키고 있으리라. 내 말씀은 사람 중심이 아닌 나 여호와 중심의 언약이니라. 내가 친히 너희의 목자가 되어 천국문으로 안내하리라. 내가 너희들에게 내 생명을 주어 하늘에서 받게 될 영생의 복을 내려 주리라. 다 받아 누리거라. 너희가 있게 될 빛나는 거처와 천사가 흠모할 만한 면류관이 예비되어 있노라.

너희를 힘들게 한 자들에게 다시는 노략거리가 되지 아니하게 만들고 악한 자들에게 너희 영혼이 잡히지 않도록 내 오른팔로 굳세게 지키고 있으리라. 내 안에서 평안히 거주하라. 내가 곧 길이요 진리요 생명이니 나로 인하여 아버지께로 다 인도해 내리라. 너희가 내 안에 거하고 내가 너희 안에 거하기만 하면 모든 문제는 다 사라지고 새 생명을 얻어 기쁨과 감사로 참 만족을 얻어 살아갈 수 있노라. 이제부터는 힘없는 인생들을 의지하지 말고 사람에게 이리저리 끌려 다니지 말고 오직 내 안에 거하거라. 말세에 미혹하는 자가 많다고 성경에 기록해 놓지 않았느냐. 너희는 나 여호와 곁에 가까이 붙어 있으라. 내가 직접 공급하리라. 나는 포도나무요 너희는 가지임을 기억하라. 내가 너희 안에 거해야만이 열매를 많이 맺느니라. 나를 떠나서는 너희가 아무것도 할 수 없음이라. 내가 너희를 친히 먹이리라. 내가 손수 모든 것을 고치고 해결하리라. 믿으라 믿기만 하라. 따르라 따르기만 하라. 너희는 나의 뜻은 묻고 너의 뜻을 내려놓고 기도하고 또 기도하여야 할지니라. 내 손을 잡으라.

사랑하는 자여 이제 나만 바라보고 함께 나아가기를 원하노라. 내가 너희를 참으로 오랫동안 기다리고 기다렸노라. 지금 내가 너희에게 이르는 모든 말은 곧 깨달아 알게 되는 그 날이 곧 오게 되리라.

- 하늘 보좌로부터 예수 그리스도의 말씀 -

세 들어 사는 우리

이 세상 모든 사람들은 세 들어 사는 것이라네
자기 것이라고 주장하지만 자기 것은 하나도 없다네
빈 손으로 와서 세 들어 살다가 누구나 빈 손으로 가는 세상
불의의 재물을 의의 재물로 올릴 수 있는 유일한 기회는 지금 뿐...
어떻게 왔든지 우리는 그대로 갈 것이라네

그가 모태에서 벌거벗고 나왔은즉 그가 나온 대로 돌아가고
수고하여 얻은 것을 아무것도 자기 손에 가지고 가지 못하리니

전 5:15

우리가 세상에 아무 것도 가지고 온 것이 없으매 또한 아무 것도
가지고 가지 못하리니 딤전 6:7

예수께서 이르시되 내가 곧 길이요 진리요 생명이니 나로 말미암지 않고는 아버지께로 올 자가 없느니라

[요한복음 14:6]

다른 이로써는 구원을 받을 수 없나니 천하 사람 중에 구원을 받을 만한 다른 이름을 우리에게 주신 일이 없음이라 하였더라

[사도행전 4:12]

2부

성막과 지성소 기도

1. 바깥 뜰에 있는 자는 성도가 아니다

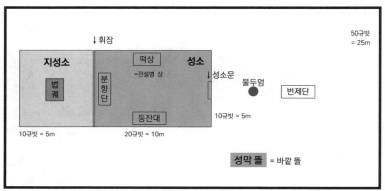

(지성소는 정사각형 모양이고 성소의 절반 크기이고 여기에 진입하려면 고난이 수반됨)

많은 사람들이 성막을 잘 모릅니다. 하지만 이 성막의 원리를 알면 우리가 〈읽는 기도〉로 기도하는 원리를 이해할 수 있고, 그 다음에 〈읽는 기도〉를 넘어서서 하나님의 말씀을 가지고 기도할 수 있는 여러 가지 단서들을 많이 알 수 있습니다. 성막을 쉽게 이해하기 위해서는 5의 배수를 생각하면 됩니다. 어떤 것이 5의 배수인지 이제 말씀드리겠습니다. 성막인 지성소와 성소 주위에는 겉 테두리와 같은 울타리가 둘러져 있습니다. 그 겉 테두리는 직사각형의 모양인데, 가로의 길이는 50m이고 세로의 길이가

25m입니다. 5의 배수죠? 가로가 세로의 두 배죠.

> 뜰의 길이는 백 규빗이요 너비는 쉰 규빗이요 세마포 휘장의 높이는
> 다섯 규빗이요 그 받침은 놋이며 출애굽기 27:18
>
> * [1규빗=50cm, 길이=가로, 너비=세로]

성막은 직사각형의 모양이고 성소와 지성소로 나누어집니다. 그중에서 더 작은 곳인 지성소는 가로와 세로가 각각 5m, 정사각형 모양입니다. 그 옆에는 성소가 붙어있습니다. 성소는 가로 10m, 세로 5m입니다. 지성소와 성소는 붙어있기 때문에 세로는 당연히 5m로 같습니다. 성소의 가로는 10m, 지성소의 가로는 5m니까 이것도 두 배가 됩니다. 잘 이해되셨나요?

성소 바깥 뜰에는 뭐가 있습니까? 번제단과 물두멍이 있습니다. 번제단은 말 그대로 하나님 앞에 제사를 드릴 때 필요한 것이고, 다음으로는 물두멍이 있습니다. 제사를 드리려면 깨끗하게 손을 씻는 곳이 필요합니다.

> 또 회막의 성막 문 앞에 번제단을 두고 번제와 소제를 그 위에 드리니 여호와께서 모세에게 명령하신 대로 되니라 그는 또 물두멍을 회막과 제단 사이에 두고 거기 씻을 물을 담으니라 출애굽기 40:29-30

이것을 영적으로 풀어보는 생각을 해봅시다. 그러면 나의 위치와 영적인 상태가 어떠한 지를 성경적인 기준을 통해 살펴볼 수

있습니다. 첫 번째로는 번제단과 물두멍이 있는 바깥뜰과 같은 신앙생활 하는 사람들이 분명히 있을 것입니다. 이곳은 담장 밖이 아닌 울타리 안에 있는 것은 맞지만, 성막을 기준으로 볼 때에는 그저 뜰과 마당인 거예요. **여기에 있는 사람들은 하나님 앞에 보혈의 은혜로 구원을 받았을 수도 있지만, 못 받았을 가능성이 더 크게 적용될 수 있습니다.** '너희가 내 앞에 보이러 오니 누가 너희에게 요구하였느냐 내 마당만 밟을 뿐이니라(사 1:12)' 하나님이 보셨을 때 마당만 밟는다는 것은 말씀을 순종하지 않고 자기 방식에 맞게 본인의 소견대로 세상적인 방식에 의해 살아간다는 뜻입니다. 말씀을 분별하지 못하고 죄를 이길 수도 없고 죄 앞에서 퍽퍽 쓰러지고 마는 영적인 힘이 없는 자를 말하는 것입니다. 왜냐하면 영의 기도를 하지 않고 육의 기도를 하는 경우가 더 많아 영의 힘을 상실했기 때문입니다. 실질적으로 '넉넉히 천국에 들어감을 주시리라(벧후 1:11)'고 말씀한 것이 어디서부터냐면 성소 안으로 들어가는 때부터입니다. **그러니까 성소 안으로 들어갔을 때 비로소 보혈의 은혜로 구원을 받은 우리는 하나님의 사람인 '성도'라고 부를 수 있는 겁니다.**

2. 성소와 지성소의 공통점

자~ 이제 그러면 성소 안은 어떻게 구성되어있는지 살펴보겠습니다. 성소에 들어가자마자 오른쪽에는 떡상이 있습니다. 떡상이라는 건 말 그대로 떡을 올려놓는 상입니다. 왼쪽에는 등잔대가 있으며 일곱 촛대의 모습입니다. 당연히 등잔대에서는 불빛이 나오겠죠. 지성소로 들어가는 문 앞에는 분향단이 있습니다. 분향단은 말 그대로 향을 피우는 단을 의미합니다. 우리가 기도의 제단이라고 하잖아요. 그 다음 분향단을 지나 휘장막을 넘어서 들어가게 되면 성소보다 반이나 작은 크기의 지성소가 나오게 됩니다. 그 지성소 안에는 바로 하나님의 언약궤가 놓여있는 겁니다 (출 40:20-27). 여기에 맞는 하나님의 말씀을 찾아서 함께 적용해 보고 이해하는 시간을 가져봅시다. 자~우리 한번 히브리서 9장 3절부터 4절 말씀을 보겠습니다.

> 또 둘째 휘장 뒤에 있는 장막을 지성소라 일컫나니 금 향로와 사면을 금으로 싼 언약궤가 있고 그 안에 만나를 담은 금 항아리와 아론의 싹난 지팡이와 언약의 돌판들이 있고 히브리서 9:3-4

이 말씀에서 둘째 휘장 뒤에 있는 장막이 지성소라고 했습니다. 아까 지성소 앞에 성소가 있다고 했죠. 여기서 성소가 어떤 뜻입니까? 성스러운 장소, 거룩한 장소라는 뜻입니다. 그게 바로 성소(聖所)입니다. 지성소(至聖所)는 그럼 뭘까요? '지' 자가 뭐냐면 '몹시 지(至)' 자입니다. 그러니까 '몹시 거룩한 장소'가 되는 거예요. 그러니까 영어로 말하면 성소는 'The Holy Place'가 되어 거룩한 장소가 되는 거고 지성소는 'The Most Holy Place'가 되어 가장 거룩한 장소가 되는 것이지요.

아까 바깥뜰까지는 아직 거룩한 장소란 말을 안 했잖아요. 그렇기 때문에 바깥뜰에는 나의 구원이 생명이 되어있는지 없는지는 하나님만이 알고 계시는 곳입니다. 여기에서는 확실하게 구원의 옷을 입고 있는지 없는지 본인조차도 판단하기가 어려울 정도로 불완전한 영적인 위치에 있다는 것을 알고 있어야 합니다. **그와 다르게 성소로 들어가는 순간 우리는 성도가 되기 때문에 보혈의 은혜로 구원의 확실한 반열을 이룰 수가 있게 됩니다.** 제가 말하는 건 구원의 자기 확신이 아닙니다. 내 안에 계신 성령께서 내가 구원받았다는 것을 자연스러운 성령의 감동으로 깨닫게 만들어 주시는 것이므로 거룩한 영적인 상황에 해당합니다.

성소와 지성소의 공통점이 뭡니까? 바로 '거룩'입니다. 따라서 내 삶에서 거룩한 삶이 있어야 성도라고 말할 수 있습니다. 여기서 거룩은 '세상과 구별되고 섞이지 않은 것'을 말합니다. 그래서 만약 내 삶 가운데 거룩이 없다면 이것은 굉장히 위험한 것입니다. '믿기만 하면 된다' 이렇게 생각하는 사람들이 매우 많습니다. 여러분 이 말이 옳다고 생각하시나요? 그에 대한 대답은 예, 맞아요. 믿기만 하면 정말 구원을 이룰 수 있게 됩니다. 이것에 대한 실제 예로 십자가 우측의 강도가 진짜 믿기만 해서 구원받은 것이 성경에 기록되어 있습니다. 그러나 우리와 강도는 상황적 배경이 너무 다르다는 것을 기억하셔야 합니다. 이미 십자가에 매달린 우측 강도는 거룩한 삶을 살 수가 없는 상황이지만 우리는 거룩한 삶을 말씀 가운데 순종하며 살 수 있는지 없는지 본인이 선택할 수 있는 상황입니다. 우측 강도의 입장에서 볼 때 확실한 건 "예수여 당신의 나라에 임하실 때 나를 기억하소서.(눅 23:39-43)"
말하는 순간 예수 그리스도의 십자가 보혈로 회개 되어 거룩한
마음을 가질 수 있었고 그로 인해 그 짧은 순간에 죄인의 심령에
서 의인의 심령으로 거듭날 수 있었다는 것입니다. 그러니까 우
측 강도와 상황적 배경이 매우 다른 우리들이 믿기만 하면 된다고
말하고 안심 속 거짓 평안으로 정작 내 안에 거룩이 없다면 이건
굉장히 위험한 발상이 될 수 있습니다. **그러니까 '믿기만 해도 된
다'는 말 속에 거룩이 포함되었을 때는 하나님 앞에 구원받을 수
있는 게 맞지만 거룩이 없이 말로만 '믿기만 한다'라고 했을 때는
굉장히 불완전한 믿음이 될 수가 있다는 거죠.** 그래서 결국은 거
룩 없이는 이 모든 것을 이뤄낼 수가 없는 것입니다.

3. 성물들의 영적인 의미

성막 안에는 세 가지 성물들이 나옵니다. 히브리서 9장 3절
~4절 말씀을 통해 각 성물들의 영적인 의미에 대해서 알아보도
록 합시다.

또 둘째 휘장 뒤에 있는 장막을 지성소라 일컫나니 금 향로와 사면
을 금으로 싼 언약궤가 있고 그 안에 만나를 담은 금 항아리와 아론
의 싹난 지팡이와 언약의 돌판들이 있고 히브리서 9:3-4

히브리서 말씀을 보면 지성소 안에 금 향로가 있다고 나옵니

다. 여기서 여러분이 의아해하시면서 한 가지 물음표를 가져야 합니다. 앞서 살펴본 출애굽기 말씀에서는 금 향로가 성소와 지성소 사이인 지성소 문 앞에 위치해 있다고 했습니다.

그가 또 금 향단을 회막 안 휘장 앞에 두고 출애굽기 40:26

그런데 갑자기 신약으로 가니까 금 향로가 지성소로 가버린 것입니다. 많은 사람들이 이것에 대한 궁금증이 있을 텐데, 이 비밀은 잠시 후에 알려 드리겠습니다. 우선 언약궤 안의 세 가지 성물을 살펴봅시다. 언약궤 안에는 만나를 담은 금 항아리, 아론의 싹 난 지팡이, 언약의 돌판들이 있습니다.

만나를 담은 금 항아리

만나를 담은 금 항아리가 뭘까요? '만나'는 하늘에서 내려온 것이고 우리가 먹을 수 있는 음식입니다. 이것을 좀 더 확장하여 여러분이 신약성경에 기록된 말씀을 떠올려 보아야 합니다. 여러분, 하늘에서 내려온 살아있는 떡으로 표현된 분이 누구신지 기억하시나요? 바로 예수 그리스도이십니다. 예수님께서 말씀하셨죠. "나는 하늘에서 내려온 떡이다" 그래서 '하늘에서 내려온 떡'이라는 표현은 바로 예수님의 살을 말씀하시는 겁니다. 또 주님께서 "내 살을 먹고 내 피를 마시는 자는 영원한 생명을 갖는다"라고 말씀하셨습니다. 그러니까 '믿는다'라는 건 '먹는다'는 뜻으로 말해도 되는 것이죠. 그러면 예수님의 살을 먹고 예수님의 피를 마신다는 건 무엇을 뜻하겠습니까? 예수님의 피를 마셨으니 내가 죄를 용서받은 것입니다. 따라서 내가 예수님의 살을 먹고 영생을 받았다면 다시 죄 가운데 나가는 것이 아니라 이제부터는 예수님의 말씀대로 살아야 할 것입니다.

> 나는 하늘에서 내려온 살아 있는 떡이니 사람이 이 떡을 먹으면 영생하리라 내가 줄 떡은 곧 세상의 생명을 위한 내 살이니라 하시니라 요한복음 6:51
>
> 내 살을 먹고 내 피를 마시는 자는 영생을 가졌고 마지막 날에 내가 그를 다시 살리리니 요한복음 6:54

아론의 싹 난 지팡이

두 번째는 아론의 싹 난 지팡이입니다. 완전히 마른 나무에서 싹이 난다는 게 있을 수가 있는 일일까요? 여기서 마른 나무, 즉 지팡이라는 것은 죽어있는 것이고 싹이 났다는 건 생명이 생겼다는 의미가 됩니다. 이런 기적을 또 누가 일으키셨나요? 바로 예수님이 하셨습니다. 예수님이 십자가를 지셨을 때 그 십자가도 죽어있는 마른 나무였습니다. 그 죽어있는 마른 나무에 예수님이 자기 자신을 스스로 버리셔서 영원한 생명의 싹이 되신 겁니다. 생명이 없었던 아론의 지팡이에 싹이 난 것처럼 영원한 생명을 우리에게 주신 것입니다. 그러니까 이 아론의 싹 난 지팡이도 결국은 예수님의 능력을 상징하는 것임을 충분히 생각해 볼 수 있습니다.

언약의 돌판들

마지막으로 십계명이 되는 언약의 두 돌판입니다. 이것도 앞에서 말한 사실과 마찬가지로 모든 율법을 완성하신 분이신 예수 그리스도를 의미하는 것입니다. 우리 예수님이 말씀이시므로 말씀의 본체이신 그리스도께서 십계명을 우리에게 주신 것이나 다름이 없습니다.

> 내가 율법이나 선지자를 폐하러 온 줄로 생각하지 말라 폐하러 온 것이 아니요 완전하게 하려 함이라 마태복음 5:17

십계명을 모세가 보는 눈앞에서 돌판 위에 새겨 놓으신 분은 여호와 하나님이십니다. 그 하나님께서 눈에 보이는 메시아로 오신 분은 예수 그리스도이십니다. 예수님께서 구약시대에 말씀하신 것을 직접 몸소 오셔서 모든 율법을 더 온전하게 완성해 놓으신 것이지요.

우리는 이 세 가지 성물들이 의미하는 것이 영적인 눈으로 보았을 때 예수 그리스도임을 꼭 알아야 합니다. 그 이유는 '성막 안에서 이루어지는 기도의 원리'를 알기 위해서입니다. 우리가 〈읽는 기도〉로 기도할 때 맨 처음에 성령 기도와 예수님의 보혈 기도를 한 다음에 기도를 시작하게 되면, 기도가 쉽게 잘 뚫리는 것을 여러분들이 느끼셨을 것입니다. 이것에 대한 원리를 알아보러 여러분들과 함께 가고자 합니다.

먼저 성막의 구조를 살펴보면 오른쪽에 떡상이 있다고 하였습니다. 그 떡이 바로 예수님의 살을 뜻하는 것이지요. 그리고 예수님의 살을 먹는다라고 하는 영적인 의미는 그 살 속에 있는 예수님의 피도 포함되어 마시는 것이 내포된 영적인 의미가 있습니다. 그러므로 우리가 "예수님의 피와 살을 믿음으로 먹습니다"라고 기도하는 것은 하나님의 말씀을 내 영이 실제로 먹게 되는 영적인 과정이 되는 것입니다. 이것을 이해하는 것은 매우 중요함을 다시 한번 말씀드립니다.

일곱 촛대

그 다음에 왼쪽엔 등잔대 모양을 하고 있는 일곱 촛대가 있습니다. 일곱 촛대는 어둡게 덮여있는 성막을 비추는 역할을 합니다. 그것이 있어야만 성막 안에서 어떻게 움직여야 할지 알 수가 있습니다. 보여야 할 수 있는 일을 할 수 있고 어두운 곳을 비춰야만 내가 있는 위치도 알 수 있으며 사물도 명확하게 구분해 낼 수 있습니다. 따라서 이 촛불이 꺼지게 되면 모든 일이 정지되므로 어떤 일이 있어도 촛불이 밝혀지도록 기름이 떨어져서는 안 됩니다. **하나님이 소중히 여기시는 여러분, 나의 말 한마디가 성령을 소멸하게 만들어 영의 기도를 방해하고 있다는 사실을 알고 계신가요?** 내가 보고 있는 그 시선과 나의 생각에 따라서도 그 생명 같으신 성령이 소멸되고 있음을 알려 드리는 것입니다. 나의 발걸음이 어디로 향하느냐에 따라 죄의 장소에 의해 그 귀한 성령을 내 자유의지로 밀어내는 어처구니없는 일을 서슴지 않게 하고 있습니다. 이 말의 영적인 의미는 나의 삶에 의하여 성령의 기름이 바닥나거나 소멸되게 해서는 결코 안 된다는 뜻입니다. 성령이 우리가 올려 드리는 영의 기도에 힘을 실어 주시고 계속해서 기도할 수 있도록 도우시는 분이심을 반드시 기억하셔야 함을 간곡히 말씀드립니다. **그러므로 성막 안에서의 기도의 불은 하나님의 영이신 성령께서 운행하시면서 뚫어 주시고 넓혀주시고 열어주시는 것입니다.** 성막은 네 겹의 덮개로 덮여있어서 햇빛이 조금도 들어올 수 없기 때문에 일곱 촛대는 굉장히 어두운 성막 안을 비춰주는 중요한 역할을 하는 것입니다.

> 그 꽃받침과 가지를 줄기와 연결하여 전부를 순금으로 쳐 만들고 등잔 일곱을 만들어 그 위에 두어 앞을 비추게 하며 출애굽기 25:36-37

특별히 이 성소 안에서는 많은 레위인들이 살았고 그들이 제사장의 역할을 했습니다. 성소 안에 들어간 사람은 제사장의 직분을 얻은 거룩한 사람들입니다. 그래서 예수님께서 "나는 세상의 빛이니 나를 따르는 자는 어둠에 다니지 아니하고 생명의 빛을 얻으리라(요 8:12)"라고 말씀하셨습니다. 일곱 촛대도 결국은 예수님께서 비추시는 '생명의 빛'이 되는 것입니다.

4. 지성소의 비밀

우리 요한계시록 1장 20절을 보면서 재미있는 영적인 비밀을 알아볼까 합니다.

네가 본 것은 내 오른손의 일곱 별의 비밀과 또 일곱 금 촛대라 일곱 별은 일곱 교회의 사자요 일곱 촛대는 일곱 교회니라 요한계시록 1:20

네가 본 것은 '내 오른손으로 잡고 있는 일곱 별' 그리고 '내 오른손으로 잡고 있는 일곱 금 촛대'라고 나와 있습니다. 예수님이 일곱별과 일곱 금 촛대를 오른손으로 붙잡고 계신다는 의미입니다. 아까 제가 성소 다음에 지성소가 나온다고 말씀드렸습니다. 그리고 그 지성소 안에 언약궤가 있고 그 언약궤 안에 '만나를 담은 금 항아리', '아론의 싹 난 지팡이', '언약의 돌판들'이 있었습니다. 그리고 만나, 아론의 싹 난 지팡이, 언약의 돌판이 상징하는 분은 예수 그리스도라고 말씀드렸습니다.

그렇다면 결국은 지성소가 하나님의 보좌라고 추측해 볼 수 있습니다. 저희가 천국이 있으면 이 땅은 천국의 그림자 혹은 모형이라고 성경에 기록되어 있습니다. 그림자를 가지고 그 모든 모습을 완전히 이해할 수는 없겠지만 어느 정도 윤곽을 개괄적으로 이해할 수는 있잖아요. 차의 그림자를 보면 자동차의 세세한 내용까진 몰라도 어느 정도 대략적인 모양은 알 수 있는 것처럼 하나님의 보좌에 가장 가까운 모습이 지성소라는 것을 얼마든지 추측해 볼 수 있습니다. 그럼 지성소가 예수님의 보좌가 있는 곳이라면, 예수님께서 보좌에서 일어나 지성소 앞에서 딱 서 계실 때 오른쪽에 있는 것이 금 촛대입니까, 떡상입니까? 그렇습니다. 금 촛대가 오른쪽에 위치해 있는 것입니다. 그러니까 성막 안으로 들어갔을 때는 왼쪽이 금 촛대지만, 예수님의 보좌를 기준으로 하여 앞에서 보았을 때는 금 촛대가 오른쪽의 위치에 있게 됩니다. 그러므로 요한계시록 1장 20절 말씀을 토대로, 예수님의 오른손에 일곱별과 일곱 금 촛대를 붙들고 있는 모습이 되는 것입니다.

자, 이제 굉장히 중요한 말씀을 전할 것입니다. 아까 금 향로가 지성소로 간 비밀에 대해서 말씀드리겠다고 하였습니다. 이제 그 비밀을 알려 드리도록 하겠습니다. 말씀을 찾아봅시다.

> 예수께서 이르시되 나는 생명의 떡이니 내게 오는 자는 결코 주리지 아니할 터이요 나를 믿는 자는 영원히 목마르지 아니하리라
> 요한복음 6:35

여기서 예수님께서 스스로를 '생명의 떡'이라고 하셨습니다. 그리고 요한복음 6장 51절에서도 '나는 하늘에서 내려온 살아있는 떡'이라고 직접 당신께서 친히 말씀하셨습니다. '이 떡을 사람이 먹으면 영생한다', '내가 줄 떡은 세상의 생명을 위한 내 살'이라고 하시는데, 예수님은 이 생명을 살로 주기 위해서 십자가에 못 박히셔서 실제로 죽으시고 3일 만에 부활하셔야 했습니다. 우리 예수님이 이런 역할을 하신 것입니다. 아까 말씀드렸듯이 금 등잔대 맞은편에 있는 떡상은 바로 이 예수님의 살을 의미하는 것입니다. 그럼 그 당시 제사장들이 떡상에 올린 떡을 먹는다는 것의 영적 의미는 무엇이겠습니까? 예수님과 함께 교제한다는 영적인 의미가 되는 것입니다. 그러니까 예수님의 피와 살을 함께 마시고 기념한다는 것이 되지요.

그러면 2000년 뒤의 현대를 살고 있는 우리가 어떻게 예수님의 피와 살을 함께 마시고 기념할 수 있을까요? 무슨 방법으로 할 수 있는지 생각해보시면 좋겠습니다. 그것은 바로 믿음의 법입니다. 우리는 예수님을 내 마음에 믿고 고백하여 죄 사함을 받아 성령으로 기도 할 수 있습니다. **성도는 반드시 기도하는 사람입니다. 왜냐하면 기도 없이는 절대로 거룩해질 수가 없기 때문입니다. 하나님이 나에게 거룩함을 주셔야만 가능한데 그 통로가 바로 기도, 기도입니다.** 그리고 또 분향단 앞의 휘장막을 열고 들어가면 지성소가 나오고, 그 안에 언약궤가 있다고 했습니다. 직사각형인 언약궤 위에는 뚜껑인 '속죄소'가 있습니다. 뚜껑인 속죄소에 대제사장이 속죄를 위해 피를 뿌리는 예배를 드렸습니다. 그렇게 해서 이스라엘 백성들의 죄를 용서받았다고 성경에 기록되어 있습니다.

그 피로 행하여 속죄소 위와 속죄소 앞에 뿌릴지니 곧 이스라엘 자손의 부정과 그들이 범한 모든 죄로 말미암아 지성소를 위하여 속죄하고 레위기 16:15-16

출애굽기 말씀을 보면, 하나님이 언약궤를 먼저 만들라고 명령하시고, 다음으로 속죄소를 만들라고 하십니다. 그리고 그 위에 그룹 천사들을 만들라고 하십니다. 그 위의 천사는 날개로 속죄소를 덮고 있는 모양을 하고 있습니다. 정리하면, 천사가 새겨진 뚜껑인 속죄소와 그 아래에 언약궤, 그 안에 세 개의 거룩한 성물이 들어있는 것입니다.

순금으로 속죄소를 만들되 길이는 두 규빗 반, 너비는 한 규빗 반이
되게 하고 금으로 그룹 둘을 속죄소 두 끝에 쳐서 만들되 한 그룹은
이 끝에, 또 한 그룹은 저 끝에 곧 속죄소 두 끝에 속죄소와 한 덩이
로 연결할지며 그룹들은 그 날개를 높이 펴서 그 날개로 속죄소를
덮으며 그 얼굴을 서로 대하여 속죄소를 향하게 하고 출애굽기 25:17-20

속죄소에 새겨진 천사의 모습은 하나님을 받드는 천사의 모습
입니다. 그렇다면 결국은 언약궤는 주님의 보좌를 상징한다고 할
수 있습니다. 따라서 지성소는 하나님의 보좌가 있는 장소가 되
는 것입니다. 출애굽기 말씀을 보면, 그룹 천사가 날개를 높이 펴
들고 밑을 바라보고 있습니다. 여기서 밑을 바라본다는 것은 하
나님을 바라보고 있다는 뜻이 됩니다. 따라서 예수 그리스도는
천사에게 경배를 받아 마땅한 분이라는 것이지요. 이 궤와 속죄
소는 모두 주님이 하라고 한 대로 제작한 것입니다. 그러니까 하
나님께서 우리의 죄를 용서받게 하려고 예수 그리스도께서 피 흘
려 죽으실 것을 미리 예표를 해놓으신 지상 최고의 위대한 계획
이신 것입니다.

염소와 송아지의 피로 하지 아니하고 오직 자기의 피로 영원한 속죄
를 이루사 단번에 성소에 들어가셨느니라 히브리서 9:12

**우리가 지금 누리는 이 보혈의 은혜가 무엇입니까? 속죄소, 언
약궤 뚜껑에 불완전한 짐승의 피가 뿌려지는 것이 아니라 완전하**

고 완벽한 예수 그리스도의 피가 뿌려짐으로 단번에 모든 죄를 다 해결 받을 수 있게 된 것입니다. 그런데 이 예수님이 우리와 아버지 사이의 중보자 역할을 하시는 분이시지 않습니까? 히브리서 9장 15절 말씀을 봅시다.

> 이로 말미암아 그는 새 언약의 중보자시니 이는 첫 언약 때에 범한 죄에서 속량하려고 죽으사 부르심을 입은 자로 하여금 영원한 기업의 약속을 얻게 하려 하심이라 히브리서 9:15

영원한 기업의 약속을 얻게 해주신 분이 바로 누구신가요? 예수님이십니다. 그분께선 또 더 좋은 언약의 중보자이십니다. 과거의 언약은 구약이고, 새로운 언약이 신약입니다. 이것보다 더 좋은 언약이 무엇일까요? 다시 오실 예수님의 언약입니다. 우리가 지금 그런 믿음으로 살고 있는 것입니다. 구약에 있던 성막은 대제사장이 그 안에 들어가 짐승의 피를 뿌려서 사람들의 죄를 용서하는 의식을 행했었습니다. 하지만 예수님이 십자가에 못 박히시는 순간 휘장이 쫘악 위에서 아래로 찢어졌습니다(막 15:37-38).

아까 히브리서 9장 4절 말씀에 살펴보면 성소에 있던 분향단이 지성소에 있는 금향로가 되어 옮겨졌다고 말씀드렸습니다. 금향로는 영적인 의미에서 기도를 의미하죠. 성경이 잘못 나온 게 아닌데, 그게 왜 그렇게 바뀌었을까요? 히브리서 기자가 실제로 봤을 때 그 금향로가 거기 보좌 앞인 지성소에 떡하니 있었더라는 것입니다. 이렇게 된 그 이유는 예수님께서 우리의 대제사장 중에 더 큰 대제사장이 되셨기 때문입니다. 십자가에서 우리의 죄를 해결하시고 고난 가운데 실제로 죽으신 후 다시 부활하신 예수님이 지금 하나님의 우편에 앉아 계시는 것입니다. 예수님이 성소에 있던 금향로를 당신께서 가져가셔서 하늘의 지성소에서 나 같은 죄인을 위하여 지금도 계속 중보하고 계신다는 것입니다. 옛날, 구약시대 때에는 대제사장이 성막 안에 있는 성소에 있는 분향단을 사용하였는데 예수님이 십자가에서 모든 것을 다 이루심으로 그 금향로를 주님이 가슴에 안고 지성소 안으로 들어가신 것입니다.

그러면 예수님의 부활은 무슨 의미가 될까요? 예수님의 부활은 성소에서 지성소로 옮겨서 기도할 수 있는 믿음도 포함된다는 영적인 비밀이 숨겨져 있는 겁니다. 그런데 우리는 이 사실을 모릅니다. 사람들이 부활은 그냥 '살아났다'는 것만 생각하잖아요. 그런데 예수님의 부활 때문에 우리는 지성소 안으로 들어가서 가장 거룩한 기도를 보혈의 권세로 죄 사함을 받아 각자가 예수님의 이름으로 기도할 수 있게 된 것을 반드시 기억해야만 합니다.

5. 성도와 신부의 차이

마지막으로 성도와 신부의 정확한 차이에 대해서 정리해 드리겠습니다. 성막 안에 들어오지 못한 사람들은 예수님을 말씀대로 올바르게 믿지 않는 사람들을 의미합니다. 이 사람들은 바깥뜰에 있는 사람들로 아직 성도는 아닙니다. 예수님을 믿기는 하나 구원을 얻었을 수도 구원을 얻지 못할 수도 있는 불안정한 영적 상태에 처한 사람들입니다. 이사야의 말씀처럼 마당만 밟은 사람들을 의미하기도 합니다.

> 너희가 내 앞에 보이러 오니 이것을 누가 너희에게 요구하였느냐 내 마당만 밟을 뿐이니라 이사야 1:12

마음이 저리게도 대다수의 많은 사람들이 성막 바깥뜰에 존재하고 있습니다. 그리고 그 중에서 **성소까지 들어간 사람들이 있을 것인데 적은 숫자일 것입니다. 이들을 비로소 우리는 '성도'라고 부릅니다.** 아무나 성도가 되는 것이 아닙니다. 성도는 성막의 성소까지 들어간 아주 귀한 믿음의 반열을 가진 사람들입니다. **그리고 그 성도에서 뽑히고 뽑힌 자들이 지성소 안으로 들어가서 하나님 앞에 아름다운 신부가 되는 것입니다. 요약하면, 지성소에 들어간 자들이 여기서부터가 신부의 반열을 인정받아 살아가는 것입니다.**

그러나 신부가 된다고 하여도 모두가 똑같은 신부로 인정받는 것은 아닙니다. 공의의 하나님이 그 사람의 영적인 거룩에 따라 그 계차와 반열을 정확하게 구분해 놓으셨습니다. 신부 중의 가장 높은 반열의 완전한 신부는 하나님의 말씀인 십계명을 목숨과 같이 지키려고 하고 생명도 아끼지 아니할 정도로 마음 판에 새기고 생각에 새기며 사는 사람들입니다. 따라서 이들은 지성소 안에 있는 언약궤의 두 돌판을 삶의 옷으로 입고 살아갑니다. 신부는 절대로 무슨 일이 있을지라도 신부의 옷을 결단코 벗지 않습니다.

밥 먹을 때도 입고 있고 심지어 잘 때도 신랑이 한밤중에 오실지도 모르기 때문에 말씀의 옷을 차고 벗지 않고 영으로는 깨어있는 상태로 잠을 자게 됩니다. 여러분들이 앞으로 제가 전해 드리는 복음의 메시지를 통해 나는 과연 지금 어느 위치에 있을까를 점검해 보시길 바랍니다. 그리고 성도에서 신부로 그리고 신부에서 가장 최고의 반열로 인정받는 완전한 신부의 모습을 소망하시는 여러분이 되시길 주님의 이름으로 축복합니다.

세상에서 가장 아름다운 믿음

보이는 것은 잠깐인 것을 인식하는 믿음
보이지 않는 영원한 것을 주목하는 믿음
보이지 않는 것들을 창조하신 하나님을 찬양하는 믿음
보이지 않는 증거들을 마음을 통해 믿는 믿음
보이지 않는 일에 경고를 받아 방주를 준비하는 믿음
믿음을 따르는 의의 상속자가 될 것을 믿는 믿음

예수께서 이르시되 너는 나를 본고로 믿느냐 보지 못하고 믿는 자들은 복되도다 하시니라 요 20:29

하나님의 말씀을 받아 올려 드리는 영의 기도

"예수님의 보혈을 힘입어 바깥뜰에서 성소로 들어가게 허락하여
주신 우리 주님을 존경하고 사랑합니다.
나 같은 죄인이 감히 하늘의 시민권자로 인정받게 해주신
하나님께 감사를 드립니다.
주님의 피와 살이 있는 성소에 들어가서 하나님의 자녀된 권세를
받게 해주신 우리 하나님께 영광을 올려드립니다.
주님의 피와 살을 내 영이 사랑의 만나로 먹고 있습니다.
그리스도의 옷을 입고 순종 가운데 삶을 살아냄으로써 거룩한
지성소에 들어가는 은혜를 입게 되었습니다.
언약궤 안에 있는 금 항아리의 만나를 내 영이 주님의 피와 살로
믿고 먹게 하여 주셨고 영원히 살게 해주셨습니다.
더 좋은 부활의 영체를 입은 신부가 될 수 있게 은혜를 주시옵소서.

주님의 보혈에 힘입어 내 영이 마른 나무 십자가에서 아론의
싹 난 지팡이처럼 영원한 생명이 사랑의 희생 가운데 피어나게
해주셨습니다.
그리하여 반석 위에 세우신 하나님의 언약의 두 돌판을 내 생각에
새기고 내 마음에 새겨서 영으로써 하나되게 해주신 하나님을
찬양합니다.

온전하고 아름다운 그리스도의 신부가 되어 예수님의 거룩한
모습으로 살게 하여 주시되 이제부터는 예수님의 눈이 되어 보고,
예수님의 귀가 되어 듣고, 예수님의 손이 되어 섬기며 예수님의
발이 되어 아름다운 복음의 소식을 전하는 발걸음이 되기를
소망합니다.
나의 사랑하는 주님과 온전히 하나가 되어 십자가의 사랑과
희생이 완전체가 되어 살게 하여 주시옵소서.

하나님의 말씀을 순종함으로 단장하고 하늘에서 준 지혜로 내
삶을 단장하며 거룩한 소박함과 믿음의 정절로써 아름다운
그리스도의 신부가 되게 하여 주시옵소서.
눈에 보이는 화려함으로 단장하지 아니하고 눈에 보이지 않는
순결과 거룩과 온유와 겸손함으로 단장하고 살기를 원합니다.

세상에서 주는 금장식으로 꾸미는 것을 부끄러워하게 하여
주시고, 신랑이 사모를 쓰며 신부 된 자가 말씀의 보석을 단장함
같이 하나 된 모습으로 살게 하여 주시옵소서.
그리스도께서 주신 위엄과 존귀로 단장하게 하여 주시옵소서.
나를 신부된 자로 세워 주시고 준엄한 말씀으로 이끌어주실
나의 신랑 되신 예수 그리스도의 이름으로 간절히 기도
올려드렸습니다. 아멘."

성도에서 신부로 승격되려면

설교영상

네 일을 밖에서 다스리며 너를 위하여 밭에서 준비하고 그 후에 네 집을 세울지니라 잠언 24:27

이 말씀이 도대체 무슨 뜻일까요? 오늘 제목은 '성도에서 신부로 승격되려면'입니다. 우리가 일반적으로 주님이 강림하신다고 할 때 신부 단장을 한다고 하는데 사실 다 신부가 되는 게 아닙니다. 구원받은 자에서 뽑힌 자가 성도이고 성도에서 뽑힌 자가 신부가 된다고 말씀드렸습니다. 그럼 과연 어떻게 하면 '하늘의 영광이 되는 신부의 자격을 내가 얻을 수 있는가'를 성경 말씀을 통해서 우리는 깊이 생각해보아야 할 필요성이 있습니다.

하나님께서 우리의 죄를 예수님으로 대신하여 다 해결해 주셨습니다. 그렇기 때문에 이 구원의 은혜, 영원한 생명을 누릴 수 있는 은혜는 우리의 공로로 하는 게 아니라 하나님이 우리에게 주신 진짜 너무 놀라운 선물이 됩니다. 구원은 어떤 행위로 얻는 것이 아니라 하나님이 거저 주시는 가장 최고의 은혜입니다. 이 말씀의 목적은 이 구원을 얻은 자가 장차 천국에 들어갔을 때 다 같은 구원이냐는 것에 깊이 있게 생각해 보는 것입니다. 구원은 예수 그리스도로 누구에게나 주어지는 동일한 은혜이지만 하늘의 생명을 얻은 자가 이 땅에서 우리가 어떻게 사느냐에 따라 성도의 삶을 살 수도 있고 성도에서 더 올라가서 신부의 삶을 살 수도 있다는 것입니다.

그러면 여기 말씀에 "너를 위해서 밭에서 준비하라"는 것은 도대체 무슨 뜻일까요? 여기서 밭은 마음을 말합니다. 영적으로 해석하면 너의 마음에서 준비하라는 것입니다. **마음에서 준비한 자가 바로 그 후에 너의 집을 세울 수 있을 거라고 말씀하는 것입니다. 그러니까 하나님의 아들, 예수 그리스도로 말미암아서 구원을 얻은 자가 마음에서 준비를 시작하면서 천국의 집을 지을 수 있다는 것을 기억하셔야 하늘의 거처를 만드실 수 있는 것입니다.** 이 말씀이 마태복음 5장에 기록되어 있는 팔복에도 나옵니다.

온유한 자는 복이 있나니 그들이 땅을 기업으로 받을 것임이요
마태복음 5:5

여기 '온유한 자가 땅을 기업으로 얻는다'고 나옵니다. 이 말씀은 마음의 밭이 그리스도의 마음으로 온유가 되어서 천국의 땅을 얻을 수 있다는 것입니다. 천국의 땅이 곧 여러분들의 심령의 밭이 되어 보혈의 은혜로 기경되고 말씀의 순종으로 갈아엎어지는 만큼 하늘의 땅도 함께 넓어지고 커지는 것이지요. 고로 여러분의 마음이 온유로 기경되기 시작하는 순간부터 천국집을 지을 수 있는 거룩한 땅이 생기게 되는 것입니다. 그러면 이렇게 해서 천국집이 지어지는 순간 우리는 일반적인 구원받은 자의 반열에서 더 좋은 성도까지 올라가게 되는 것입니다. 그리고 성도에서 하나님의 말씀을 성품의 변화로 이루어내는 것에 따라 신부의 반차까지 올라갈 수가 있게 됩니다.

1. 첫 번째 조건, 마음과 생각의 그릇이 깨끗해야 한다.

그러나 하나님의 견고한 터는 섰으니 인침이 있어 일렀으되 주께서 자기 백성을 아신다 하며 또 주의 이름을 부르는 자마다 불의에서 떠날지어다 하였느니라 큰 집에는 금 그릇과 은 그릇뿐 아니라 나무 그릇과 질그릇도 있어 귀하게 쓰는 것도 있고 천하게 쓰는 것도 있나니 그러므로 누구든지 이런 것에서 자기를 깨끗하게 하면 귀히 쓰는 그릇이 되어 거룩하고 주인의 쓰심에 합당하며 모든 선한 일에 준비함이 되리라 또한 너는 청년의 정욕을 피하고 주를 깨끗한 마음으로 부르는 자들과 함께 의와 믿음과 사랑과 화평을 따르라

디모데후서 2:19-22

여러분, 이 말씀은 성도에서 신부로 들어가기 위해 중요한 말씀이라고 생각되나요? 맞습니다. 아주 중요한 말씀입니다. 왜 그러냐면 저와 같은 설교자의 경우는 여러분들이 보시기에 어떤 그릇인 것 같나요? 제가 제 스스로를 말씀의 거울에 비추어 보았을 때 금그릇은 아닌 거 같고 그렇다고 은그릇도 아닌 거 같습니다. 제가 생각했을 때 저의 그릇을 영으로 본다면 저는 나무 그릇인 거 같습니다. 나무 그릇은 귀하게 쓰는 그릇은 아닙니다. 천하게 쓰는 그릇일 뿐입니다. 급한 대로 사용되는 그릇이요, 누구라도 부담 없이 쓰는 편한 그릇입니다. 왜 나무 그릇이 이렇게 쓸 수밖에 없냐면 질그릇 같은 경우는 설거지를 잘못하게 되면 깨지게 됩니다. 주인 입장에서 보았을 때는 금그릇과 은그릇은 아까

워서 아무 데나 사용하지 않습니다. 그런데 이 나무 그릇은 재료부터가 쉽게 어디서나 구할 수 있고 만들 수 있고 천하기 때문에 가벼워서 막 쓰는 그릇입니다. 심지어 이 나무 그릇은 던져도 안 깨집니다. 그리고 자주 써도 변형도 안 됩니다. 그러나 사용하고 또 사용하다 보면 그릇이 더 낡아지고 닳아 없어져 버리는 경향이 있습니다. 마치 내 자아가 십자가에서 예수님과 함께 죽었고 그로 인해 소금이 물에 들어가 녹아 없어지는 것처럼 나무 그릇도 닳고 닳아서 없어지게 됩니다. 그래서 저는 제 자신을 나무 그릇으로 생각하는 사람입니다. 귀히 쓰는 사람은 금그릇과 은그릇의 모양이 있는데 적어도 저의 고백은 그렇습니다.

그런데 여기서 이렇게 쓰임 받는 것도 중요하지만 결정적으로 신부가 가져야 하는 조건을 봐야 합니다. 뒤의 말씀인 '그러므로 자기를 깨끗하게 해야 한다'라는 것입니다. 자기를 깨끗하게 해야만 귀히 쓰는 그릇이 될 수 있고 거룩하게 쓰일 수 있다는 것이지요. **그런데 여기서 귀히 쓰는 것도 중요하고 거룩하게 쓰는 것도 중요하지만 더 중요한 것은 주인의 쓰심에 합당해야 한다는 것입니다.**

여러분들에게 한 번 질문해보겠습니다. 여기 귀히 쓰는 금그릇이 있고 저와 같이 천하게 쓰는 나무 그릇이 있습니다. 그런데 금그릇이 안에 여러 가지 오물이 있을 때 비록 천해 보이고 빛깔도 안 나는 나무 그릇이긴 하지만 안이 깨끗해져 있습니다. 그럼 여러분들이 지금 당장 밥을 퍼서 먹는다고 할 때 아무리 좋아 보인다 하더라도 여러 가지 오물이 있는 금그릇에 밥을 담을 수가 있겠습니까? 당연히 깨끗한 나무 그릇을 쓰겠지요. 그러니까 우리는 금이 되려고 하는 게 중요한 게 아닙니다. 나를 조금 단련을 시켜서 흙을 조금 구워서 만든 질그릇으로 되게 하는 것보다 더 중요한 게 무엇입니까? 이 그릇 안을 깨끗하게 비워 놓는 것입니다. 그렇다면 그릇의 영적인 상징이 무엇이겠습니까? 바로 여러분들의 마음과 생각입니다. **그러니까 이 생각의 그릇과 마음의 그릇이 깨끗해야만 하나님이 그분의 쓰임에 맞게 쓸 수 있다는 것입니다.** 대부분의 사람들은 생각과 마음의 그릇에 하나님이 원하시는 것이 아닌 자신이 원하는 걸 담아 놓고 살고 있습니다. 그렇기 때문에 보혈의 은혜로 구원받아 성도가 되기도 어렵지만 성도에서 신부로 되기에는 훨씬 힘든 것임을 알 수 있습니다. 그러니까 이 원리를 모르고 하나님 앞에 상급만 달라고 기도하거나 하나님 앞에 은사를 달라고 기도하면서 주님 앞에서 안 되는 것을 억지 부려서 달라고 한들 그 기도가 이루어질 수 없다는 것입니다.

어떻게 더러운 곳에다 하나님의 거룩함을 담아 놓을 수 있겠습니까? 하다못해 인간 사회에서 살고 있는 우리조차도 밥 한 끼 먹을 때 아무리 좋아 보이는 그릇이라도 더러운 그릇에 밥을 퍼서 안 먹는 것이 인지상정입니다. 하나님 앞에 아무리 좋아 보이는 금그릇과 은그릇이 있을지라도 그릇에 더러운 게 있는데 거기에 귀한 은사나 하나님의 축복이나 하늘의 영광을 담아줄 수 있겠느냐는 것입니다. **그렇기 때문에 그릇은 쓰임에 맞게 주인이 원하는 것만 담아 놓으면 되는 것입니다. 그것이 그릇의 사명입니다.** 주인이 원하는 것만 내 생각에 담아 놓고 주인이 원하는 것만 내 마음의 그릇에 담아 놓기만 하면 나머지는 누가 일하게 되실지를 충분히 예상해 볼 수 있겠습니다. 그릇이 일하는 것이 아니라 주인이 일하시는 것입니다. 그릇이 뭔가 해보겠다고 하는 순간 더 안 되는 것입니다. 그런데 우리의 삶과 말과 행동과 계획은 어떻게 적용되고 있는가요? 주인의 의도는 생각하지 아니하고 내가 무엇 좀 해보겠다는 겁니다. 내가 어떻게 좀 해보겠다는 거지요. 다시 말해서 주인이 내가 되는 것입니다. 하지만 하나님이 쓰시는 귀한 그릇은 '내가'에서 '하나님'이 되는 것이고, '나 중심'에서 '주님의 중심'이 되는 것입니다. 그렇기 때문에 우리가 영의 기도를 하는 것 자체도 이 그릇을 깨끗하게 비우고 그릇의 역할인 하나님이 담기 원하는 것을 하기 위함입니다. 따라서 우리가 성도에서 신부로 승격되려면 정결한 그릇이 돼야 하고 하나님이 찾으시는 깨끗한 그릇이 되어야만 합니다.

그리고 설령 회개가 되어서 깨끗하게 되었다 할지라도 하나님이 원하시는 걸 담는 것을 내 자유의지로 거부할 수도 있습니다. 아무리 깨끗한 그릇이라 할지라도 이 땅에서는 거부할 수 있는 능력이 있습니다. 그것은 천사도 못 말리고 우리를 창조하신 예수님도 못 말립니다. 만약에 예수님이 말릴 수 있는 것이었다면 바리새인, 사두개인, 서기관을 보고 그렇게 질책하지는 않으셨을 것입니다. 그들은 안에 더러운 오물도 있었지만 하나님의 아들이신 예수 그리스도의 뜻을 담아 놓기도 원치 않았습니다. 그래서 우리는 회개도 중요하지만 회개에 합당한 열매를 맺고 살아야 합니다. **'회개에 합당한 삶을 산다'라는 것은 깨끗해진 그릇에 하나님**

이 원하시는 걸 담고 살라는 영의 메시지입니다. 누구 뜻대로요? 하나님 뜻대로, 성령의 뜻대로, 말씀의 뜻대로, 주의 뜻대로 담아 놓기만 하면 그릇은 그릇으로서 자기의 사명을 다하는 것입니다.

2. 두 번째 조건, 깨어 있어서 가라지를 뽑을 수 있다.

예수께서 그들 앞에 또 비유를 들어 이르시되 천국은 좋은 씨를 제 밭에 뿌린 사람과 같으니 사람들이 잘 때에 그 원수가 와서 곡식 가운데 가라지를 덧뿌리고 갔더니 마태복음 13:24-25

이 말씀 너무나도 유명한 말씀이죠. 씨 뿌리는 비유를 모르는 사람은 거의 없을 겁니다. 그런데 성도에서 신부로 가려면 두 번째 중요한 조건이 여기에 있습니다. 여기에 나온 밭도 우리의 마음입니다. 그런데 말씀에 이게 나옵니다. '사람들이 잘 때에 원수가 와서 곡식 가운데 가라지를 덧뿌리고 갔다'는 것입니다. 무엇을 할 때요? 잘 때 말입니다. **그러니까 성도에서 신부로 가려면 어떻게 해야 하나요? 깨어 있어야 합니다. 어떤 것으로 깨어 있어야 하냐면 악한 자가 나한테 와서 가라지를 뿌리고 있는지 없는지를 분별할 수 있는 영의 능력이 있어야 합니다.**
이 가라지는 내 안에 쓴 뿌리, 내 안의 상처, 내 안에 여러 가지 잡초 같은 기억들입니다. 이런 것들을 마귀가 와서 뿌려놓고 간 겁니다. 그러면 성도에서 신부로 되려면 이런 것들을 다 제거해야 할 거 아닙니까? 그럼 제거를 하기 전에 뭘 해야 할까요? 이게 나에게 있는지 아닌지부터 알아야 합니다. 그래서 성도에서 신부로 가려면 내 안에 쓴 뿌리, 내 안에 상처 된 기억들이 뭔지를 알고 내가 약한 점이 무엇인지를 알아야 합니다. 그것을 먼저 발견해서 **성령의 불로 보혈의 권세로 예수 그리스도의 이름으로 영의 기도로 하나님 앞에 기도하면서 다 뿌리째 뽑아야 합니다.** 그러니까 우리는 말씀에 나온 대로 경건의 연습을 늘 하는 것입니다.

우리가 영의 기도를 요즘 계속한다고 하는데 영의 기도도 마찬가지로 경건의 연습인 것입니다. 우리가 숨을 쉬고 살듯이 영의 기도하는 것도 말 그대로 우리 영이 영적인 호흡을 계속하고 있는 것입니다. 그래서 디모데전서 말씀을 보면 육체의 연습은 약간의 유익만 있겠지만 경건은 범사에 유익하다고 하는 것입니다. 그러니까 이 경건이 이 땅에서도 유익하고 천국에 가서도 유익하다는 것입니다.

> 망령되고 허탄한 신화를 버리고 경건에 이르도록 네 자신을 연단하라 육체의 연단은 약간의 유익이 있으나 경건은 범사에 유익하니 금생과 내생에 약속이 있느니라 디모데전서 4:7-8

그렇기 때문에 금생과 내생의 약속이 있다고 한 것입니다. 그럼 이 경건이 바로 무엇일까요? 이 경건은 하나님의 뜻을 이루고 깨끗한 그릇을 만들고 깨끗한 그릇 속에 하나님의 말씀을 담아서 주인의 뜻대로 삶을 사는 것입니다. 그래서 다음과 같은 결론이 나오게 됩니다. '경건에 이르도록 네 자신을 연단하라' 이 말씀대로 일단 경건한 연습을 해야 합니다. 그리고 이제 성도에게 하나님이 단번에 주신 믿음을 위해서 우리는 힘써 싸우기도 해야 합니다. 유다서 1장 3절 말씀을 봅시다.

> 사랑하는 자들아 우리가 일반으로 받은 구원에 관하여 내가 너희에게 편지하려는 생각이 간절하던 차에 성도에게 단번에 주신 믿음의 도를 위하여 힘써 싸우라는 편지로 너희를 권하여야 할 필요를 느꼈노니
>
> 유다서 1:3

내 안에 갈등이 생기는 것도 사실은 보이지 않는 곳에서 싸우고 있는 것입니다. 그런데 지금은 여러분들이 싸우는 것도 되게 어렵다고 생각할 수 있지만 이건 아무것도 아닙니다. 내 안에 더 강력한 존재가 오시게 되면 이건 고민도 안 됩니다. 그래서 무엇보다도 우리가 내 안에 마음의 그릇과 생각의 그릇에 성령께서 오시게 만드는 것이 매우 중요합니다. 로마서 8장 27절을 한 번 봅시다.

> 마음을 살피시는 이가 성령의 생각을 아시나니 이는 성령이 하나님의 뜻대로 성도를 위하여 간구하심이니라 로마서 8:27

'마음을 살피시는 하나님이 성령의 생각을 아신다'라고 하셨고 '이는 성령이 하나님의 뜻대로 성도를 위해서 간구하심이니라'라고 성경에 기록되어 있습니다. 그러니까 성도가 된 사람이 하나

님의 자녀가 되어 아버지 하나님께 기도할 수 있는 것입니다. 이 말은 성도가 안 되면 하나님의 뜻대로 하는 진정한 영의 기도를 할 수 없다는 뜻도 됩니다. 그러니까 성도도 저 하늘에서는 보통 계급이 아니라는 것입니다, 빛나는 세마포를 입고 있는 성도들이 하늘에서는 엄청나게 큰 영광된 반열이란 말씀을 드리고 싶습니다. 그런데 앞에 전제되어야 하는 게 뭐라고 나와 있었나요? 하나님이 여러분들의 마음을 살핀다고 하셨습니다. **이 마음이 어떤 마음입니까? 우리가 지금 세상을 향한 마음이냐, 아니면 내가 어떤 목표를 향한 마음이냐, 아니면 정말 하나님을 향한 거룩한 목표인 것이냐, 그리스도의 복음과 그의 나라와 의를 위한 마음이냐? 이걸 하나님이 살피신다는 것입니다.** 그렇게 해서 그의 나라와 의를 위한 영의 기도를 하게 만들어 주신다는 것이지요. 그러니까 성령님은 우리의 기도를 하나님 아버지와 함께 연결시켜 주시는 역할을 하시는 것입니다. 내 안에 계신 성령님께서 하늘로 영의 기도가 상달되도록 연결해 주시는 역할을 하시는 것입니다.

그러면 여러분들이 잘 한 번 생각해보세요. 우리 안에 성령의 기름이 다 떨어지게 되면 어떤 일이 생기겠습니까? 완전히 그냥 죄된 모습으로 되돌아가게 되는 것입니다. 예전보다 더 추해진 모습이 되는 것이지요. 상상을 해보세요. 하얀 드레스를 입은 신부가 있습니다. 생각만 해도 얼마나 아름답겠습니까? 그런데 이 신부 드레스에 여러 가지 오물들이 묻어있고 화장도 다 지워졌다고 생각해보세요. 아름다웠던 만큼 완전 반대로 대비가 되어 더 추한 모습이 되어있으며 더 큰 타락이 되어있게 될 것입니다. 바로 이 모습이 죄와 타락의 원초적이었던 존재인 루시퍼입니다.

그래서 우리는 구원받은 자가 성도가 되어 심지어는 이 모든 말씀을 이뤄서 그리스도의 신부가 되어 사는 것도 중요합니다. 하지만 신부의 반열까지 올라가서 신부의 드레스까지 입고 있던 자가 타락하면 그건 진짜 말로 표현할 수도 없을 만큼 최악의 상황으로 연출되는 것입니다. 이렇게 되면 저 하늘에서는 완전히 울음바다가 되는 것이겠지요ㅠㅠ 그러면 우리는 어떻게 해야 할까요? **성도가 되는 것도 중요하고 신부가 되는 것도 중요하지만 더 중요한 것은 항상 내 자신이 마귀가 주는 작은 죄에 예민할 수 있어야 한다는 것입니다.** 죄에 빠지지 않고 내가 죄를 보고 죄를 다스리며 죄를 제거할 수 있는 능력이 되는 영적인 상태가 되어야 하고 성령님이 내 안에 늘 계시도록 유지해야 합니다. 그분이 안 계시는 순간 우리는 완전히 죄로 넘어지고 마귀로 하여금 신부의 옷이 발가벗겨진 채로 끝나 버리는 비참한 최후를 맞이하게 되는 것입니다.

3. 세 번째 조건, 마음이 완전함에 행하여 흔들리지 않는다.

내가 나의 완전함에 행하였사오며 흔들리지 아니하고 여호와를 의지하였사오니 여호와여 나를 판단하소서 여호와여 나를 살피시고 시험하사 내 뜻과 내 양심을 단련하소서 시편 26:1-2

다윗이 어떤 고백을 했습니까? 지금 시편 26장 2절에 나오는 말씀을 보면 '여호와여 나를 살피시고 시험하셔서 내 뜻과 내 마음을 단련하소서' 라고 고백하고 있습니다. 여러분, 이건 신부의 반열에서 할 수 있는 말씀입니다. 여기서 '단련하다'가 영어 성경에서는 'examine'이란 영어 단어로 나왔습니다. 'examine'이란 '검토하고 조사해보다'라는 뜻입니다. 그러니 이 말씀을 더 정확히 해석하자면 "내 마음과 내 뜻을 한번 조사해보시고, 검토해 보시옵소서"라고 말할 수 있습니다. 그러니까 "내 마음과 뜻을 조사해보셨을 때 하나님 어떠십니까?"라고 신부는 오히려 되레 여쭙는 것이 됩니다.

"예수님, 제가 예수님만 바라보고 있는데요. 세상 진짜 바라보지 않고 예수님만 바라보고 있다는 것을 입술로만 말하는 것이 아닌지 내 마음을 보시고 한번 조사해 보세요." 이런 얘기가 되는 것입니다. 이건 성도를 넘어선 기도의 언어입니다. 심지어는 이렇게도 나옵니다. **신부가 "제가 저의 완전함에 행하였고 흔들리지도 않았고 여호와를 의지했습니다. 그러니까 여호와여 나를 판단하시옵소서"라고 하는 것입니다.** 기가 막히지 않습니까? 이 구절대로 일반 성도가 어떻게 이런 기도를 할 수 있겠습니까? 이거는 영의 기도 중에 아주 수준 높은 반열의 영의 기도를 할 수 있는 영적인 상태입니다. 일반 성도가 할 수 있는 기도가 결코 아닙니다.

여기서 '나의 완전함에 행하였다'는 것에 '완전함'이 아주 중요합니다. 이 완전함이 무엇이냐면 'perfect'가 아닙니다. 왜냐하면 이 땅에서 우리 인간은 죄를 지을 수밖에 없기 때문에 누구도 완벽한 존재로 살 수는 없습니다. 그래서 이 완전함을 영어로 찾아보니까 이렇게 표현되어 있습니다.

> Vindicate me, LORD, for I have led a blameless life; I have trusted in the LORD and have not faltered. Test me, LORD, and try me, examine my heart and my mind; Psalm 26:1-2

완전함은 'blameless life'라고 나옵니다. 'blame'은 비난이고, 'less'는 '~이 없는 것'이라는 뜻입니다. **그러니까 'blameless life'는 '비난받지 않는 삶'이란 뜻이 되는 것입니다.** 그러니까 어느 누가 봐도 사람은 양심으로나 도덕적으로나 사회적으로나 법적으로나 또는 여러 가지 제도적으로나 신부의 영성을 가진 저 사람들을 흠잡을 것이 없는 현재적 상태가 되는 것입니다. 이러한 완전함에 행할 수 있는 자가 된다는 것이 사실 쉽지는 않습니다. 여러분들이 직접 다윗이 고백한 것을 한 번 깊이 묵상해 보시는 시간을 가져보세요.

> 그러므로 내가 주의 계명들을 금 곧 순금보다 더 사랑하나이다
> 시편 119:127

"내가 주의 계명을 순금보다 사랑합니다"라는 고백은 아무나 할 수 있는 고백이 아닙니다. 이건 신부들만이 할 수 있는 고백입니다. 성도의 영성으로는 이와 같은 고백을 하기가 참 어렵습니

다. 예를 들어, 여러분들이 주일날 아침에 예배를 빨리 드리고 난 후에 오후 12시부터 밤 8시까지 식당에서 일을 하게 되면 하루에 매출이 300만 원이라고 생각해보세요. 이렇게 한 달을 벌면 1,200만 원입니다. 여러분들, 1,200만 원을 주일에 온전히 예배를 지키기 위하여 내려놓을 수 있겠습니까? 내가 주일을 온전히 지키기 위하여 사사로운 말을 하지도 않고, 오직 주의 뜻을 품고 안식일을 지키기 위하여 단순히 예배로 끝나는 것이 아니라 남아있는 시간까지도 내가 일을 하지 않고 십계명을 지키면서 그리스도의 거룩한 신부로 살 수 있는 성도가 있겠냐는 것입니다. 저는 지금 그것을 여러분께 이야기하는 것입니다.

진정 하나님의 그 말씀 한마디에 전부를 걸고 지켜내어 정금보다 사랑할 수 있겠냐고 되물어보는 것입니다. 그런데 여기 시편에서 뭐라고 고백이 나오냐면 "내가 나의 완전함에 행하였고 흔들리지도 않았다"는 것입니다. 이게 사람이 살다 보면 중간에 더 이익이 될 것 같으면 "어떻게 할까?"라고 흔들릴 수도 있는데 흔들리지 않았다고 나오는 것입니다. 그러니까 이게 바로 신부의 삶인 것입니다. **그러니까 신부는 어떤 사람입니까? 신부는 완전함에 행하여 비난받지 않는 삶을 살면서 마음과 생각이 안 흔들리는 삶을 살아가는 자입니다. 왜 마음과 생각이 안 흔들릴까요? 이미 마음과 생각에 그리스도의 마음과 성령과 말씀으로 가득 차 있기 때문입니다.** 이런 사람들이 당연히 누구를 의지하겠습니까? 세상을 의지하겠습니까, 세상이 주는 유익과 쾌락의 왕을 의지하겠습니까, 아니면 세상에서 세워진 높은 벼슬을 의지하겠습니까,

진정 하나님을 의지하겠습니까? 두말할 것도 없이 당연히 하나님을 의지하는 것입니다. 그러니까 "나를 판단하라"는 것입니다. 그리고 심지어는 뒤에 이렇게 나옵니다.

> 허망한 사람과 같이 앉지 아니하였사오니 간사한 자와 동행하지도 아니하리이다 시편 26:4

여기서 허망한 사람과 간사한 자는 표현만 달랐지 똑같은 말입니다. 허망한 사람은 속이는 사람입니다. 간사한 자는 위선자입니다. 똑같은 말이지요. 신부는 거짓된 삶을 살지 않았을 뿐만 아니라 거짓된 삶을 사는 사람과 가까이하지도 않는다는 것입니다. 왜일까요? 자신의 옷이 더럽혀지지 않게 하기 위해서입니다. 혹시 여러분, 신부가 드레스 입고 연탄 공장 가는 거 보셨습니까? 신부가 드레스 옷을 입고 막노동판 가서 일하는 거 보신 적 있으십니까? 신부가 드레스를 입고 있으면 어디에 있어야 합니까? 아름다운 예식장에 있어야 하는 것입니다. 깨끗한 곳에 있어야 하는 것이지요. 죄를 회개하고 예수 그리스도의 은총을 받아서 이 모든 죄 사함을 받아 놓고도 다음에 또 연탄 공장 같은 그런 죄된 더러운 곳을 간다고 한다면 그건 가장 어리석은 짓을 하는 것입니다. 그렇기 때문에 이것을 꼭 기억해야 합니다. 결국은 지금 계속 성도에서 신부로 승격이 되기 위한 조건이 계속 뭐가 나오고 있습니까? 바로 마음입니다. 그래서 신부는 자신의 마음에 거리낌 있는 삶을 살지를 않는다는 것입니다. 그래서 말씀에도 이렇게 나옵니다.

사랑하는 자들아 만일 우리 마음이 우리를 책망할 것이 없으면 하나님 앞에서 담대함을 얻고 요한일서 3:21

저는 이 말씀을 최고의 목표에 두고 살아가려고 기도하며 힘쓰고 있습니다. '만일 우리의 마음이 우리를 책망할 것이 없으면 하나님 앞에서 담대함을 얻는다'고 기록되어 있는 이 말씀을 너무나 소망하며 살고 있습니다. 여러분이 직접 생각해보세요. 하나님 앞에서 담대함을 얻을 수 있는 사람이 죽음을 두려워하겠습니까? 결코 두렵지 않을 것입니다. 그렇다면 대부분의 사람들이 죽음을 왜 두려워할까요? 살면서 지은 그 사람들 안에 있는 죄가 본인을 두렵게 만드는 것입니다. 내 안에 죄가 있으니까 사람이 죽음을 두려워하는 것입니다. 하지만 동물은 죽을 때 두려워하지 않습니다. 그냥 숨이 떨어져서 자연스럽게 창조의 질서대로 죽는 것입니다. 하지만 사람은 죽기 직전에 두려워합니다. 왜 그렇다고요? 죄 때문에 그런 것입니다. 동물은 영이 없고 사람에게만 마음 안에 자신의 본질이 되는 영이 있습니다. 여기서 중요한 영적 원리가 있는데 사람이 짓는 모든 죄 된 행위 때문에 그 사람의 영은 환난과 곤고를 겪고 있다는 사실입니다. 내가 죄 가운데 즐기는 동안 육은 좋아서 즐거우나 내 안에 있는 영은 환난과 곤고를 당하고 있습니다.

악을 행하는 각 사람의 영에는 환난과 곤고가 있으리니 롬 2:9

영이 죄의 결과에 영향을 받아 하나님 앞에 서려고 하다 보니까 죽기 직전에 벌벌벌 떠는 것입니다. 그래서 이 죄를 해결하기 위해서 예수 그리스도, 그분께서 친히 죄로 가득 찬 세상에 오신 것입니다. 그러면 하나님 앞에서 담대함을 얻으면 이 사람은 어떤 사람이라고 생각되시나요? 성도일까요, 그리스도의 신부일까요?

네 바로 예수님의 신부입니다. 이런 사람이 하나님 앞에 기도하여서 무엇이든지 구하면 하나님께 다 받을 수 있는 영력을 가진 막강한 사람들입니다. 왜냐하면, 이런 사람은 하나님 앞에 계명을 지키고 하나님이 기뻐하시는 일을 행하기 때문입니다. 그러면 하나님의 계명이 무엇입니까? 그것은 서로 사랑하는 것입니다. **그러니까 결국 신부가 되려면 무엇을 해야 합니까? 사랑이 내 안에 있어야 한다는 것입니다.** 내 안에 사랑이 있고 내 안에 말씀이 있으면 성도에서 거룩한 그리스도의 신부로 승격될 수 있다는 것을 누가 알려줄까요? 단순히 여기서 선포해서 "저는 그리스도의 신부입니다." 이렇게 말하면 그리스도의 신부가 되는 것입니까? 아닙니다. 저희들이 〈읽는 기도〉로 기도할 때 맨 처음에 하는 기도가 '성령 기도'입니다. 성령님이 왜 중요한 줄 아십니까? 이걸 다 성령님이 알려주시고 가르쳐 주시기 때문입니다. 내 안에 거리낌이 있는 것도 성령님이, 내 안에 양심의 가책을 느끼게 도와주시는 것도 성령님이, 내 안에 작은 죄를 알게 하는 것도 성령님이 하시는 거룩한 일이십니다. 그럼 내 안에 성령님이 온전하게 계시지 못하신다면 어떻게 될까요? 큰 죄는 어느 정도 알 수 있을지 몰라도 지극히 작은 죄나 보이지 않는 죄는 어떻게 하시겠습니까? 대부분은 이러한 죄를 못 알아봅니다. 심지어 보이지 않는 죄를 넘어서서 본인이 잠자고 있을 때 마귀가 와서 몰래 가라지 뿌리고 가는 경우도 많습니다. 내 마음 밭에 가라지가 나고 있단 말입니다. 그런데 성령이 충만하지 못하게 되면 내 마음 밭에 그런 가라지가 나고 있는지조차 모르게 되는 것입니다. 그래서 우리에게 주신 성령으로 말미암아 예수님이 내 안에 거하시는 것을 알게 되어 이 모든 걸 깨달을 수 있게 된다는 것입니다. 그래서 하나님도 다음과 같이 말씀 하십니다. "모든 교회가 나는 사람의 뜻과 마음을 살피는 자인 줄을 너희들이 알지어다(계 2:23)" 따라서 내 뜻과 마음이 하나님 앞에 올바로 서지 못하면 결국 성도에서 머물게 되고 우리는 그리스도의 신부의 반열까지는 올라설 수 없다는 것입니다. 그리고 이 말씀도 너무나도 좋은 말씀인데 같이 한 번 찾아봅시다.

> 땅에 있는 성도들은 존귀한 자들이니 나의 모든 즐거움이 그들에게 있도다 시편 16:3

이 말씀은 있는 그대로 하나님이 성도들을 너무너무 존귀하게 생각하고 계신다는 것입니다. 성도들이란 무리 안에는 그리스도의 신부들까지 포함되어있습니다. 이 성도들만 보면 하나님이 너무너무 기뻐서 하나님이 콧노래를 부르실 정도로 기뻐하신다는 것입니다. 하나님이 모든 것을 창조하시지 않으셨습니까? 하나님을 이길 수 있는 존재가 어디에 있습니까? 어느 곳에서도 없습니다. 그런데 하나님이 이기지 못하는 게 딱 하나가 있습니다. 그게 뭘까요? 바로 신부들의 행함과 신부들의 아름다운 삶의 모습을 보시면서 너무너무 기뻐서 하나님이 기쁨을 이기지 못하신다는 것입니다. 여러분, 하나님이 얼마나 행복하시면 이런 표현을 하였겠습니까? 하나님이 웃으시면 천국은 그냥 끝나는 겁니다. 그 순간 다 끝나는 겁니다. 이 땅에서도 모든 게임이 한순간에 끝나는 겁니다. 그래서 땅에 있는 성도들이 하나님 보시기에 다 존귀한 자들이고 하나님의 모든 즐거움이 다 성도에게 있다고 기록해 놓으신 것입니다. 그리고 이 모든 것은 기쁨을 이기지 못하게 만드는 그리스도의 어여쁜 신부에게 달려 있다는 것입니다. 어떠신가요? 하나님의 눈과 시선을 머물게 만들고 기쁨을 이기지 못하시도록 예배를 올려 드리는 신부된 삶이 너무 사모되기만 합니다.

> 너의 하나님 여호와가 너의 가운데에 계시니 그는 구원을 베푸실 전능자이시라 그가 너로 말미암아 기쁨을 이기지 못하시며 너를 잠잠히 사랑하시며 너로 말미암아 즐거이 부르며 기뻐하시리라 하리라 스바냐 3:17

4. 네 번째 조건, 영적인 것을 분별하는 능력

우리가 그리스도의 신부가 되려면 분별할 수 있는 능력이 있어야 합니다. 아까 말씀을 다시 떠올려 봅시다. 분명 마귀가 몰래 와서 가라지를 뿌리고 갔다고 했습니다. 그런데 이것 말고도 또 중요한 말씀이 있습니다. 이 말씀을 살펴봅시다.

> 여호와께서 그에게 이르시되 어떻게 하겠느냐 이르되 내가 나가서 거짓말하는 영이 되어 그의 모든 선지자들의 입에 있겠나이다 여호와께서 이르시되 너는 꾀겠고 또 이루리라 나가서 그리하라 하셨은 즉 **열왕기상 22:22**

　신부들은 이 말씀을 알고 거짓의 영을 분별할 수 있습니다. 신부는 이게 거짓인지 진리인지 구별할 수 있다는 것입니다. 일단 이 말씀을 먼저 드리고 싶습니다. 자, 육으로 난 것은 육입니다. 영으로 난 것은 영입니다. 그러니까 세상 사람들은 육으로만 우리를 봅니다. 그러니까 우리가 전도를 하면 우리에게 미련하고 어리석다고 욕을 합니다. 우리는 그 사람들을 살리려고 하는 것이지만 그 사람은 되려 우리에게 비난하고 욕을 합니다. 우리는 육으로도 보지만 영으로도 보기 때문에 죽어가는 영혼들을 살리려 하는 것이지만 사람들은 육으로만 보기 때문에 눈살을 찌푸리는 것입니다. 그렇기에 사람 속에 있는 영의 일을 누가 알 수 있겠습니까? 거듭난 사람 안에 어떤 영이 있을까요? 바로 그리스도의 영이신 성령님이 계십니다. 그러니까 이와 같이 하나님의 일도 하나님의 영 외에는 아무도 알지 못한다는 것입니다. 따라서 이 모든 것을 알려면 성령님이 내 안에 계셔야 합니다. 세상의 영을 받지 않고 오직 하나님께로부터 오는 영을 받아야 한다는 말입니다.
　그런데 일반적인 사람들이 성령을 계속 달라고 기도 많이 하나요? 대부분은 하지 않을 것입니다. 성령이란 말도 잘 안 꺼내는 경우도 많습니다, 그냥 "예수님 이름으로 기도했습니다."하고 끝나는 경우가 많습니다. **하지만 기도의 영역은 성령님의 영역입니다.** 이 사실은 매우 중요합니다. 원래 하나님과 우리와의 관계를 연결시켜 주셨던 분이 예수님이십니다. 그런데 예수님이 아버지의 우편에 보좌로 가신 후 예수님이 보내주신 영이 바로 성령님이십니다. 따라서 예수님을 증거하는 영도 성령이십니다. 그렇기 때문에 성령님이 내 안에 가득 차면 예수님을 믿을 수밖에 없고 더 큰 믿음을 갖게 될 수 밖에 없습니다. 아니 여러분, 우리가 2년 전에 있었던 일도 증거를 직접 보지 않으면 안 믿는데 2,000년 전에 있었던 사건을 보지도 못했는데 어떻게 믿을 수 있겠습니까? 이것이 진짜 놀라운 일인 겁니다. 바로 성령님 때문에 이런 일이 있을 수 있다는 것이지요.

따라서 영적인 일은 영적인 것으로 분별을 하라는 것입니다. 그러면 영적인 것을 영적인 것으로 분별하려면 어떻게 해야 할까요? 일단 우리가 속으면 안 되겠지요. 말씀을 다시 살펴봅시다. 하나님이 계시고 마귀가 있는데 하나님이 마귀에게 "너 어떻게 할 거니?"라고 물어보니까 마귀가 이렇게 대답합니다. "아이고 하나님, 저는 모든 선지자들의 입에 있을 겁니다." 선지자들은 지금의 목회자들을 말합니다. 그들의 입에 가서 거짓말하는 영이 되어 유혹하고 꾀겠다는 것입니다. 그랬더니 하나님께서 그것을 허락해 주시겠다고 말씀하십니다. "여호와께서 이르시되 너는 꾀겠고 또 그렇게 이루게 될 것이다. 나가서 그리하라" 그러니까 하나님이 미혹의 영을 허락하셨기 때문에 이런 미혹의 영들이 생기는 것입니다. 그럼 우리는 이걸 어떻게 해야 합니까? 영으로 깨어 있어서 속지 않아야 합니다.

그러면 하나님의 입장에서 이 미혹의 영을 왜 보내셨나요? 마귀도 하나님 앞에 허락을 받아야 움직일 수 있다는 엄청난 이 영의 깨달음이 지금 생겼습니다. 그럼 과연 하나님의 입장에서는 왜 이 꾀는 영, 거짓말하는 영, 속이는 영을 선지자들의 입에 두는 것을 그냥 허락하셨는지를 생각할 필요가 있지 않습니까? 왜냐하면 예수님이 말세의 징조의 때를 말씀하셨습니다. 말세에 내 이름으로 와서 "내가 그라"라고 한다고 했습니다.

> 그들이 물어 이르되 선생님이여 그러면 어느 때에 이런 일이 있겠사오며 이런 일이 일어나려 할 때에 무슨 징조가 있사오리이까 이르시되 미혹을 받지 않도록 주의하라 많은 사람이 내 이름으로 와서 이르되 내가 그라 하며 때가 가까이 왔다 하겠으나 그들을 따르지 말라 **누가복음 21:7-8**

주님은 미혹과 유혹이 아주 굉장히 강해진다고 말씀하셨습니다. 하나님의 말씀은 진리이시고 영원히 변함이 없습니다. 그리고 하나님의 말씀이 한마디 선포되었으면 그 말씀이 뜻을 이루고 돌아와야 합니다. 그렇기 때문에 미혹의 영을 보내준 것입니다. 그럼 우리 입장에서는 어떻게 해야 합니까? 이 미혹의 영을 구별하고 분별하고 판단할 수 있어야 합니다. 무엇으로 판단하시겠습니까? 말씀으로 판단한다고요? 그럼 우리가 말씀으로 이 모든 것을 이해할 수 있을까요? 말씀으로 판단하면 아주 많은 걸 이해할 수 있고 분별할 수 있는 것 맞습니다. 그런데 사실은 말씀을 우리가 먼저 이해를 못 하기 때문에 분별 못 하는 경우도 많습니다.

그럼 말씀은 누가 쓰셨습니까? 성령님이 쓰셨습니다. 그러니까 결국은 내 안에 성령님이 오셔야 이 모든 일이 해결되는 것입니다. **내 안에 성령님이 계시면 작은 죄도 볼 수 있지만 보이지 않는 죄도 볼 수 있고 심지어는 마귀가 몰래 와서 뿌리고 있는 것까지 볼 수 있습니다.** 우리가 늘 〈읽는 기도〉에서 '보혈 기도'를 할 때 "예수님의 보혈을 뿌리고 바르고 마십니다"라고 합니다. 예수님의 보혈을 왜 항상 내 영혼에 뿌리겠습니까? 마귀가 가라지를 뿌려도 예수님의 보혈 안에서는 가라지에서 싹이 날 수가 없습니다. 그래서 하루에 세 번씩 예수님의 보혈을 뿌리고 바르고 마신다는 표현을 하나님 앞에 영의 기도를 계속 올리는 사람은 내 영과 내 몸에 예수님의 보혈이 발라져 있습니다. 그렇기 때문에 보혈 위에는 가라지가 뿌려져도 가라지가 싹이 나올 수가 없습니다. 그건 마치 뭐와 똑같냐면 바다 모래사장에다 꽃을 심는 것과 똑같습니다. 바다 모래사장에 꽃을 심으면 어떻게 되나요? 바로 시들어 죽어버립니다. 메마른 곳에서는 식물이 살 수가 없습니다. **그러니까 가라지를 아무리 많이 뿌려도 보혈이 덮고 있는 한, 보혈의 밭이 되어있는 한, 성령의 밭이 되어있는 한 거기서는 가라지가 아예 능력을 발휘할 수가 없다는 뜻이 됩니다. 그러니까 우리는 보혈과 성령을 늘 강조하며 영의 기도를 해야 한**

다는 것입니다.

여기까지 잘 이해되셨습니까? 그런데 거짓말하는 영이 있다면 이걸 한번 다른 거로 바꿔볼 수도 있지 않겠습니까? 이거 하나를 알게 되면 다른 것도 바꿀 수 있잖아요. 그러면 미움을 주는 영도 있겠지요. 음란을 주는 영도 있을 겁니다. 그럼 또 어떤 것도 있을까요? 나는 열심히 공부해서 좋은 대학 가려고 하고 열심히 노력해서 좋은 직업으로 취업하려고 한 거지만 나중에 알고 보니까 욕심을 갖게 만드는 영도 있을 수 있겠지요. 시기를 갖게 만드는 영도 있겠고 욕을 하게 만드는 영도 있을 것입니다. 이게 마치 우리가 그렇게 하는 것처럼 보이지만 사실은 각각의 영들이 우리의 생각과 마음과 입술을 조종하고 있는 것입니다. 그래서 우리 안에 성령님이 안 계시면 우린 아무것도 할 수가 없게 되는 것입니다.

5. 다섯 번째 조건, 다스리는 자

지극히 높으신 이의 성도들이 나라를 얻으리니 그 누림이 영원하고 영원하고 영원하리라 다니엘 7:18
옛적부터 항상 계신 이가 와서 지극히 높으신 이의 성도들을 위하여 원한을 풀어주셨고 때가 이르매 성도들이 나라를 얻었더라 다니엘 7:22

두 말씀에서 성도들이 나라를 얻었다고 나옵니다. 아까 말씀드린 것처럼 성도들에는 신부도 당연히 포함됩니다. 따라서 성도들이라고 하여도 모두가 같은 나라를 얻는 게 아니라 이 성도들 중에서 뽑힌 신부가 나라를 얻는 것입니다. '성도들이 나라를 얻었다'가 영어 표현으로 'they possessed the kingdom'이라고 나옵니다.

until the Ancient of Days came and pronounced judgment in favor of the holy people of the Most High, and the time came when they possessed the kingdom Daniel 7:22

'kingdom'이 무슨 뜻입니까? 왕국입니다. 여러분, 하다못해 이 땅에서도 대한민국 대통령 되는 거 너무너무 대단한 일입니다. 미국 대통령 되는 것은요? 대한민국 대통령 되는 거에 비해서 진짜 말도 안 되는 영광입니다. 전 세계의 우두머리가 되는 것이니까요. 대통령도 나라에 따라서 힘과 지위가 다른 것처럼 성도들도 나라를 얻는데, 그 힘과 지위가 다 다를 것입니다. 그런데 여러분들이 이렇게 저에게 물어볼 수가 있겠죠. "이 땅에서 그런데 천국에서도 과연 그런 건가요?" 여러분, 그런데 천국은 다릅니다. 이 땅에서와 많이 다릅니다. 천국은 사랑의 계급으로 나눠집니다. 이 땅에서는 힘의 계급으로 나뉘지만 천국에서는 온유의 계급으로 나눠집니다. 거룩의 계급으로 나누어지고 겸손의 정도에 따라 반차와 반열이 달라집니다. 이 땅에서는 욕심의 계급으로 나뉘지만 천국에서는 믿음의 계급으로 나눠집니다. 또한 이 땅에서는 교만의 계급으로 나눠질 수 있으나 천국은 전혀 그렇지가 않습니다. 이 땅에서는 자기가 높다 높다 해서 더 높이면 더 높이 올라갈 수 있지만 천국에서는 겸손의 계급으로 나뉘게 될 것입니다. 지금 저는 성도를 넘어서서 신부의 삶을 여러분께 말하는 것입니다. 그렇기 때문에 여기에서 말한 이 왕국은 국왕이 다스리는 나라입니다. 이것을 설명하기 위해서 새벽 3시 30분에 자고 있는데 하나님이 말씀을 저에게 또 주셨습니다. 아침에도 이 말씀을 주셨습니다. 오늘 터트릴 말씀이 바로 이건데, 마지막 아주 귀한 하나님의 메시지가 하나 남았습니다. 엄청난 메시지거든요. 잠언 16장 32절 봅시다.

> 노하기를 더디 하는 자는 용사보다 낫고 자기의 마음을 다스리는 자는 성을 빼앗는 자보다 나으니라 잠언 16:32

이건 신부가 받을 수 있는 하늘의 상을 말합니다. 그러니까 노하기를 더디 하는 자가 용사보다 나은 것이지요. 그러면 용사보다 더 좋은 계급이 무엇입니까? 전사가 되는 것입니다. 그러니까 노하기를 더디 하는 자는 전사가 되는 것이고 자기의 마음을 다스리는 자는 성을 빼앗는 것보다 낫다고 했단 말입니다. 그런데 성을 빼앗는다는 의미는 어떤 나라를 빼앗는 것이지 않습니까? 영어 성경에는 성이 'city'라고 나옵니다.

> Better a patient person than a warrior, one with self-control than one who takes a city Proverbs 16:32

'city'는 커다란 도시를 말합니다. 이 도시를 빼앗는 것이지요. 노하기를 더디 하면 영적으로 하나님이 나를 보셨을 때 용사를 넘어서 전사의 옷을 입고 있게 되는 것입니다. 그 다음에 내 마음을 다스리는 자는 성을 빼앗는 것입니다. 다시 말해서 천국에 있는 하나의 커다란 도시를 빼앗는 것입니다. **이게 지금 무슨 뜻이냐면 내 마음을 말씀과 성령으로 다스리는 만큼 천국은 침노되어 보이지 않는 천국의 성이 만들어지고 있다는 것입니다. 보이지 않는 천국의 도시가 만들어지는 이 엄청난 기쁨을 말로 표현할 수도 없습니다.** 이 땅에서 성령으로 말씀에 순종하며 기도 가운데 살아가는 자가 바로 영적으로 보았을 때 다스리는 자라는 것입니다. 그런데 이 말씀이 창세기 말씀과 연관됩니다. 이제 오늘의 핵심입니다. 창세기 1장 26~28절을 봅시다.

> 하나님이 이르시되 우리의 형상을 따라 우리의 모양대로 우리가 사람을 만들고 그들로 바다의 물고기와 하늘의 새와 가축과 온 땅과 땅에 기는 모든 것을 다스리게 하자 하시고 하나님이 자기 형상 곧 하나님의 형상대로 사람을 창조하시되 남자와 여자를 창조하시고 하나님이 그들에게 복을 주시며 하나님이 그들에게 이르시되 생육하고 번성하여 땅에 충만하라, 땅을 정복하라, 바다의 물고기와 하늘의 새와 땅에 움직이는 모든 생물을 다스리라 하시니라
>
> 창세기 1:26-28

지금 이 말씀에서 나오는 '다스린다'가 영어로 'rule over'입

니다. 먼저 'rule over'를 기억해 놓으시길 바랍니다. 자, 하나님께서 "다스리게 하자"고 말씀하셨습니다. 그리고 "바다의 물고기와 하늘의 새와 땅에 움직이는 모든 생물들을 다스리라"라고 나왔습니다. 그러니까 "다스리라"가 두 번이나 나왔습니다. 이 둘 다 'rule over'라는 영어적 표현을 사용했습니다. 그런데 여러분들이 저에게 "오늘 이게 신부의 말씀과 무슨 연관이 있습니까?"라고 물어볼 수 있습니다. 여러분 여기서 'rule over'는 지배하고 통치하고 호령한다는 뜻입니다. 여러분들은 지배하고 통치하고 호령한다는 뜻의 영적 의미가 무슨 뜻인 줄 짐작해 보실 수 있는지 여쭙고 싶습니다.

내 마음을 다스리고 내 생각을 통치하고 내 안에 있는 수만 가지의 죄들을 다스릴 수 있는 영적인 힘을 가지고 있는 상태가 바로 신부의 특징입니다. 이런 사람들은 장차 천국에서 어떤 일이 생기냐면 세 고을, 다섯 고을, 열 고을을 다스릴 수 있는 영광된 자격을 얻을 수 있는 왕의 권세를 가진 자가 됩니다. 아까 여러분들에게 말했죠. 고을이라는 단어가 영어적 표현으로는 'city'입니다. 여러분들에게 미리 말씀드리고자 하는 것은 이 땅에서 알고 있는 나라마다 수도로 정해져 있는 그 정도의 큰 도시가 결코 아닙니다. 우리들의 경험과 생각으로 천국의 어마어마한 곳을 제한하시면 믿음의 크기를 본인 스스로가 작게 만드는 어리석은 결정을 하게 되는 것입니다. 그러니까 내가 이 땅에서 마음을 다스리는 것만큼 한 성을 얻는다는 것은 내가 그리스도의 마음과 성령의 마음과 말씀의 마음으로 다스리는 신부가 되어서 그걸 내 삶으로 살아냈을 때, 영적으로 천국의 성이 아름답게 만들어지고 건축되어지는 것입니다. **다시 말씀드려서 영적으로 보면 천국에서는 이 땅에 있는 동안 여러분들이 심령 가운데 어떻게 그리스도의 성품을 말씀의 순종으로 이루어내느냐에 따라 하늘에서는 왕이 머물게 될 성이 두 개, 다섯 개 그리고 그 이상도 더 얻을 수가 있게 된다는 것입니다.** 이 영적인 진리는 이 땅에서 고난 가운데 살아가는 우리들에게 실로 엄청난 위로와 기쁨을 안겨주는 힘이 될 수 있습니다. 예수님께서 말씀하셨습니다. "주인이 이르되 잘하였다 착한 종이여 네가 지극히 작은 것에 충성하였으니 열 고을 권세를 차지하라(눅 19:17)" 너무나도 황홀한 말씀이 아닐 수 없습니다.

말씀에 기록된 열 고을 권세는 우리가 상상할 수조차 없는 엄청난 것입니다. 그냥 뭐 10개의 도시, 이게 아니라 보세요. 0, 1, 2, 3, 4, 5, 6, 7, 8, 9 다음에 무엇입니까? 10입니다. 그러니까 이 10이라는 것은 영부터 모든 숫자를 다 합해 놓은 완전수 또는 충만한 수를 뜻합니다. 눈으로 보는 숫자만큼 10개의 도시만 준다는 게 아닙니다. 천국이 우주보다 더 크고 넓은 곳인데 하다못해 우리나라 그 조그마한 나라에 도시가 몇 개가 있습니까? 엄청나게 많잖아요. 이 천국은 우주보다 더 크기 때문에 열 고을 권세라는 건 뭐냐면 충만한 숫자를 말하는 것이므로 끝없이 펼쳐지고 펼쳐진다는 것입니다. 그러니까 천국에 들어서자마자 여러분의 입은 너무 놀라서 한마디 말도 못 하고 딱 벌어지게 되고 여러분들의 동공에는 너무 큰 지진이 일어나게 되어 기쁨의 황홀감에 흠뻑 빠지게 될 것입니다. 가히 상상할 수 없으실 것입니다. 이 땅에서는 감히 생각할 수조차 없으실 것입니다. 사람의 마음으로는 도무지 측량할 수도 없고 방법도 없습니다. 그러니까 사도 바울이 삼층천을 갔다 와서 이렇게 말하지 않나요? "가히 이를 수 있는 말이 없다(고후 12:4)"

다시 돌아가서 앞의 말씀에서 사람은 다스리는 존재로 창조되었다고 말했습니다. 그런데 문제는 아담과 하와가 불순종하여 어리석게도 선악과를 따먹은 것입니다. 하나님의 말씀에 순종하지 않자마자 죄가 들어오면서 에덴동산에서 다스리는 자격을 박탈당한 것입니다. 그래서 되레 그 다스리는 권한을 박탈당하면서 오히려 죄의 다스림을 받게 된 것이지요. 아담과 하와는 주객이 전도된 초라한 위치로 추락하게 된 것입니다. 이게 하나님이 저에게 오늘 새벽에 주신 말씀입니다. 아담이 하나님의 말씀과 뜻대로 다스리는 자격을 갖고 있었는데 하나님의 말씀을 어기고 불순종해서 그 자격을 박탈당하고 죄가 들어오면서 인류는 어떤 일이 생겼나요? 하나님이 처음 사람을 다스릴 수 있는 존재로 만들었다고 이전에도 말하였습니다. 그러니까 우리 인간은 죄와 손을 잡은 대가로 다스릴 수 있는 자격은 사라지고 다스리는 본능만 남아 있게 된 것입니다. 여러분들이 생각해보세요. 신하가 있고 백성이 있어야 왕이 되어 다스리게 되는 것인데 신하도 없고 백성도 없으면 어떻게 다스릴 수가 있겠어요? 지금 제 말 이해되십니까? 우리는 왕의 옷을 빼앗긴 채로 왕의 영역을 상실하고 그저 다스리는 본능만 남아 있다는 말입니다. 이로 인하여 역사를 살펴보고 있노라면 인류 초반 구석기 시대부터 현대사를 보면 전부다 자기가 왕이 되기 위하여 전쟁하고 싸우고 또 싸우는 기록이 세세하게 기록되어 있습니다. 왜 싸웁니까? 자기가 왕이 되어 다스리려고 그러는 겁니다. 자기가 다스려 보려고 다른 나라의 것을 뺏기 위하여 싸우게 되는 것입니다.

그러니까 이 다스리려는 인간의 본능이 왜 남아 있냐면 하나님께서 사람을 다스리는 존재로 창조했기 때문에 그 본능이 여전히 더러운 죄의 모양으로 남아있는 것입니다. 그런데 문제는 이 자격을 박탈당하고 죄가 들어오면서 하나님의 공의가 빠져 있고, 하나님의 정의가 빠져 있고, 하나님의 사랑이 빠져 있는 죄된 상태에서 다스림이 생긴 것이지요. 그러니까 억압 속에서 존재하는 불합리한 다스림이 되는 것입니다. 자기의 정욕과 욕심으로부터 나오는 악하고 죄된 다스림인 것입니다. 그러니까 이 세상은 정의가 서 있지 못하는 것입니다.

그런데 그리스도의 신부는 현격히 다릅니다. 뭐가 다를까요? **하나님이 성경을 통하여 말씀으로 나를 다스릴 권한을 주신 것입니다. 성령으로 나를 다스릴 수 있는 권한을 주신 것입니다. 겸손으로 나를 다스릴 수 있는 권한을 주신 것입니다. 거룩으로, 온유로, 순종으로 나를 다스릴 수 있는 권한을 주셨단 말입니다.** 그리고 말씀에 이렇게 나옵니다. "땅과 땅에 기는 모든 것도 다스릴지니라"

하나님이 이르시되 우리의 형상을 따라 우리의 모양대로 우리가 사람을 만들고 그들이 바다의 물고기와 하늘의 새와 가축과 온 땅과

땅에 기는 모든 것을 다스리게 하자 하시고 창세기 1:26

땅에 기는 건 영적 의미에서 뱀이며 마귀의 형상입니다. 요한계시록에 무엇이라고 나왔습니까? "큰 용이 내쫓기니 뱀 곧 마귀라고도 하고 사탄이라고도 하며 온 천하를 꾀는 자라(계 12:9)" 그러니까 결국 마귀는 꾀는 영입니다. 그래서 요한계시록의 천사가 나중에 무저갱의 열쇠와 큰 쇠사슬을 손에 들고 하늘에서 내려와서 용을 잡습니다. 그런데 용을 잡아보니까 옛 뱀이요. 마귀요, 사탄이라 말합니다(계 20:1-2). 그럼 결국은 우리가 하나님의 말씀에 섰을 때, 성령 안에 있었을 때, 그리스도 안에 있었을 때는 이 땅의 기는 뱀은 영적으로 말하면 마귀이며 우리는 이 마귀를 어떻게 할 수 있습니까? 다스릴 수 있게 되는 것입니다. 하나님이 가인에게 말씀하셨습니다.

네가 선을 행하면 어찌 낯을 들지 못하겠느냐 선을 행하지 아니하면 죄가 문에 엎드려 있느니라 죄가 너를 원하나 너는 죄를 다스릴지니라
창세기 4:7

"죄가 너를 원하나 너는 죄를 다스릴지니라" 이때의 '다스리다'도 'rule over'입니다. 그런데 이렇게 말씀하셨을 때 어떤 일이 있었냐면 가인은 하나님의 음성을 들었습니다. 분명히 "죄를 다스리라"라는 하나님의 음성을 들었습니다. 그런데 그 말씀을 듣자마자 아벨한테 찾아가서 그를 때려죽였습니다. 이게 영적으로

무슨 의미가 있을까요? 하나님의 말씀을 들었음에도 불구하고 가인에게는 분한 마음이 있었습니다. 이것이 진짜 중요합니다. 여러분, 세상에 살면서 분하고 억울한 경험이 있으셨거나 현재 그런 감정이 있으신가요? **이 분한 마음이 있으면 하나님의 음성이 들려도 순종을 절대로 못 하게 만듭니다.** 가인은 그 마음의 그릇에 분함을 담고 있었습니다. 그래서 말씀을 들었어도 나가자마자 아벨을 때려죽였습니다. 그렇기 때문에 마음을 다스리지 못하면 하나님의 음성을 들어도 순종하지 못하게 되고 천국을 봤다고 할지라도 내 마음이 잘못돼 있으면 죄에 넘어져서 필경 죄를 짓고 말게 된다는 것입니다. 가인은 본인의 마음이 분하고 안색이 변할 정도로 마음의 다스림을 상실한 상태로 있었습니다. 그로 인해 가인은 인류 최초의 살인자가 되었습니다. 그래서 우리의 마음이 이토록 중요한 것입니다.

> 여호와께서 가인에게 이르시되 네가 분하여함은 어찌 됨이며 안색이 변함은 어찌 됨이냐 창세기 4:6

그런데 그리스도의 신부는 자신의 마음을 말씀으로 채우고 겸손으로 채우고 거룩으로 채우기 위하여 항상 비워 놓습니다. 예수 그리스도의 마음으로, 성령의 마음으로, 하나님의 공의와 정의의 말씀으로 신부의 마음을 비워 놓는 것입니다. 그래서 그리스도의 신부된 자가 이 땅에서 그리스도의 마음으로 살게 된다는 것은 다음과 같습니다.

천국에서는 이 신부들을 위해서 아담과 하와에게 주었던 에덴, 그 에덴보다 더 완벽하고 더 큰 에덴을 주기 위해 준비하고 있습니다. 아마도 지금은 말세 중의 말세의 끝을 달리고 있기 때문에 이미 천국에서는 혼인 잔치 준비를 다 끝내 놓았을지도 모릅니다. 주님이 공중 강림하셔서 우리가 구름 속으로 끌어올려지게 되는 그 순간 신부된 영성으로 완벽하게 다스릴 자로 천국에 입성하게 되는 것이랍니다. 하나님이 이 신부를 이 땅에서 고난으로 세우시고 환난으로 빚어 가시는 것입니다. 신부가 되어 천국에 들어가게 되면 그곳에서 무엇을 가지고 다스릴 것인지 생각해 보신 적 있으신가요? 이 세상과는 전혀 다른 방식으로 다스리게 되는 것인데 그것은 바로 하나님의 정의로, 하나님의 공의로, 하나님의 겸손으로, 하나님의 거룩으로, 하나님의 사랑으로, 말씀의 기초로 아름답게 다스린다는 것입니다. 그러나 하나님이 말씀하여 알려주셨다 하여서 우리가 들은 대로, 알려준 대로 그 나라에서 다스리고 살 수 있는 게 아닌 것입니다. 신부가 그렇게 살 수 있는 조건은 하나님이 신부에게 말씀해 주신 것을 그리스도의 성품을 이루어서 신의 성품에 참여한 자가 누리게 될 영광인 것입니다. 이게 그리스도의 신부가 될 수 있는 자격입니다. 여기까지 잘 이해되셨을 거라고 생각합니다.

여러분, 우리는 원래 다스리는 존재로 태어난 존재입니다. 그런데 그 다스림이 하나님이 다스렸을 때 에덴은 평화롭고 아름답고 너무나도 행복했는데 죄가 들어옴으로 말미암아 하나님의 다스림은 사라지게 되고 마귀에게 속아 왕의 자격을 박탈당하고 되레 죄의 다스림을 받아 죄의 종노릇하는 존재로 추락하고 말았습니다. 그러면 우리는 어떻게 해야 할까요? 이제 이 말씀을 알았잖아요. 그러니까 하나님의 입장에서는 이것을 어떻게든 회복해 주고 싶지 않으시겠어요? 이를 해결해 주시기 위하여 우리에게 그리스도를 보내주신 것입니다. 그러니까 그분의 피로 모든 죄를 씻김 받고 성도로 살아서 하늘에서는 본래 받아 누렸던 왕의 권위를 회복하게 하시려고 예수님이 우리를 대신하여 모든 것을 치뤄주신 것입니다. **여러분, 성도로 사는걸로 만족하지 마십시오. 천국에는 더 큰 에덴이 있습니다. 천국에는 완벽한 에덴이 있습니다. 천국은 여러분들이 상상하지 못할 열 고을 권세를 차지할 수 있는 하늘의 영광이 있습니다.**

성도 중의 성도로 뽑혀서 그리스도의 신부가 되는 순간, 하나님의 정의와 하나님의 사랑과 하나님의 겸손과 하나님의 거룩과 하나님의 온유와 하나님께서 주셨던 모든 말씀의 성품으로써 다스리는 것입니다. 그게 어디서부터 시작되는 것일까요? 내 마음 안에서부터 시작되는 것입니다. 이 다스림이 실상이 되었을 때 우리는 천국에서 그리스도의 신부가 되어 영원히 그리스도와 함께 왕의 자격을 얻어 왕 노릇 할 수 있다는 것입니다. 하나님은 그래서 우리에게 상급을 주고 싶은 것을 넘어서서 나라를 주고 싶은 것도 넘어서서 완전히 더 크고 놀라운 하나님이 예비해 놓으신 왕궁을 주고 싶으셨던 것입니다.

이 사실을 아는 자들만이 이 땅에서 본인이 가진 전부를 걸 수 있습니다. 이 땅에서 이런 진리를 알고 있는 자는 어떻게든 내 마음을 싹 다 비워서 말씀으로 채울 수가 있습니다. 성령으로 채울 수 있습니다. 그래서 여러분들이 지금 기도하는 〈읽는 기도〉를 가지고 항상 계속 쉴 틈도 없이 할 수 있는 것입니다. 이제는 기도하지 않고 쉬는 것 자체가 불편할 것입니다. 영원한 걸 쌓게 되는 것인데 어떻게 쉴 수 있습니까? 영의 기도는 말씀이 내 안에 실제가 되는 것입니다. 영의 기도는 성령이 내 안에 실제가 되는 것입니다. **즉 내가 없어지고 성령으로 채워지는 것이며 내 거짓된 자아가 깨끗하게 사라지고 하나님의 정의와 공의와 사랑으로 채워지는 것이 영의 기도의 최종 종착지입니다.** 그 기도를 절대로 쉬면 안 됩니다. 육의 기도가 들어가는 순간 영의 기도는 또 뒤로 밀린단 말입니다.

오늘 성도에서 신부로 승격될 수 있는 방법을 알았으니 영의 기도를 앞으로 더 열심히 하시길 바랍니다. 그래서 성령으로 채우고, 성령의 힘으로 힘입어서 살기를 바랍니다. 우리가 그렇게 살면 내 마음을 다스리고 내 생각을 다스리며 지금은 혹여 저와 같이 천하게 쓰임 받는 막 던져도 안 깨지는 나무 그릇이라 할지라도, 하늘에서는 빛나는 존영을 얻게 될 수 있는 자녀 된 삶을 살 수가 있을 것입니다. 우리가 그런 삶을 꿈꾸면서 그것이 꿈으로 끝나는 것이 아니라 소망으로 끝나는 것이 아니라 이제 곧 실제가 되어 각자의 눈으로 목도하게 될 것입니다. 곧 현실보다 더 선명한 현실이 될 것입니다. 곧 여러분들 눈앞에 펼쳐지는 파노라마를 넘어서서 눈앞에 목도하는 목격자가 될 것입니다. 그리고 주인공이 누가 되는 것입니까? 예수님과 그리스도의 신부가 되는 여러분이 되실 것입니다. 우리 이 마음을 가지고 지금 하나님 앞에 예수님의 이름으로 기도합시다.

가장 절망적일 때

나는 하늘과 땅의 모든 권세를 가지신 예수님을 믿고 있는 것이다. 곧 살아있는 자이신 예수님이 사망과 음부의 열쇠를 가지고 계신다. 내가 행한대로 상을 주시겠다고 나의 주님이 약속하셨다. 영광과 존귀로 관을 쓰신 예수님이 나의 목자가 되어주셨다. 무서운 심판대 앞에서 나를 변호해 주실 그리스도를 따르는 것이다. 의를 위해 억울함을 당하면 당하는대로 모든 것이 하늘의 보화가 된다. 지금의 절망을 하늘의 소망으로 바꿀 수 있다면 내 믿음을 성장시킬 가장 좋은 기회가 된다.
슬퍼할 것인가?
기뻐할 것인가?

믿음의 주요 온전하게 하시는 이인 예수님을 바라보자 히 12:2

하나님의 말씀을 받아 올려 드리는 영의 기도

"하나님 저도 성도의 반열에서 그리스도의 신부로 올라갈
수 있도록 도와주시옵소서. 이제는 성소에서 머물러 있지
말고 법궤가 있는 지성소의 반열로 들어갈 수 있도록 은혜를
내려주시옵소서. 하나님 더 좋은 부활을 얻고자 하여 오늘도
주님 앞에 신부단장 하며 살기를 원합니다. 내 입술을 단장하고
내 생각을 단장하고, 내 마음을 단장하고 나의 삶을 단장하기를
원합니다. 무엇보다 나의 속사람과 연결되는 내 생각과 마음을
단장하여 하나님 앞에 아름다운 자로 서게 하여 주시옵소서.
주님께서 제 마음을 받아주시옵소서. 마음과 생각의 그릇을
깨끗하게 하여 주시고 모두가 잘 때에도 내 영은 하나님 앞에 깨어
기도하며 늘 주님만 바라보는 자가 되기를 원합니다.
하나님 앞에서 완전함에 행하여 흔들리지 않는 믿음으로
전진하기를 간구합니다. 하나님이 주시는 지혜와 계시의 영으로
세상을 분별하는 영의 눈을 열어 주시옵소서. 성령 안에서 내
생각과 마음을 다스리고 신부된 성품을 갖출 수 있도록 은혜를
내려주시옵소서. 내 입술에 거룩한 파수꾼을 세워 주시고 내
마음을 성령의 불검으로 지켜주실 것을 믿고 예수님의 이름으로
기도합니다. 아멘"

신부의 특징과 반열

설교영상 1   설교영상 2

> 그 열두 문은 열두 진주니 각 문마다 한 개의 진주로 되어 있고 성의 길은 맑은 유리 같은 정금이더라 요한계시록 21:21

이 말씀은 웬만한 천국과 지옥 간증하는 사람들이 매우 많이 쓰는 성경 구절 중의 하나입니다. 하지만 그동안 많이 들었던 이 말씀을 다르게 볼 수 있는 관점을 여러분들에게 전해 드리려고 합니다. 그 속에 포함되어있는 것이 과연 어떤 것일지 기대하는 마음으로 따라오시길 바랍니다. 예를 들어서, 어떤 사람이 파란색 안경을 끼면 세상이 어떻게 보이겠습니까? 여러분이 생각하신 대로 파랗게 보일 것입니다. 오늘 제가 설교를 하고자 하는 건 무엇이냐면 '성령의 안경'을 끼고 보자는 것입니다. 아무리 신학자들이라 할지라도 육의 안경을 끼고 보면 성경을 육으로 해석하겠지만 성령의 안경을 끼고 보면 성령께서 성경의 본래 저자이시니 아버지의 뜻을 성령께서 선하게 이끄실 것입니다. 여러분들도 한번 성령의 눈으로 봅시다.

이 말씀에서도 신부가 가져야 하는 여러 가지 특징들이 곳곳에 기록되어 있습니다. 일단 열두 문이 있는데 그 문 자체가 열두 진주로 되어 있습니다. 진주가 무엇입니까? 진주는 보석입니다. 진주란 보석이 어떻게 만들어질까요? 조개가 바다 밑바닥 모래에서 살고 있는데 갑자기 거기에 큰 모래 알갱이가 조개 내부의 살로 들어옵니다. 그 알갱이를 계속 조개 안에 있는 진액으로 조 갯살로 감싸면서 탄산칼슘이라는 덩어리로 만들어진 게 바로 진 주입니다. 좀 더 자세히 설명하면 눈 속에 모래 한 알이 들어가면 어떻게 될까요? 무척 따갑습니다. 눈을 감고 뜰 때마다 계속 아픈 고통이 느껴지게 됩니다. 그걸 조개가 계속하는 것입니다. 눈에 들어온 이물질을 내 눈에 있는 물기와 함께 계속 감았다, 떴다, 감 았다, 떴다, 이러한 과정을 조개가 끊임없이 하는 것입니다. 그러 면 그것이 바로 조갯살이 품어낸 보석 진주가 되는 것입니다. 조 개 입장에서 본다면 얼마나 큰 고난과 역경이 고통 가운데 나올 수 있는 보석일지를 생각해보시기 바랍니다. **그런데 천국에서도 이 진주가 나왔다는 것은 진주문이 일단 '고난을 통과한 후에 들 어가는 문이다'라고 하는 영적인 의미를 가지게 됩니다.** 이건 우 리에게 아주 중요한 메시지를 전해 줍니다. 여기서 나오는 성의 길을 영어 성경을 보면 'the great street'라고 나옵니다.

The twelve gates were twelve pearls, each gate made of a single pearl. The great street of the city was of gold, as pure as transparent glass Revelation 21:21

'the great street'는 '거대한 길'입니다. 그리고 그 다음 뒤가 중요합니다. 'of the city'. 즉, 도시의 안에 있는 거대한 길이라는 뜻입니다. 이게 아무나 들어갈 수 있는 도시가 아닌 것을 우리는 충분히 추측해 볼 수 있습니다. 왜냐하면, 이 땅에서도 시골에 사는 것과 도시에 사는 것은 완전 차원이 다릅니다. 특히 도시는 우리가 상식적으로 생각해보아도 모든 것이 다 갖춰져 있을 것입니다. 우리 한 번 상상해 봅시다. 천국에 엄청나게 큰 도시가 있습니다. 그 도시에 있는 길은 'great street'입니다. 그 거대한 길, 영광스럽고 웅장한 길이 펼쳐져 있다고 상상해 봅시다. 거기를 어느 누가 감히 걸을 수 있을까요? 바로 그리스도의 신부된 자격을 얻은 자가 걷게 될 것입니다. 그런데 이 신부가 여러분들이 일반적으로 알고 있는 평범한 신부가 아닙니다. 성경에서는 그 길이 맑은 유리 같은 정금이라고 했습니다. 맑은 유리 같은 정금길을 걷는다는 것이 무슨 의미를 갖는지를 깊이 생각해 보아야 합니다. 이것의 영적 의미는 신부 자체가 굉장히 맑고 깨끗하다는 것을 뜻합니다. 여기에서 'pure'라는 단어가 나왔습니다. 'pure'는 맑고 깨끗하다는 뜻을 가지고 있습니다. 맑고 깨끗하다는 뜻은 바로 '섞이지 않은'이라는 말과도 같습니다. 예를 들어, 지금 우리는 수돗물 자체를 안 먹고 정수기 물을 먹고 살아갑니다. 왜냐하면 수돗물이 겉으로는 맑고 깨끗해 보이지만, 그 안에 뭔가 이물질이 섞여 있기 때문입니다. **그러면 정말 맑고 깨끗함이라는 뜻은 뭐냐면, 그냥 보여지는 것으로만 깨끗한 게 아니라 모든 불순물이 걸러지고 아예 없는 상태를 말하는 것입니다. 거기를 걸을 수 있는 자격을 가진 자가 누구일까요? 바로 그리스도의 신부가 되는 것입니다.** 그러면 지금부터 요한계시록 말씀과 아가서를 연결을 해서 신부의 특징과 반열이 또 어떻게 다른지 말씀을 통해 전달해 드리겠습니다. 이 과정을 통하여 과연 나는 어느 위치에 있는가를 생각해 보시기 바랍니다.

1. 신부의 싹과 피부림

우리가 일찍이 일어나서 포도원으로 가서 포도 움이 돋았는지, 꽃술이 퍼졌는지, 석류 꽃이 피었는지 보자 거기에서 내가 내 사랑을 네게 주리라 아가서 7:12

여러분은 이 말씀이 이해가 되시나요? 지금 신부 설교를 하는데 왜 이 말씀이 나왔을까요? 아가서를 대부분의 신학자들이 해석을 할 때 이렇게 합니다. 솔로몬과 술람미 여인과의 사랑을 나타내는 것이기 때문에 노골적인 표현들이 많이 나옵니다. 하지만 그게 아닙니다. 그분들은 육으로 보기 때문에 어떤 육체적인 사랑으로만 생각하는데 실상은 그렇지가 않습니다. 솔로몬과 술람미 여인 사이를 우리는 육의 모습이 아니라 영의 모습으로 바라보아야 하나님의 뜻을 온전히 알게 되고 이해할 수 있습니다. 지금부터 이 말씀을 영으로 접근하여 정확히 알려 드리겠습니다. 우리가 밭을 가보면 밭 위에 싹이 보입니다. 우린 이 작은 싹을 보고 "저건 나중에 배추가 될 거야", "이거는 나중에 감자가 될 거야"라고 구분해 볼 수 있습니다. 이와 같이 이 말씀에서 '움'이라는 것은 아직 어린 싹입니다. 아직 어떤 모양으로 만들어지지 않은 모양이란 말입니다. 하지만 나중에 하나님은 어떤 것을 찾으시는 것일까요? **하나님은 지금 현재의 모습을 보시는 것이 아니라 싹이 나고 자라나서 아름답게 성장한 신부를 생각하신다는 것입니다.** 따라서 지금 현재의 상태는 아직 어린 신부의 싹을 말하는 것입니다. 자~ 말씀을 다시 한번 봅시다. 성경을 보면 "우리가 일찍 일어나서 포도원으로 가서 한번 보자"는 것입니다. 포도에 움이 돋았는지. 그리고 꽃술이 퍼졌는지를 보러 가는 것이지요.

그래서 가봤더니 포도에 움이 나고 싹이 돋아있고 꽃술이 퍼졌으면 이제 여기서 뭐가 나와야 하나요? 점점 꽃도 나오고 자라나게 되어 시간이 지난 후에는 싹이 아닌 성장하여 아름다운 자태를 가진 온전한 모습을 갖추게 됩니다. 그렇다면 제일 처음에 우리가 보아야 하는 것은 어린 신부의 싹이 중요하다는 것입니다. 우리의 사명은 영의 기도를 하게 만들어서 어린 신부의 싹을 만들어 내는 것이 꼭 필요합니다. 그런데 여기서 문제가 한 가지 있는데 싹은 힘이 하나도 없는 연약한 존재에 불과합니다. 어쩌면 어느 누가 와서 밟아버리면 그냥 죽을 수도 있습니다. 아무리 강한 호랑이라 하더라도 호랑이 새끼는 고양이와도 같습니다. 그렇지만 이 호랑이 새끼를 누군가가 잘 돌봐주면 나중에 엄청나게 강하고 튼튼한 호랑이로 성장하게 됩니다. **지금 여기 있는 여러분들이 만약 아직은 약한 신부의 싹을 가지고 있다고 하더라도 그걸 하나님이 잘 보호해주고 잘 자라게 해준다면 우리들도 장차 강력한 신부가 될 수 있다는 말입니다.**

성경의 기록을 보면 천국의 진주 문 안에 자리한 영광된 장소가 있습니다. 영광된 장소는 진짜 우리가 말로 형용할 수조차 없는 엄청난 곳입니다. 그곳은 심지어 천사도 함부로 못 들어갑니다. 우리가 생각하기에 천사는 천국에서 마음대로 돌아다닐 수 있을 거라고 생각하지만 절대 그렇지 않습니다. 영광된 장소는 오직 그리스도의 신부들만 들어갈 수 있는 장소입니다. 이곳은 너무나도 거룩하여 천사들조차 흠모하는 최고의 아름다운 장소가 될 것입니다. 오직 그리스도의 초청받은 자들만이 들어갈 수 있으며 천사도 초청된 신부를 섬기는 천사들만 들어갈 수 있게 될 것입니다. 마치 이 예식장에서 어여쁜 신부의 방에는 신부를 아름답게 꾸며주고 도와주는 사람들만 곁에 있을 수 있는 것을 떠올려 보시면 쉽게 이해되실 것입니다. 그런데 여기 이 진주문 안에 들어가려면 점과 흠이 아예 없어야 합니다. 지극히 작고 작은 점도 없어야 합니다. 여기서 이 '점'이라는 것은 무엇을 말할까요? 지극히 작은 죄를 말합니다.

우리가 세상에 살다 보면 대수롭지 않게 넘어가고 흘러갈 수 있는 작은 죄까지도 끌어당겨서 보혈로 씻어서 깨끗함을 받은 자, 이것이 진정 점과 흠이 없는 자를 말하는 것입니다. 이걸 다른 말로 또 바꿔서 말하면 제단 위에 거룩한 제물로 바쳐질 수 있는 자를 말합니다. 제단이라는 것은 하나님 앞에 드려진 깨끗한 예물입니다. 즉, 나의 삶 자체가 하나님 앞에 전부 예배가 되는 자를 말합니다. 그런 자들만이 들어갈 수 있는 곳입니다. 그럼 생각을 해 봅시다. 주님을 사랑하는 자가 당연히 누구 보좌에 가까이 가겠습니까? 분명히 하나님의 보좌에 가까이 가게 될 것입니다. 그럼 여기서 질문을 하나 해 보겠습니다. 도대체 하나님을 사랑하는 게 무슨 뜻일까요?

사랑한다는 것은 분명히 눈에 보이는 양이 있을 것입니다. 예를 들어, 그 사랑한다고 말하는 양을 반이라고 한다면 하나님을 반만 사랑한다는 의미가 됩니다. 다시 말해서, 세상을 반만 버린다는 의미가 되지요. 하나님을 사랑한다는 것은 세상을 버리는 것과 같습니다. 내가 세상과 섞이지 않는 것. 세상과는 더 멀어지는 것입니다. 세상을 버리면 버릴수록 하나님의 사랑은 나에게 채워지기 때문에 하나님의 뜻으로 살 수밖에 없게 될 것입니다. 내가 세상 것을 붙들고 있으면서 '말씀으로 산다'라고 말로만 하는 것이 결코 아닙니다. 내가 힘들게 억지로 십자가 지는 것처럼 하는 것도 아닙니다. 세상 것과 멀어지면 분명히 나에게 채워지는 것이 있습니다. 예를 들어서, 여러분들이 점심밥을 안 먹었으면 점심밥 대신에 김밥이든 과자든 무엇이든 먹을 것입니다. 그리고 그것으로 배고픈 배를 채우게 될 것입니다. 그럼 내 마음과 생각이 세상으로 채워진 것을 다 비워낸다면 하나님의 것으로 채워질 게 아닙니까? 하나님의 것으로 채워지면 진짜 성경에 나오는 대로 내 마음과 뜻과 몸과 정성과 성품을 다해 하나님을 사랑할 수 있는 마음이 생겨질 거라는 말입니다.

제가 옛날에도 이걸 생각해 봤습니다. 도대체 하나님을 전심으로 사랑하는 게 뭘까? 진짜 전심으로 하나님을 사랑하고 싶은데, 그게 무엇인지 알려주는 사람이 없었습니다. 그래서 저는 그것을 그 당시에 오해하고 잘못 알고 있었습니다. 그때 저는 "어떤 봉사를 많이 하면 될까? 예배를 많이 드리면 될까? 아니면 헌금을 많이 내야 하나?" 이런 여러 가지 생각을 해 보았습니다. 그런데 그런 모든 것을 아울러서 한마디로 말하자면 **'세상 것을 버리면 버릴수록 하나님을 더 많이 사랑한다'**라고 이제는 진리대로 말씀 안에서 알게 되었습니다. 그러니까 하나님의 사랑과 세상의 사랑은 반비례의 원리가 적용되었고 서로가 함께 공존해 나갈 수가 없는 것을 깨닫게 되었습니다. 어떻게 의와 죄가 친구가 될 수 있겠어요?

여러분 생각해보십시오. 이 영광된 장소에 갔을 때 옆에서 지켜보는 사람이 있고 바깥에서 보는 사람이 있게 될 것입니다. 그때에 이르러서는 세상에 가치를 두고 살았던 사람들은 극심한 후회를 하게 될 것입니다. 그래서 우리는 정신을 바짝 차리고 주님이 원하시는 삶을 살기 위해서 진정 몸부림 이상을 넘어서서 '피부림'을 치며 살아야 합니다. 몸부림이라고 말하고 싶지 않습니다. 저는 피부림이라고 말씀드리고 싶습니다. **피부림을 치는 자들이야말로 하나님을 더 많이 사랑할 수 있는 거룩한 성도요, 그리스도의 신부가 될 것입니다.** 세상을 살아가면서 공중권세를 잡은 자들이 모든 곳에 포진되어 있으므로 우리는 몸부림치는 것만으로는 부족하게 될 것입니다. 몸부림을 친다고 하여도 죄 앞에서 힘없이 무너지고 넘어지게 됩니다. 마귀를 경시하거나 쉽게 보면 영적인 전쟁에서 지게 됩니다. 이런 마음가짐만으로는 어설픈 역공이 되어 죄 앞에서 패배하게 되는 우리들의 모습을 보게 될 것입니다. 하지만 우리가 몸부림치는 것도 힘든데 과연 피 터지는 피부림을 할 수 있겠느냐고 여러분께 다시금 되물어보고 싶습니다. 아마 대부분의 사람들이 이 질문에 고개를 돌리게 될 것입니다.

그러나 여러분께 미리 말씀드릴 기쁜 소식이 있습니다. 죄와 싸우고 이기는 자체가 나로서는 불가능하지만 하나님으로서는 충분히 가능하다는 것을 알려 드리고자 합니다. 나는 가능하지 않지만 하나님의 사랑이 내 안에 들어오게 된다면 얼마든지 이기고도 남을 만큼 가능합니다. 성령께서 주시는 사랑의 힘은 말씀입니다. 말씀의 힘이 또한 나를 이끌고 나가기 때문에 그 순간만큼은 가능한 일이 됩니다. 그러려면 어떻게 매 순간마다 하나님의 능력이 나타나도록 영적인 상황과 조건을 만들 수 있을까요?

금언

첫 번째로 해야 되는 것이 있습니다. 그것은 바로 침묵입니다. 침묵하는 자는 다른 말로 말하면 침묵을 다스리는 자입니다. 침묵을 다스리는 자가 하나님이 사용하기에 합당한 자가 될 수가 있습니다. 여러분들에게 두 가지 단어를 말씀드려 보겠습니다. 그것은 금식과 금언입니다. **금식이 밥을 안 먹고 하나님 앞에 기도해서 내 육체를 쳐서 복종시키는 것이라면 금언은 마음의 소욕을 쳐서 나를 낮추게 하는 것입니다. 기도를 하는 사람은 행동을 조심하기 전에 먼저 이 혀를 조심해야 합니다.** 그래서 사실은 금식보다는 금언이 훨씬 더 중요합니다. 아무리 금식을 하면서 흉악의 결박을 풀어내고 하늘의 은혜를 받아왔어도 그 귀한 것을 말 한마디에 다 쏟아 버리는 경우가 너무나 많습니다. 우리 말씀을 찾아봅시다.

죽고 사는 것이 혀의 힘에 달렸나니 혀를 쓰기 좋아하는 자는 혀의 열매를 먹으리라 잠언 18:21

말씀에서 '혀를 쓰기 좋아하는 자는 혀의 열매를 먹는다'고 했습니다. 즉, 내가 말하는 것을 내가 먹는 것입니다. 사람들이 친구들 만나서 하는 이야기는 대부분이 세상에 속한 육의 말이고 귀한 시간만 빼앗는 것에 지나지 않는 잡담입니다. 그러면 나와 함께 만나는 친구하고 죄를 먹고, 죄를 나누고, 너도 먹고, 나도 먹고. 그렇게 되는 거예요. 내 영이 내 행위를 먹는 것입니다. 방금 말씀을 소리 내어 읽는 것을 내가 먹는다고 했잖아요. 또 들으면 믿음도 생깁니다(롬 10:17). 그러면 기도자가 녹음시켜 놓은 기도문을 하루 종일 들으면서 생활하는 것은 어떠실까요? 내가 기도하지 못하더라도 그 내용을 듣는다는 것은 계속 그 말씀을 내 영이 먹고 있는 것이지요. 그것도 영적으로 살아가는 또 하나의 방법임을 말씀드리는 것입니다.

따라서 말이라는 것은 내 마음에 있거나 평소에 쌓아 둔 것을 표현하는 것이라는 것을 인식하여야 합니다. 금언은 내 마음에 있는 여러 가지 것들을 말로써 죄짓고 싶은 욕심들을 내려놓는 것입니다. 쉽게 말해서 성경에 기록된 자기 부인을 하는 아름다운 영적 예배인 것입니다. 내 입으로 내뱉는 것을 하지 않음으로써 죄된 것을 입 밖으로 표현하지 않는 것입니다. 금언은 이처럼 죄된 싹을 성령의 불로 태워버리고 보혈의 권세로 던져버리는 영적인 행위임을 꼭 기억하시기 바랍니다.

우리가 7시간을 영의 기도로 했다고 하더라도 누군가와 말을 많이 한다면 그 사람과 육의 대화를 함으로써 다 밖으로 새어나가고 흘리게 될 것입니다. 어리석은 짓이지요. 한 달에 어렵게

1,000만 원 벌어서 900만 원을 다 쓰는 것과 똑같은 이치가 되는 것입니다. 그럼 1,000만 원을 벌고나서 900만 원이 안 빠져나가려면 어떻게 해야 할까요? 쓸데없는 지출을 줄여야 새고 있는 돈을 막을 수 있습니다. 그러니 쓸데없는 영적 소모전을 줄이는 게 바로 금식보다 금언입니다. 말을 최대한 하지 말아야 합니다. 이건 진짜 정말 중요한 영적인 원리입니다. 그런데 이것으로 끝나는 게 아닙니다. 만약에 말만 줄여서 신부가 될 수 있을 것 같으면 신부가 어렵진 않겠지요. 그럼 여기서 뭐가 필요할까요?

영혼의 호흡 '영의 기도'

신부의 조건은 무엇입니까? 육으로 사는 것이 아니요, 육과 혼으로 같이 겹쳐서 사는 것도 아니요, 오직 그리스도 안에서 영으로 사는 자입니다. 금언을 했으면 신부가 이제 영으로 살아야 합니다. 영혼이 숨을 쉬어야 합니다. 숨을 쉬는 자가 그리스도의 피와 살을 먹을 수 있습니다. 한번 생각을 해 보십시오. 여러분들이 아무리 10일을 굶었어도 제가 여러분들의 입을 꽉 틀어막고 숨을 못 쉬게 한 상태에서 밥을 먹으라고 했다고 가정해 봅시다. 아무리 며칠을 굶었어도 먹을 수 있나요? **꼭 기억해야 하는 게 뭐냐면 영으로 살려면 내 영혼이 숨을 쉬어야 하는데 숨을 쉬게 만드는 게 바로 무엇이냐? 말씀으로 기도하는 영의 기도입니다.** 숨을 쉬면 다음부터는 음식을 쉽게 먹을 수가 있습니다. 영의 만나가 되는 믿음의 양식, 말씀의 양식을 먹을 수 있게 됩니다. 내가 예수 그리스도의 이름으로 순종하기 때문에 사랑의 행위로 나온 그 행함으로 인하여 내 영이 사랑의 양식을 먹을 수 있게 되는 것입니다. 그러니까 숨을 쉬면서 먹어야 하는데 숨을 안 쉬고 먹으니까 우리가 흔히 알고 있는 전도의 행위, 구제의 행위, 복음의 행위, 헌금의 행위가 온전하게 올라가지 못하는 것이지요. 숨을 쉬어 가면서 먹어야 그것이 제대로 소화가 되고 진정으로 우리에게 영적인 양분이 되어 성장하게 만들어 줍니다. 그런데 우리는 대부분 숨을 안 쉬면서 하려고 합니다. 어떤 일을 할 때 성의 없이 대충 기도하고 하거나 영의 기도 없이 하려고 하기 때문에 영적인 힘을 받지도 못하고 영적인 일을 한다고 말하는 그야말로 역설적인 상황을 직면하게 되는 것입니다. 더 쉬운 얘기로 숨을 안 쉬고 뭔가 행위를 통해서 올리려고 하는데 그러면 행위가 하나님이 보시기에는 온전하지 못한 어설픈 일로 종결짓게 됩니다. 영의 기도는 내 영혼이 영적인 힘을 받아 말씀의 옷을 입고 말씀 안에서 성령으로 순종하여 죄를 이기고 다스리고 승리할 수 있게 만들어 주는 것입니다.

예식 준비 미용실

말씀에 '너희들은 택하신 족속이요, 왕 같은 제사장(벧전 2:9)'이라고 기록되어 있습니다. 하나님이 주신 말씀으로 온전한 영의 기도를 올려 드릴 때 성소에서 지성소로 진입하는 강력한 기도가 되고 지성소로 들어가야만 주님이 권한을 부여해 준 왕이 되는 것입니다. 이 지성소는 성결하게 된 신부만이 들어갈 수가 있는 최고로 거룩한 장소입니다. 그러면, 새 예루살렘 성이라는 장소는 어떤 사람들이 들어갈 수 있게 될까요? 새 예루살렘 성에도 마찬가지로 거룩을 이루어낸 그리스도의 신부들만 들어갈 수 있습니다. 거기는 일반 성도는 들어갈 수 없는 거룩으로 구별된 장소입니다. 제가 이 부분을 놓고 하나님 앞에 기도하여 여쭙고 아뢰어 보았습니다. "하나님, 새 예루살렘 성에 신부만 들어간다는데 도대체 이게 무슨 뜻입니까?" 하나님이 저의 마음에 성령의 감동을 주셔서 알게 해달라고 기도를 드렸습니다. 새 예루살렘 성에 들어간다는 것이 성안에 신부가 산다는 뜻인가도 생각해보았습니다. 그러나 그것이 아니라 **새 예루살렘 성은 신부가 꽃단장하는 아름다운 장소입니다. 신부가 꽃단장을 하고 나서 영원 천국으로 들어가고 거기서 주님께 왕위를 부여받아 그 나라에서 다스리는 왕이 되는 것입니다. 그러니까 새 예루살렘 성은 신부가 결혼하기 위한 '예식 준비 미용실'이 되는 것입니다.** 이게 다가 아닙니다. 제가 다시 기도를 또 해 보았습니다. 그랬더니 주님께서 저에게 이런 감동을 주셨습니다.

> 또 내가 보매 거룩한 성 새 예루살렘이 하나님께로부터 하늘에서 내려오니 그 준비한 것이 신부가 남편을 위하여 단장한 것 같더라
>
> 요한계시록 21:2

새 예루살렘 성이 신부의 모습이고 신부가 단장하는 곳이라면 그곳은 결혼식 하기 위한 하나의 좋은 데코레이션이 있는 곳이구나! 그런 다음에 주님과 혼인해서 이긴 자가 되어 영원 천국으로

들어가 거기서 나라를 다스리게 되는 것이구나를 깨닫게 되었습니다. 그러니까 신부는 나라를 받는 엄청난 천국의 상속자가 되는 것입니다. 이건 우리가 생각하는 일반 상급이 아닙니다. 10층짜리 100층짜리 건물이 아닙니다. 주님이 나라를 다스리라고 왕위를 부여해 주는 것인데 어떻게 건물을 주고 나라를 다스리라 할 수 있겠습니까? 여기는 말 그대로 엄청나게 넓고 넓은 왕이 머무를 성이 되는 곳입니다. 다시 정리하자면 새 예루살렘 성은 신부들이 꽃단장하는 장소요, 예식 단장하는 장소입니다. 그렇다면 오직 왕의 택함을 받은 신부들만이 어디로 들어갈 수 있는 걸까요? 왕의 침궁으로 들어갈 수 있게 됩니다. 왕의 침궁이 바로 성막 안의 지성소입니다. 그 장소는 원래 대제사장만 들어갈 수 있는 곳입니다. 하지만 우리가 대제사장이 될 수 있을까요?

정답은 "있습니다". 원래는 레위인 중에 뽑히고 뽑힌 자만이 지성소 안에 들어갈 수 있었기 때문에 과거에는 들어갈 수 없었지만 우리는 예수님의 보혈의 권세를 가지고 들어갈 수 있게 되었습니다. 보혈의 피로 모든 죄를 용서받은 자들이 신의 성품에 참여하여 왕의 자격을 갖추고 오게 되면 지성소 안으로 들어갈 수 있는 영광을 우리에게도 부여해 주시는 것이 됩니다. 거룩한 신부들만이 들어가는 왕의 침궁은 오직 지존자만 계신 최고로 높은 반열이 되는 곳입니다. 이 지성소는 사람들에게 많이 알려지지 않고 있습니다. 이를 성경에서도 '은밀한 곳'이라고 표현합니다. 즉, 숨겨져 있는 곳이라는 뜻입니다.

지존자의 은밀한 곳에 거주하며 전능자의 그늘 아래에 사는 자여
시편 91:1

지존자의 은밀한 곳에 거주하고 전능자의 그늘 안에 사는 자가 바로 그리스도의 신부가 됩니다. 그렇다면 시편의 이 말씀을 쓴 다윗도 신부였을까요? 예, 맞습니다. 다윗도 구약시대의 신부로 하나님께 합당히 여김을 받은 거룩한 자입니다. 음행죄와 살인죄로 크게 한 번 넘어지긴 하였지만 다윗은 그 죗값을 현실에서도 다 받았고, 그 뒤로는 같은 죄를 동일하게 짓지 않았습니다. 어떤 계열의 신부인지는 하나님만 아시겠지만 분명한 것은 다윗도 신부입니다. 왜 다윗이 신부냐면, 이렇게 말을 할 수 있는 자가 다윗밖에 없었거든요. 다윗의 고난과 고통을 하나님께 맡기고 나아가던 모습은 실로 하나님이 보시기에 기쁨을 이기지 못하는 아름다운 장면이 되었을 것입니다. 사울 왕을 자기 앞에 두고도 하나님이 기름 부음을 하신 자를 자신의 손으로 피를 묻히지 않게 하려고 하나님의 뜻과 시간을 기다리며 순종으로 예배드렸던 그 장면은 아마도 하나님을 감동시켜 드리기에 충분하므로 주의 기념책에 기록해 놓았을 것이라고 저는 믿고 있습니다. 하늘에서 받게 될 영광이 이토록 자기가 처한 고난과 고통이 재료가 되어 보좌에 상달되는 것입니다. 그러므로 고난이 저나 여러분에게나 어떤 상황이 되어도 유익할 수 있는 거룩한 도구가 될 수 있음을 반드시 기억하시기를 축복해 드립니다.

2. 신부의 세 가지 성품

정결

신부는 맑고, 깨끗하고, 거룩한 신분입니다. 그러면 과연 신부의 성품은 어떻게 만들어지고 그것의 성경적 근거는 무엇일까요? 신부의 성품은 세 가지로 뽑을 수 있습니다. 첫 번째는 정결입니다. 정결이라는 단어가 무슨 뜻이냐면 맑고 깨끗하다는 뜻입니다. **그러니까 내 속에 죄 된 내 자아가 없는 비워진 영적인 상태입니다. 세상의 것이 신부의 마음에 없는 모습입니다.** 그로 인해 죄 된 내 자아가 없기 때문에 3대 정욕도 없게 됩니다. 성경에 언급되어 있는 육신의 정욕, 이생의 자랑, 안목의 정욕이(요일 2:16) 사라진 심령의 상태를 나타냅니다. 이것이 바로 신부가 가지고 있는 깨끗함을 상징하는 정결체가 됩니다. 대부분의 교인들이 3대 정욕에 걸려 넘어지는 경우가 많습니다. 그러나 정결한 신부는 3대 정욕 때문에 결코 넘어짐이 없습니다. 이 정결이 어디까지 이르게 되는지 궁금해 본 적 없으신가요?

그리스도의 신부가 하나님 앞에 서게 되면 하나님께서 그 신부를 볼 때 너무도 깨끗하여 죄를 볼 수가 없습니다. 신부의 영성은 그 정도 단계까지 가는 것입니다. '내가 정결하다'라는 첫 번째 삶의 증거는 예수님의 온전한 모습을 닮아 죄를 찾아보기가 어렵습니다. 그리스도의 보혈로 죄사함을 받아 온전해진 신부는 일부러 쾌락을 누리기 위하여 죄로 바꾸지 않을 것이고 죄인의 회중과 함께 앉지도 않고 살아가는 사람이므로 죄를 미워하고 죄와 싸워

승리하는 보기 드문 무리들입니다. 이것이 무슨 뜻인지 하박국 1장 13절 말씀을 봅시다.

> 주께서는 눈이 정결하시므로 악을 차마 보지 못하시며 패역을 차마 보지 못하시거늘 어찌하여 거짓된 자들을 방관하시며 악인이 자기보다 의로운 사람을 삼키는데도 잠잠하시나이까 하박국 1:13

하나님은 눈이 정결하시기 때문에 차마 악을 보지 못하십니다. 그럼 우리가 만약에 거룩한 예수 그리스도의 신부가 된다면 우리의 눈도 그리 해야 하겠지요. **그러니까 정결은 악을 보지 못하는 영적인 상황이 됩니다.** 이 정도가 되려면 얼마나 깨끗해야 할지 깊이 자신을 들여다 보는 시간을 가져야 합니다. 하다못해 지나가다가 욕을 하는 사람, 담배꽁초 물고 가는 사람만 봐도 진짜 자신의 마음이 아파야 한다는 것입니다. 영혼을 바라보는 마음이 안타까워서 더이상 쳐다볼 수가 없는 겁니다. 믿지 않는 자가 담배꽁초 하나만 물고 가는 모습만 보아도 안타까운 사랑으로 바라볼 수 있는 영의 눈이 있어야 합니다.

희생

그 다음에 신부의 성품 중에 두 번째 중요한 성품이 있습니다. **바로 희생입니다.** 이 희생은 그냥 대충 뭘 섬기는 게 아닙니다. 지금 바로 깔끔하게 정리해 드리겠습니다. 어떤 사람을 만날 때 우리는 그 만남 속에서 이해관계를 생각하게 됩니다. 하지만 희생은 가난하고 소외된 사람을 보고 내 유익을 아예 생각하지 않는 것입니다. 보통 우리가 사람 만날 때 유익을 생각하고 만나지 않습니까? "쟤는 얼굴이 예뻐. 그럼 쟤하고 옆에 있으면 소개라도 받을 수 있을 거야" "쟤는 돈이 많아 쟤 옆에 있으면 내가 선물도 받고 근사한 식사라도 얻어먹을 수 있을 거야" **하지만 희생이라는 건 뭐냐면 상대방과 내가 만나는 것에 있어서 내 유익이 아예 없는 것입니다.** 저는 여러분에게 성경의 기준대로 정확하게 말씀드리는 것입니다. 어설픈 섬김 이런 거 말고 그리스도의 사랑으로 남을 위해서 아낌없이 이해관계를 계산하지 아니하고 거저 주는 것입니다. 그러니까 마음의 본 받침이 그리스도의 사랑인 것입니다. 그리스도의 사랑을 가지고 내 유익을 생각하지 않는 상황에서 남을 위하는 삶을 살아가는 것입니다.

예를 들어서, 제가 만 원이 있는데 지나가는 할아버지가 너무 배고파서 힘들어하는 상황을 목격했다고 가정해봅시다. 저도 몹시 배고픈 상황이지만 내 입장은 고려하지 않고 그 만 원을 할아버지께 식사하시라고 드리는 것입니다. 이것이 바로 그리스도의 사랑으로 거저 나누어주는 희생입니다. 따라서 희생은 그리스도께서 내 삶을 통해서 하는 것이지만 어쨌든 내 몸의 상황적 조건이 있기 때문에 나도 힘든 부분이 있을 수 있습니다. **하지만 자기 의라는 그 썩을 죄 된 정욕만 딱 썰물 빠지듯이 빠지면 내 몸이 그리스도의 몸이 되어 선한 뜻으로 행동하게 되는 것입니다.** 그래서 어려울 수는 있으나 그렇다고 고통스럽거나 힘들지 않을 수 있습니다. 문제는 자기 의를 드러나게 하고 자기 의로 인한 교만이 있는 것이 문제가 될 뿐입니다. 이 자기 의를 없애고 다스리는 부분도 다음 메시지에서 해결책을 알려 드리겠습니다.

사랑

마지막으로 신부의 가장 중요한 세 번째 성품이 있습니다. 이 모든 걸 다 포함하는 것이면서 동시에 성경에서 가장 중요하게 다루는 사랑입니다. 여러분, 사랑 없이 어떻게 신부라 할 수 있겠습니까? 아무리 깨끗하고 어여쁜 여인이 나에게 왔다고 하더라도 날 사랑하는 마음이 없으면 그 여자의 깨끗함과 어여쁨이 나하고 무슨 상관이 될 수 있을까요? **신부의 사랑은 오직 신랑만 바라보는 마음입니다.** 다른 것은 일체 안 보는 것입니다. 신랑만 바라보기 때문에 신랑이 가는 곳이라면 어디든지 따라가는 것입니다. 내가 신랑을 사랑하니까 신랑이 돈이 없어서 초가집에 살면 나도 초가집 가서 사는 것이지요. 심지어 신랑이 노숙을 할 수밖에 없으면 나도 같이 그 길바닥 신랑 옆에 눕는 노숙인이 되는 것입니다. **따라서 이러한 사랑 안에는 믿음의 절개가 포함됩니다.** 다른 건 절대로 쳐다보지 않고 타협하지도 않고 어떤 상황이 와도 굽히거나 바꾸지도 않습니다. 멋진 옷을 입은 신사가 다가와서 편하고 안락한 호텔을 제안하고 멋들어진 궁궐을 안내한다고 해도 신랑에 대한 믿음의 절개를 지키며 안 가는 것입니다. 왜 그럴까요? 내 신랑과 고난을 함께 하기 위해 잠시 잠깐 길바닥에 누워있는 것을 신부가 알기 때문입니다. 성경에 이런 말씀이 있습니다. 그리스도께서는 원래 부유하셨는데 가난하게 되심은 너의 가난함을 부유함으로 만들기 위해서 가난하게 되셨다고 했습니다(고후 8:9). 그렇다면, 신랑으로 인하여 나에게 가난한 환경에 처해질 수 있는 기회가 온다면 어떠시겠나요? 그것은 바로 그리스도의 사랑을 실천할 수 있는 엄청난 좋은 기회를 보게 되는 것입니다. 드디어 신랑을 위하여 전부를 드리는 기회가 왔습니다. 하지만 기회가 왔어도 그 기회를 잡아야만 이루어질 수 있습니다. 예를 들어, 제가 컵에다가 여러분에게 아주 맛있는 과일 주스를 부어 주고 먹으라고 주었습니다. 그러면 주스를 먹게 될 기회가 온 것이지요? 하지만 여러분이 이 컵을 잡고 주스를 안 마시면 그건 아무 일도 안 일어나는 것입니다. 무슨 얘기인지 이해되실 것입니다. 예수님이 주신 컵을 잡고 축복의 잔을 직접 마셔야 온전한 기회를 잡게 되는 것입니다.

예수님께서 "아버지여, 할 수만 있으시거든 이 잔을 나에게서 옮겨주시옵소서(마 26:39)"라고 말씀을 하십니다. 그때 예수님이 이 잔을 드셨습니까? 처음에는 안 드셨습니다. 그러나 "내 뜻대로 마시고 아버지 뜻대로 하시옵소서"라고 한 것은 이 고난의 잔을 어떻게 한 것입니까? 그제서야 고난의 잔을 드신 것입니다. 신부는 지혜롭기 때문에 내 신랑과 함께 길바닥에서 고난을 받는 것이 잠시 잠깐 있을 일이라는 것을 알고 있습니다. 그런데 어리석은 신부는 내 신랑이 길바닥에서 생활하게 되면 나도 덩달아 길바닥에서 지내야 하기 때문에 그것이 싫어서 잠시 잠깐 편함을 누려보려고 좋은 집에 가서 생활하려는 정욕적인 행동을 취합니다. 가짜 신부는 좋은 집에 가서 지내는 순간 영원한 집을 잃어버리게 되는 어리석은 행동을 합니다. 그 원리를 깨어있는 신부는 잘 알고 있습니다. 자~우리 말씀을 찾아봅시다.

> 이와 같이 너희 중의 누구든지 자기의 모든 소유를 버리지 아니하면 능히 내 제자가 되지 못하리라 누가복음 14:33

하나님 믿고 얼마 안 된 초신자가 이 말씀 보면 어떨 거 같습니까? 진짜 완전 실족하겠지요. 이 말씀대로라면 내가 예수님의 제자가 되려면 내 모든 소유 중에 차를 샀으면 차를 버려야 되고 집을 샀다면 집도 버려야 된다는 얘기입니다. 여러분은 그럴 수 있으신가요? 그런데 이건 도대체 무슨 말씀일까요? 아니 신부는 되고 싶은데 차는 못 팔아, 너무 큰 신부는 되고 싶은데 집도 못 팔겠는 것입니다. 그런데 이게 무슨 뜻이냐는 말입니다. 여기에 보면 본문의 해석이 잘못 나온 것을 확인해 볼 수 있습니다. 여러분들도 아시는 것처럼 성경을 더하지도 말고 빼지도 말아야 합니다. 저도 이 말씀을 전하려면 두렵습니다. 하지만 이 해석보다는 원본 해석인 영어 번역을 찾아보면 그것이 더 정확하게 기록된 것을 알 수 있습니다. 왜냐하면 성경에 있는 영어 원서를 한국어로 번역하다 보면 문장의 의미가 애매하게 번역될 수가 있기 때문입니다.

> In the same way, those of you who do not give up everything you have cannot be my disciples Luke 14:33

여기서 모든 소유는 'everything'입니다. 그리고 앞에 'do not give up'이 나왔지요? 'give up'은 '포기하다'입니다. **즉, 모든 소유를 버리라는 것이 아니라 모든 것을 포기하라는 것입니다.** 내가 열심히 일해서 집을 사서 내 명의로 갖고 있어도 하나님을 사랑해서 나그네에게 기꺼이 내어 드릴 수 있는 마음을 가지는 것, 내 집의 안방까지도 지극히 작은 소자에게 내어놓을 수 있는 것이 바로 포기하는 마음을 말하는 것입니다. 소유를 다 버리라는 게 아닙니다. 순교자의 반열에 들어가려면 내 것을 내 것이라고 생각하지 않고 무소유의 마음으로 살아가는 것이 중요합니다. 순교자가 못 되었어도 현재의 삶 속에서 순교자가 할 수 있는 믿음과 사랑을 말씀 안에서 행하고 순교자의 마음으로 살아가라는 하나님의 말씀입니다. 저는 지금 성경에 기록된 영어 원문을 그대로 얘기한 것입니다. 우리 〈완전한 신부의 기도〉에 아래와 같은 기도문이 쓰여 있습니다.

> 나의 자랑을 포기합니다.
> 나의 시간을 포기합니다.
> 나의 특권을 포기합니다.
> 나의 욕심을 포기하고 주님의 복음을 이루게 하여 주옵소서.
> 나의 시간을 포기하고 하나님의 의를 이루게 하여 주옵소서.

자기를 부인하는 아름다운 기도가 여기에 들어간 것입니다. 그러면 이제 어떤 일이 생기게 될까요? 내 모든 소유를 버렸을 때 그제서야 비로소 주인은 나에게 모든 것을 맡길 수 있는 것이 됩니다. 주인은 모든 것을 신실한 종에게 주실 수 있는 것이지요. 그래서 주인이 말하잖아요. "착하고 충성된 종아 내 잔치의 즐거움에 참여하라 내가 너에게 많은 소유를 맡긴다(마 25:21)"고 합니다. 여기서 이 소유가 바로 그 소유인 것입니다. 내가 주님과 복음을 위해서 포기하며 살았기 때문에 주인이 포기한 만큼 모든 것을 다시 종에게 주시는 것입니다. 공의의 하나님이 여기서 거룩한 공의를 이루시는 것입니다. 이 말씀은 우리가 뿌린 대로 거둔다는 것입니다. 다른 말로 말하면 포기한 만큼 아름답게 거두는 것입니다. 이 정도면 신부의 성품 세 가지를 여러분들이 충분히 이해되셨을 것이라고 생각됩니다. 첫 번째로 정결, 두 번째로 희생, 세 번째로는 사랑입니다. 이 정도만 갖추어도 충분히 신부가 될까요? 그런데 이것은 사랑의 범위를 너무 크게 말한 것입니다. 이것을 좀 더 구체적으로 알아야 합니다. 그것을 이해하기 위해서는 바로 아가서 말씀을 찾아보겠습니다.

3. 신부의 여섯 가지 특징

겸손

신부의 여섯 가지 특징에 대해서 말씀드리겠습니다. 첫 번째 특징은 두 글자로 겸손입니다. 이건 정말 신부가 가진 최고의 권세입니다. 말씀을 한 번 볼까요?

나는 사론의 수선화요 골짜기의 백합화로다 아가서 2:1

아니 지금 이 말씀이 겸손하고 무슨 상관입니까? 여러분들이 속으로 그렇게 생각할 것입니다. 왜냐하면 이해가 되지 않거든요. 그런데 제가 처음에 성령의 안경을 끼고 봐야 한다고 말하지 않았습니까? 사론의 수선화가 누구입니까? 신부입니다. 골짜기에 백합화도? 신부입니다. 그럼 사론의 수선화가 무슨 뜻인지 알아봅시다. 사론의 뜻은 허름한 들판입니다. 여러분 생각해보세요. 허름한 들판에 핀 수선화 한 송이가 어때 보이십니까? 과연 좋아 보이십니까? 여러분들이 생각해보아도 보잘것없어 보이지 않나요? 그리고 어느 누가 그 꽃을 보려고 머나먼 들판까지 가겠습니까? 바로 그겁니다. 신부는 겸손합니다. 사론의 의미를 살펴보면 실제로 갈멜산 남쪽에 있는 허름한 들판이라고 나옵니다.

그럼 골짜기 백합화는 어떻습니까? 백합이 골짜기에 피는 거 봤나요? 골짜기는 사람들이 관심조차 가지고 있지 않고 그냥 힘들겠다고 빨리 지나쳐 지나가는 곳입니다. 대부분의 사람들이 생각하기에 골짜기라는 장소에 꽃이 없을 거라고 판단합니다. 그런데 아슬아슬한 골짜기에 백합화 한 송이가 피어 있는 겁니다. 골짜기는 꽃을 찾기 힘든 곳입니다. 당연히 여기도 누구도 찾지 않는 장소입니다. 이처럼 **신부는 아무도 자신을 찾지 않고 알아주지 않을지라도 겸손함을 유지하고 있습니다. 자신을 그저 허름한 들판에 피어 있는 꽃 한 송이로 생각하는 것입니다.** 본인을 아무도 찾지 않은 골짜기에 핀 백합화 한 송이라고 생각하는 것입니다. 하지만 들판에 수선화도, 골짜기의 백합화도 무엇입니까? 아름답고 어여쁜 꽃입니다. 예수님이 예뻐하는 꽃이 되는 것이지요. 이어서 2장 2절도 봅시다.

여자들 중에 내 사랑은 가시나무 가운데 백합화 같도다 아가서 2:2

가시나무 가운데 백합화도 신부입니다. 여러분 가시나무 사이에 누가 들어가려고 하겠습니까? 그곳에 들어가려면 가시에 찔리게 되고 거기에 있다 보면 주변에 있는 가시나무들이 모든 양분을 다 빼앗아갑니다. 그런데 그런 곳에서도 백합화 한 송이가 피어 있는 것입니다. 이제 성령의 안경으로 말씀이 보이시나요? 그럼 여기서 여러분에게 질문 하나 해 보겠습니다. 사론, 골짜기, 가시나무 이것들이 상징하는 게 무엇일까요? 그것은 바로 고난입니다. 모든 신부의 공통은 환경적인 고난입니다.

그런데 어떤 신부는 사론에 있고 어떤 신부는 골짜기에 있으며 또 어떤 신부는 가시나무 밭에 있는 것입니다. 사론, 골짜기, 가시나무 다 힘든 상황입니다. 어디 하나 어떻게 견줄 수가 없을 만큼 어렵고 고단한 삶 그 자체입니다. **그러니까 고난 속에서 거룩한 꽃을 피워낸 예수님의 신부는 다 아름다운 것입니다. 그러니까 신부는 고난의 장소에서 피어나는 꽃입니다.** 진흙 속에 피어나는 꽃은 신부라 할 수 없습니다. 그건 너무 쉽습니다. 진흙 속에 피어나는 꽃은 너무너무 쉬워요. 적어도 가시밭 아니면 골짜기나 메마른 들판 정도에서 피어나야만 진짜 꽃다운 꽃이 되는 것입니다. 여러분, 메마른 들판에서 꽃이 피는 것을 보신 적이 있나요? 그런 곳에서 꽃을 찾아보기에는 거의 없을 것입니다. 그런데 여기서 더 힘든 신부가 나옵니다. 거의 최고의 막강한 신부 중의 신부인 완전한 신부가 이에 해당합니다. 아가서 2장 14절 한 번 보겠습니다.

> 바위 틈 낭떠러지 은밀한 곳에 있는 나의 비둘기야 내가 네 얼굴을 보게 하라 네 소리를 듣게 하라 네 소리는 부드럽고 네 얼굴은 아름답구나 아가서 2:14

이번엔 바위틈과 낭떠러지입니다. 한 발자국만 뒤로 물러서면 떨어져 죽는 아찔한 상황인 것입니다. 심지어는 그게 또 은밀한 곳에 있다고 했습니다. 은밀한 곳의 영적 의미가 뭘까요? 은밀한 곳이라는 것은 어느 누구도 못 구해준다는 얘기입니다. 아무도 신부가 그런 위기와 고난 가운데 있는지를 모른단 말입니다. 그러니까 이것은 절대로 누가 도와줄 수도 없는 최악 중의 최악인 상황입니다. 이러한 신부는 아까 앞에서 말씀드린 사론과 골짜기와 가시나무에 있는 신부보다 더 높은 계열과 반차를 가진 신부입니다. 그런데 이 신부를 하나님이 그렇게 보고 싶어 하신다고 성경에 기록되어 있습니다. "네 얼굴 좀 보자. 네 목소리 좀 듣게 좀 하거라"하시며 하나님이 간절히 원하는 것입니다. 그런데 "네 소리가 부드럽다"고 주님이 말씀하십니다. "네 얼굴이 아름답다"고 말씀하십니다. 이거 굉장히 역설적인 표현입니다.

더 쉽게 말해서 앞뒤의 말의 흐름과 자연스럽지 못한 부분입니다. 생각해보세요. 절벽은 한 발짝 뒤로 물러서기만 하면 떨어져서 곧바로 죽는 곳입니다. 그러면 이러한 상황에서는 불안한 마음이 들어야 정상적인 반응이 되는데 지금 성경에 나와 있는 이 신부의 목소리가 부드럽다고 기록되어 있습니다. 이러한 일이 있을 수 있는 일입니까? 또한 이 신부는 얼굴이 아름답다는 것입니다. 절벽에서 아름다운 표정을 짓는 것이 상식적으로 있을 수 있는 것인지 우리는 생각해보아야 합니다. 사실은 '항상 기뻐하라 쉬지 말고 기도해라 범사에 감사하라'보다 이게 더 이해하기가 힘들 것 같습니다. 내가 지금 안 죽는 상황이면 그냥 웃는 척이라도 할 수 있습니다. 기도하는 척이라도 할 수 있습니다. 그런데 지금은 죽을 수 있는 상황인데 어떻게 여기서 부드러운 음성이 나오고 아름다운 얼굴이 나올 수 있겠냐고 여러분에게 여쭈어보는 것입니다. 이제 드디어 다음에 그 답이 나오게 됩니다.

기도의 향기

신부의 두 번째 특징은 바로 신부의 기도에는 향기가 있다는 것입니다. 여기에서 신부의 위대함이 나옵니다. 아가서 4장 10절을 봅시다.

내 누이, 내 신부야 네 사랑이 어찌 그리 아름다운지 네 사랑은 포도주보다 진하고 네 기름의 향기는 각양 향품보다 향기롭구나

아가서 4:10

신부의 향기는 기도입니다. 여기서 기름의 향기를 영어 원문으로 찾아보면 'the fragrance of your perfume'이라고 나옵니다. 'fragrance'는 향기이고 'perfume'은 향수입니다. 그러니까 향수의 향기입니다. 향수는 향을 담아 놓는 그릇입니다. 향을 담아 놓는 그릇이 바로 뭘까요? 바로 마음의 그릇입니다. **이 마음의 그릇에 그리스도의 성품을 담고 하나님의 성품을 담아서 성령으로 기도를 하는 것입니다.** 그래서 그리스도의 향기가 나오게 되고 우리의 신랑 되시는 예수 그리스도 그분께서 이 향기를 기도 가운데 흠향하시면서 기뻐하시는 것입니다. 주님이 보시기에 얼마나 예쁜 신부의 모습으로 보이겠어요? 향수의 향기라는 것은 내 마음의 그릇에 담은 아름다운 기도의 향입니다. 조금 더 진하게 설명하자면 이 향기는 그냥 옆에서만 맡을 수 있는 향기인데 하나님께서 이 향기를 온 사방 천지에 뿌리고 싶으실 정도로 기뻐하시는 것입니다. 그 말씀이 어디에 나왔냐면 아가서 4장 16절입니다.

> 북풍아 일어나라 남풍아 오라 나의 동산에 불어서 향기를 날리라 나의 사랑하는 자가 그 동산에 들어가서 그 아름다운 열매 먹기를 원하노라 아가서 4:16

북풍아 불고, 남풍아 너도 불어오라는 것입니다. 나의 동산에서 불어서 향기를 날리라는 것이지요. 그래서 나의 사랑하는 자가 동산에 들어가고, 아름다운 열매를 먹기를 원한다는 것입니다. 그리고 여기에 예수님이 오시고 북풍과 남풍이 불고 있는 상황이 되면 그 향기가 사방으로 퍼지게 될 것입니다. 예수님이 오시면 누구도 오시는 걸까요? 성령님도 오시는 것입니다. 그러니까 '북풍아, 남풍아 불어라. 성령의 바람아 북풍으로도 불어라. 남풍으로도 불어라'라고 말씀하시는 것입니다. 내 신부의 향기가 이 동산에 다 퍼지도록 이 동산 구석구석에 다 불으라는 것입니다. 그리고 신부가 이 동산에 들어가서 아름다운 열매를 먹기 원하십니다. **그러니까 우리가 기도하면 힘이 생기게 됩니다. 그때 기도의 열매를 먹는 것입니다.** 여기까지 들었을 때도 여러분들이 감동 받으실 수 있을 것이라고 생각합니다. 그러나 진짜 더 깊은 감동이 있습니다. 자, 선포합니다. 여기를 한 번 봅시다. '나의 동산에 불어서 향기를 날리라' 하나님은 나의 동산이 중요합니다. 왜 그런 줄 아십니까?

하나님이 만들어 주신 첫 번째 동산에서 내 사랑하는 신부를 잃어버렸거든요. 이게 깊은 영적 흐름을 이해하셔야 하는 것입니다. 나의 첫 번째 에덴동산에서 있던 일을 하나님은 기억하고 계실 것입니다. 하나님이 사랑하는 아담이라는 신부를 위해 만들었던 그 동산에서, 그토록 사랑했던 신부를 잃어버린 것입니다. 그럼 이걸 다시 영적으로 해석하자면 **"나의 동산을 다시 만들어 놓을 테니까 네가 들어 오거라. 나랑 같이 그 사랑을 회복해 보자"라고 말씀하시는 주님의 마음을 알 수 있습니다.** 하나님께서는 당신께서 만들어 놓으신 동산에서 다시 신부와 사랑을 하고 싶으신 것입니다. 그래서 나의 동산에 기도의 향기가 성령의 바람을 통해서 남풍과 북풍으로 불게 함으로써 가득 차게 해서 우리 신부가,

내 사랑하는 신부가 내 동산에서 나와 함께 옛 행복을 회복해 보자는 선한 의지를 엿볼 수 있습니다. 하나님이 손수 준비하신 열매를 많이 먹어도 되고 예전처럼 평화롭고 안정되게 만들려는 하나님의 사랑이 곳곳에서 묻어 있습니다. 즉, 이 동산이라는 것은 하나님의 시선으로 보셨을 때 나의 신부들만을 위한 동산인 것이 됩니다. 이 깨달음을 하나님께서 저에게 기도하는 가운데 성령의 감동으로 주셨습니다. 그래서 오늘부터 이렇게 한번 기도해보시기를 권면해 드립니다.

> "하나님 아버지, 하나님이 만들어 놓으신 동산에서 잃어버린 신부인 나를 찾아 주시옵소서. 기도의 향을 성령의 바람으로 올려드리겠습니다. 주께서 나의 기도를 흠향하여 주시옵소서. 예수님의 이름으로 기도합니다. 아멘"

이기는 자

우리가 기도를 하게 되면 다음으로 무엇을 할 수 있습니까? 죄를 이길 수 있습니다. 그래서 신부의 세 번째 특징은 바로 이기는 자입니다. **신부는 죄를 안 짓는 것이 아니라 안 지으려고 하는 것을 넘어서서 이기는 자입니다. 다른 말로 '영적 전쟁에 능한 자'라고 할 수 있습니다.** 그러면 영적 전쟁에 능한 자는 승리하는 자이겠지요? 아가서 6장 10절 보겠습니다.

아침 빛 같이 뚜렷하고 달 같이 아름답고 해 같이 맑고 깃발을 세운 군대 같이 당당한 여자가 누구인가 아가서 6:10

깃발을 세운 군대같이 당당한 여자를 신부로 바꿔서 대입해 보시면 됩니다. 그러니까 그리스도의 신부는 굉장한 군대같이 당당합니다. 왜냐하면 신부 안에는 기도의 향으로 만든 검이 있기 때문입니다. 앞에 있는 표현에 '아침 빛 같이 뚜렷하고 달 같이 아름답고 해 같이 맑은' 이 표현은 신부의 기본적인 모습을 나타냅니다. 그 다음 깃발이라는 것은 승리를 뜻하겠죠? 깃발을 꽂는다는 것은 다른 영역을 내 영역이라고 흔적을 표시하는 것입니다. 바로 보혈의 깃발을 꽂아놓고 오는 것입니다. 이건 영적으로 두 가지의 의미가 있습니다. 내가 죄를 짓고 있는 죄 영역에 보혈의 깃발을 꽂았다는 것은 더이상 죄와 손을 잡지 않고 성령의 능력을 받아 죄를 이길 수 있다는 의미입니다. 만약 이 보혈의 깃발을 믿지 않는 자에게 깊숙이 꽂았다는 것은 믿지 않는 자를 거듭나게 섬겨주고 만들어 주는 사랑의 능력이 있다는 것입니다. 보혈의 능력으로 말이죠. 그러면 아가서 3장 7절부터 8절 말씀 봅시다.

볼지어다 솔로몬의 가마라 이스라엘 용사 중 육십 명이 둘러쌌는데 다 칼을 잡고 싸움에 익숙한 사람들이라 밤의 두려움으로 말미암아 각기 허리에 칼을 찼느니라 아가서 3:7-8

이 말씀에는 솔로몬의 가마가 있고 호위 무사인 용사 60명이 나옵니다. 이 60명이 누구인 줄 아십니까? 이 사람들이 바로 신부입니다. 이 신부 60명은 칼을 잡고 있고 싸움에 익숙한 사람들입니다. 지극히 작은 죄를 정확하게 보고 그 죄와 싸움에 능한 자입니다. 그리고 '각기 허리에 칼을 차고 있다'고 기록되어 있습니다. 싸움에 익숙한 자가 허리에 칼을 찼다는 말은 말 그대로 기도의 칼을 휘두를 수 있는 능력이 있다는 것입니다. 그리고 영적 전쟁을 항상 생각하고 산다는 얘기가 됩니다. 항상 준비하고 사는 자니까 여차하면 기도의 칼을 뽑아서 그냥 베어버리는 것이지요. 그리고 여기서 신부는 밤인데도 졸지 않고 있습니다. 밤이면 무척 졸릴 법도 한데 **이 신부는 결코 졸지 않습니다. 왜일까요? 항상 깨어 기도하기 때문입니다.**

여기에 있는 신부는 계급이 굉장히 높은 신부입니다. 이 신부는 자기 전에도 기도하고 자고 잠잘 때에도 몸은 자고 있지만, 영은 깨어서 기도하기를 원하는 자입니다. 그럼 제가 여러분에게 질문해보겠습니다. 이 싸움에 익숙한 사람인 용사 60명이 신부라고 한다면 이 신부는 어디를 호위하고 있나요? 바로 왕의 가마를 호위하는 신부인 것이지요. 그럼 그 가마에 누가 있을까요? 왕과 왕의 바로 측근인 가장 사랑하는 신부가 있겠지요. 바로 가마에 탄 자, 하나뿐인 비둘기 같은 자가 되는 완전한 신부인 것입니다. 그러니까 완전한 신부를 그 뒤에 있는 60명의 신부가 또 호위를 하는 것입니다. 그래서 신부의 반열들이 말씀대로 구별되어 있음을 알 수 있습니다.

신랑만 의지하는 자

네 번째 신부의 특징은 신랑만 의지한다는 것입니다. 신부는 다른 누군가를 의지하지 않습니다. 신랑만 의지하는 마음이 신부입니다. 이것은 아가서 8장 5절 나왔습니다.

그의 사랑하는 자를 의지하고 거친 들에서 올라오는 여자가 누구인가 너로 말미암아 네 어머니가 고생한 곳 너를 낳은 자가 애쓴 그 곳 사과나무 아래에서 내가 너를 깨웠노라 아가서 8:5

그의 사랑하는 자를 의지하고 거친 들(영적인 싸움이 있던 곳)에서 올라오는 여자가 바로 신부의 모습입니다. 거친 들은 또 다른 말로 고난을 의미합니다. **그래서 신부는 그 고난 속에서 오로지 신랑만을 의지하는 것입니다.** 그런데 나중에는 의지하고 신뢰하는 것을 넘어서 주변에 있는 것을 그리스도의 마음으로 사랑하는 것입니다.

마음에 새기는 사랑

다섯 번째 신부의 특징은 마음에 새기는 사랑입니다. 이건 그냥 사랑이 아닙니다. 도장을 찍듯이 생각에 새기고 마음 판에 새기는 사랑입니다. 그것이 바로 아가서 8장 6절에 나옵니다.

너는 나를 도장같이 마음에 품고 도장같이 팔에 두라 사랑은 죽음 같이 강하고 질투는 스올 같이 잔인하며 불길 같이 일어나니 그 기

세가 여호와의 불과 같으니라 _{아가서 8:6}

여기서 주님은 도장같이 마음에 새겨서 신랑을 사랑하라고 말씀하십니다. 우리의 신체 일부 중 하필 왜 팔일까요? 그 이유는 팔로 신랑에게 바짝 붙어있을 수 있거든요. 내 팔로 신랑을 바짝 붙들어서 신랑을 의지할 수 있기 때문에 팔에다 새기고 마음에다 새기라고 하시는 것입니다. 마치 도장을 찍듯이 말이지요. 그런데 이 사랑이 얼마나 강력하냐면 죽음과 같이 강한 사랑이라고 말씀하시는 것입니다. 그리고 나중에는 이 사랑이 여호와의 불과 같다고 했습니다. 이것을 어떻게 영으로 해석해야 하나님 앞에 맞냐면 예수 그리스도를 죽음과 같이 강한 사랑으로 기도하면 머리에 성령의 불이 강하게 붙는다는 것입니다. 그러니까 여러분들이 〈신부단장 기도〉를 읽을 때 그냥 읽지 말고 이렇게 기도해보세요.

"하나님, 나는 주님의 신부입니다. 주님을 사랑하는 마음으로 주님과 같은 강력한 불이 임하도록 하나님 이 시간에 말씀으로 기도 해보겠습니다"

이렇게 기도하면 기도의 불이 한층 더 빨리 붙게 됩니다. 그리고 주님께서 도장같이 마음에 품고 도장같이 팔 위에 두라는 것은 신부는 주님의 것이라는 의미이기도 합니다. 세상에 있는 다른 누구도 신부에게 허락할 수가 없으시다는 것이지요. 또한 주님께서는 오로지 신부에게만 주님이 손수 만드신 동산을 주십니다. 그리고 그 동산을 다른 사람이 못 들어오도록 잠가 버리십니다. 그게 바로 아가서 4장 12절입니다.

> 내 누이, 내 신부는 잠근 동산이요 덮은 우물이요 봉한 샘이로구나
> 아가서 4:12

주님이 신부에게 우물을 주시고 세상 것이 들어오지 못하도록 덮어버리십니다. 또 샘을 봉해버리십니다. 왜 그러실까요? 그 샘과 우물과 동산은 오로지 주님과 신부만이 함께 누리고 싶기 때문입니다. 이것을 육의 생각을 가지고 성(性)적으로 해석하면 절대로 안 됩니다. 성이 아니라 사랑하는 예수님만 바라보는 영의 관점을 가지고 바라보아야 합니다. **예수님도 사랑하는 신부만 바라보는 것이지요. 그러니까 동산을 잠가 버리고 우물을 덮어버리고 샘을 봉해버리는 것은 세상적인 불순물이나 오염된 것이 들어오지 못하도록 막아 놓는 것입니다.** 오직 내 신부하고만 동산에 있고 싶고, 오직 내 신부하고만 우물을 마시고 싶고, 오직 내 신부하고만 샘물을 같이 나누고 싶다는 의미가 되는 것이지요. 이러한 영적 상황에 이르게 되면 세상에 있는 값어치 있어 보이는 것조차 아무것도 안 보이는 것입니다. 오직 예수님만 보이는 것입니다.

생명을 살리는 일을 하는 자

여섯 번째 신부의 특징은 **신부는 생명을 살리는 일을 합니다.** 아가서 4장 15절을 봅시다.

너는 동산의 샘이요 생수의 우물이요 레바논에서부터 흐르는 시내로구나 아가서 4:15

여기서 '너'는 신부를 의미합니다. 지금 주님께서 신부를 동산의 샘이요. 생수의 우물이요, 흐르는 시내라고 말씀하십니다. 이 셋의 공통점은 '물'입니다. 물은 바로 생명을 살리는 일을 뜻합니다. 신부의 삶이 생명의 샘이요, 생수의 우물이 된다는 뜻입니다. 흐르는 시냇가가 되어 영적으로 목마른 사람들에게 목을 축이고 살리는 일을 한다는 것입니다. 신부는 그 목마른 영혼들에게 냉수 같은 시원함을 건네주는 역할을 하는 자입니다.

4. 신부의 반열 4단계: 완전한 자, 왕비, 후궁, 시녀

그럼 마지막으로 신부의 반열에 대해서 정확하게 정리하여 알려 드리겠습니다.

왕비가 육십 명이요 후궁이 팔십 명이요 시녀가 무수하되 내 비둘기, 내 **완전한 자**는 하나뿐이로구나 그는 그의 어머니의 외딸이요 그 낳은 자가 귀중하게 여기는 자로구나 여자들이 그를 보고 복된 자라 하고 왕비와 후궁들도 그를 칭찬하는구나 아가서 6:8-9

솔로몬의 왕비가 육십 명입니다. 그리고 후궁은 팔십 명이요, 시녀는 무수하다고 나옵니다. 그런데 내 비둘기, 내 완전한 자는 한 명입니다. 한 명의 완전한 신부 아래에 왕비가 육십 명, 후궁이 팔십 명 그리고 시녀가 맨 밑에 무수하게 있습니다. 따라서 신부는 네 단계로 나눠집니다. **완전한 자라고 불리는 단 한 명의 완전한 신부, 왕비 신부, 후궁 신부, 시녀 신부 이렇게 반열이 달라집니다.**

내 비둘기, 내 **완전한 자**라고 불리는 이 술람미 여인은 단 한 명의 완전한 신부로 그 반열이 가장 높습니다. 구약시대에 레위인 중에 뽑고 뽑아서 직분을 받은 대제사장의 신분이 됩니다. 수많은 신부 중에 뽑히고 뽑힌 단 한 명의 사람이며 순교자의 반열에 들어간 최고의 영광된 자격을 얻어낸 사람입니다. 그리고 그 아래 완전한 신부를 호위하는 왕비가 육십 명입니다. 앞선 말씀에서 이 육십 명은 싸움에 능한 자라고 말했습니다. 이 육십 명은 순교자는 아니어도 엄청나게 높은 신부의 반열인 것은 확실합니다. 그 다음 후궁 신부는 싸움에 능하지는 않지만 죄를 이기고 다스릴 수 있는 영적인 힘이 있는 단계입니다. 그리고 마지막 시녀 신부는 궁궐을 섬기는 신부입니다. 가장 마지막 단계에 있을지라도 궁궐 안으로 들어온 것만으로 엄청난 신분의 단계라고 할 수 있습니다. 이 4가지 단계를 살펴보면, 위는 하나지만 밑에는 60명, 80명, 마지막은 무수합니다. 그러니 각 단계의 계차와 반열이 얼마나 크게 차이 나겠습니까? 도대체 이 네 가지 단계를 구별할 수 있는 기준이 과연 무엇일까요? 우리가 지금까지 신부의 성품과 특징을 살펴보았습니다. 이 모든 것을 다 갖추면 신부가 맞지만 그럼 이거를 아우르는 명확한 기준이 무엇인지 궁금하지 않으십니까?

5. 신부의 명확한 세 가지 기준

하나님께 기도하면서 아뢰었고 마음으로 여쭤보았습니다. 그랬더니 정확히 세 가지를 저에게 감동으로 알려 주셨습니다.

항상 기도해서 깨어 있는 자

첫 번째는 '항상 기도해서 깨어있는 자'입니다. 항상 기도해서 깨어있는 자는 당연히 죄를 알아보겠지요. 죄를 알아본다는 것은 적을 알아본다는 것입니다. 그리고 적을 알아보니 전쟁에서 이기게 됩니다. **죄인지도 모르고 죄를 짓고 그 사실을 모르고 사는 사람이 얼마나 많습니까?** 지옥을 왜 가겠습니까? 내가 지은 것이 죄인지도 모르고 행동하게 되어 주님이 주시는 회개의 은혜를 잃게 되는 것입니다. 믿는 자들뿐만이 아니라 목회자가 됐는데도 얼마든지 지옥에 수많은 사람들이 떨어지게 됩니다. 살아있을 때는 죄인지도 모르고 있다가 심판받는 그 날에 이르러 죄인지를 알게 되는 경우가 허다합니다. 반면 기도를 많이 하는 자의 특징은 적을 쉽게 알아보고 죄를 쉽게 알아볼 수가 있습니다. 당연히 적을 미리 알아봤으니까 검으로 베면 되는 것입니다. 즉 기도의 칼로 베어내면 됩니다.

자아의 죽음 단계

두 번째로 '자아의 죽음 단계'입니다. 이 부분을 알기 쉽게 설명해 드리겠습니다. 내 자아를 하나의 박스의 이미지로 연상해봄시다. 어떤 사람은 이 자아의 박스를 반밖에 안 비우는 사람도 있을 것이고 어떤 사람은 다 비우는 사람도 있겠지요. 그러면 생각해봅시다. **내 자아를 완전히 비운다는 것은 불완전한 내 존재가 없어진다는 뜻입니다.** 그러니까 불완전한 요소들이 제거가 되면 당연히 전쟁을 나갔을 때 어떤 일이 생기게 될까요? 완전히 이기게 되는 것입니다. 즉, 불완전한 내가 없어지면 전쟁에 이기는 것이고 이 불완전한 내 자신이 남아 있으면 전쟁에 나가도 진다는 것입니다. 그러니까 기도를 한다 해서 무조건 이기는 게 아닙니다. 말씀으로 성령으로 그리스도로 내 비워진 자아를 채워넣을 때 이 세 분이 운행하시면 100% 이길 수 있다는 것입니다.

따라서 말씀으로 기도하는 것이 왜 이렇게 위력이 있냐면 방언을 못 하더라도 말씀 자체가 예수님이고, 성령님이고, 하나님 아버지이십니다. 그 세 분이 각자의 위격에 맞게 운행하시기 때문에 승리하는 것이란 말입니다. 이거에 대한 성경적인 명확한 말 중의 하나가 '모든 민족을 제자로 삼아서 아버지와 아들과 성령의 이름으로 세례를 베풀고(마 28:19)'라는 말씀입니다. 아버지와 아들과 성령은 따로 운행이 아니라 세 분이 함께 운행하시기 때문에 얼마나 강력하겠습니까? 그럼 불완전한 내 자아는 없어지고 그분이 내 안에서 삼위일체가 되어 하나로 움직인다면 무조건 이길 수 있지 않겠냐는 것입니다. 그게 바로 말씀으로 기도하는 것의 위력입니다.

믿음과 사랑과 소망을 십자가의 희생에 하나로 합당한 자

세 번째는 '믿음과 사랑과 소망을 십자가의 희생에 하나로 합당한 자'입니다. 성경에서 세 개의 단어를 뽑으면 믿음과 소망과 사랑이지 않습니까? 이 믿음과 소망과 사랑을 십자가의 희생으로 하나로 연합할 수 있는 자, 이게 바로 최고의 기준으로 올라갈 수 있는 신부인 것입니다. 그러면 진정 여러분들이 완전한 신부가 되고 싶은 소망이 가득 차게 될 것입니다. 우리가 말씀 안에서 성령의 뜻대로 순교하면 하늘에서는 완전한 신부가 되어 칭찬과 존귀 가운데 서게 될 것입니다. 그런데 우리가 현재 살고 있는 이 대한민국 땅에서 순교할 수 있는 사회적 배경이 과거에 주기철 목사님이 살고 계셨던 상황과는 전혀 다른 곳에서 살고 있습니다.

하지만 완전한 신부가 되기 위해서는 우리가 순교자의 삶을 살아가야만 하나님께 인정받아 합한 자로 설 수 있습니다. 따라서 순교자의 삶을 살아가기 위해서는 어떤 상황에서도 화났을 때 성내지 않아야 하고 기분 나빴을 때 감정에 흔들리지 말아야 하며 내 돈을 쓰고 싶어도 하나님의 일이 있으면 먼저는 주를 위하여 쓸 수 있어야 합니다. 그런데 이걸 참는다고 생각해보십시오. 얼마나 힘들고 고단하며 어려운 일이겠습니까? 내 감정을 화나는데 화나는 표현도 못 한다면 정말 속병이 생기게 될 것입니다. 그런데 화나는 것을 입술로 표현해야 하는 것이 자연스럽고 맞기는 하나 내 안에 하나님의 마음과 복음과 그의 나라로 채워져 있다면 화가 나고 성내는 상황이 생긴다고 하여도 하나님의 의를 이루기 위하여 혈기를 부리지 않게 됩니다. 따라서 지금 내 안에 채워져 있는 이 불안정한 걸 벗어 던져야 합니다. **그걸 할 수 있는 가장 중요한 방법이 뭐냐면은 육의 기도, 감정의 기도, 호소하는 기도, 무슨 한탄의 기도… 여러 가지 기도가 있지만 그거 다 내려놓고 오직 하나님과 성령님과 아들이 함께 운행하시는 말씀으로 기도하는 것입니다.** 마지막 한 가지 말씀을 더 봅시다. 아가서 6장 2절 말씀 봅시다.

> 내 사랑하는 자가 자기 동산으로 내려가 향기로운 꽃밭에 이르러서 동산 가운데에서 양 떼를 먹이며 백합화를 꺾는구나 아가서 6:2

자기 동산이란 건 주님이 주신 동산입니다. 향기로운 꽃밭은 신부가 하나하나 기도의 밭을 만드는 것입니다. 그리고 거기에 누구를 먹인다고 기록되어 있나요? 양 떼를 먹인다고 나와 있습니다. 주님이 보내주신 양들을 위하여 말씀 양육을 하고 내 자아가 되는 백합화를 꺾어 드리는 것입니다. 그의 나라를 위하여 내 고집을 꺾어 드리고 복음을 위하여 내 욕심을 꺾어 드려서 하나님의 의를 이루어 드리는 것입니다. 내 감정, 내 경험, 내 욕심보다 사랑하는 그리스도의 말씀이 우선이고 그분의 뜻과 계획이 신부에게는 매우 중요한 삶이 되는 것입니다. **나를 꺾어 드리고 양 떼를 먹이고 향기로운 기도의 밭을 만드는 자, 이러한 삶을 살아가는 사람이 바로 신부입니다.** 이러한 신부는 성경에 기록된 대로 최소한 왕비 신부 이상의 신부가 될 수가 있습니다. 그렇기 때문에 신랑 되신 예수님을 사랑한다는 말은 무엇입니까? 세상 것을 버린다는 뜻이며 버리는 만큼 하나님이 주시는 사랑의 크기는 계속 커지게 될 것입니다. 못 버리니까 천국의 땅도 안 커지고 안 넓어지는 것입니다. 말로만 사랑한다고 하면서 세상 것을 버리지 않으면 하늘의 것과 영원한 것은 절대로 커질 수가 없습니다. 나를 비운다는 것은 세상에 속한 것을 버린다는 뜻입니다. 내 거짓 자아가 원하는 것을 버리는 것을 의미합니다. 그러니까 세상으로 채워진 것을 비워내는 만큼 성령 하나님과 예수 그리스도와 하나님 아버지와 함께 운행을 하실 수 있게 되는 최고의 영적인 상황과 조건이 되는 것입니다. 세상 것보다 더 강력한 말씀과 성령으로 기도하여 채워지게 되면 당연히 내 안에 있는 죄가 있다 하더라도 그 죄가 나로 하여금 하나도 힘을 쓸 수가 없게 됩니다.

사도 바울도 다음과 같이 말했습니다. "내가 원하는 것이 있고 원하지 않는 것이 있는데 내가 원하는 것은 못 하고 원하지 않는 것을 하고 있는 죄 된 자신을 보게 됩니다. 나중에 알고 보니까 내 속에 있는 죄가 그렇게 했다(롬 7:15-17)"고 말하지 않습니까? 그럼 내 속에 죄가 좀 있다고 할지라도 아무 힘없이 존재한다면, 이 죄가 내 안에서 힘을 쓸 수 있을까요? 성령에 눌려 힘을 쓸 수 없는 것입니다. 칼도 큰 칼로 찍어야 타격이 있지 소꿉장난하는 칼을 가지고 던진다고 타격이 있겠나요? 내 안에 죄가 있을 수 있습니다. 우리는 죄성 깊은 인간이니까요. 하지만 내 안에 더 강력한 하나님이 임재해서 죄를 눌러놓고 앉아 계신다면 얘기는 전혀 달라지는 것입니다. 우리가 살다 보면 화나는 일이 생깁니다. 감정도 상하는 일이 발생합니다. 희생하다 보면 몸이 힘들고 외롭

기도 합니다. 그런데 그런 것들이 나를 지배하지는 못하게 됩니다. 죄를 버리는 만큼 세상 것을 버리게 되는 것이고 3대 정욕을 싹 다 없어지도록 성령께서 내 안에서 친히 도우시는 것입니다.

만약에 죄가 내 안에 먼지처럼 남아 있어도 그것이 문제가 되지 않습니다. 왜 그럴까요? 더 크신 우리 하나님이 나를 다스리고 나를 지배해 주시는 왕의 자리에 앉아 계시므로 아무런 문제가 되지 않습니다. 하나님이 내 자아의 분노와 울분과 교만과 자기 의라는 나쁜 성품을 가져가시고 하나님의 성품으로 다스리게 하기 때문입니다. **그리스도의 신부는 감정을 다스리고 마음을 다스리고 내 안의 죄를 다스릴 수 있는 영권이 있습니다.** 결국은 이 땅에서 말씀으로 이기고 다스리고 만들어진 그 신의 성품으로 하늘에서는 왕의 자격을 얻어 다스리는 왕의 역할을 하게 된다는 얘기입니다. 그 위대한 것을 영의 기도를 통해서 이루어지게 하나님이 도우신다는 것입니다.

따라서 기도하지 않고 목사가 되거나 기도하지 않고 교회를 세우거나 기도하지 않고 복음 전하고 찬양 사역을 한다는 것은 어쩌면 다 소용없는 일일지도 모릅니다. 왜냐하면 불완전한 내가 하는 것이기 때문입니다. 기도 없이 한다는 건 불완전한 내가 하는 것이기 때문에 결국은 사역하는 것 속에서 섭섭함이 올라오고 교인들끼리 서로 다투며 싸우게 될 것입니다. 그런데 진짜 하나님의 마음으로 채워서 기도하는 사람은 자기 의가 안 올라오게 됩니다. 하나님이 영광을 받으시면 그것으로 만족하고 마무리되며 영광 가운데 끝맺음 됩니다. 내가 버리고 비운 만큼 하늘의 것을 누리게 될 수 있다는 것이 바로 〈신부단장 기도〉에 담겨 있는 영적인 원리입니다.

여러분 오늘 이 설교를 다시 한번 곱씹어 보시면서 내가 만약 신부의 반열에 들어가려고 한다면 어떤 것이 부족한지 하나하나 점검해 보시길 바랍니다. 또 나는 이 부분은 됐는데 다른 부분이 안 됐을 경우는 어떻게 이것을 말씀 안에서 바꿀 수 있을지 기도 하시길 바랍니다. 그러면 여러분들이 신부의 반열에서 완전한 신부의 반열까지 올라갈 수 있을 것입니다. 완전한 신부가 꼭 순교를 안 해도 올라갈 수 있음을 성경을 통하여 말씀드리는 것입니다. 사도 요한도 순교하지 않았지만 하나님이 완전한 신부의 삶을 인정해 주시고 하늘에서는 영광과 칭찬을 받은 대표적인 인물입니다. 대신 말씀 안에서 성령 안에서 그의 나라와 복음을 위해서 매일 내 죄 된 자아가 죽는 삶을 순종 가운데 살아내야만 합니다.

여러분, 내 자아가 죽는 삶이 편하겠습니까? 세상 것 반, 하나님 것 반이 내 삶에 들어와서 서로 갈등하면서 사는 것이 편하겠습니까? 차라리 죽는 삶이 평안하고 안정됩니다. 내가 없고 주님이 들어오시면 그것이 훨씬 아름답고 더 기쁘고 감사가 넘치게 됩니다. 세상에서 떠들어대는 영화를 보지 않아도 주 안에서 즐겁게 할 수 있는 것들이 너무나 많습니다. 하나님 앞에 기도하다 보면 세상 친구 안 만나도 외롭지 않고 말씀으로 기도하다 보면 그것이 더 행복하고 좋습니다. 그러니까 여러분들이 이 사실을 꼭 기억해서 그렇게 살 수 있길 바랍니다. 우리 지금 같이 따라서 기도해 봅시다.

하나님의 말씀을 받아 올려 드리는 영의 기도

"하나님 아버지, 오늘 말씀을 통하여 네 단계의 신부 중에 내가 속해있는 부분을 알게 하여 주시고, 부족한 부분을 알게 해주신 하나님께 감사를 드립니다. 성령의 힘으로 나를 계속 비우는 기도를 하여 더 높은 반열에 있는 신부로 올라갈 수 있는 은혜를 내려주시옵소서. 오늘 이 말씀을 내 생각에 새기고 마음에 새겨 놓습니다. 깨끗하고 정결하게 살게 하여 주시옵고 입술에 거짓이 없는 아름다운 신부의 삶이 되기를 원합니다. 기도하는 신부가 되어 보좌의 제단에 올려 드려서 하나님이 흠향하시는 향기로 올려드리는 삶을 살게 하여 주시옵소서.

말씀을 내 마음에 새기고 마음과 뜻을 다하여 신랑 되신 주님을 사랑하기를 원합니다. 내 자아를 주님께 드려서 계속 비워진 그 자리에 하나님의 말씀과 영의 것으로 채워주시기를 간절히 간구합니다. 내가 비워지는 만큼 더 온전해지는 신부가 되게 하여 주시옵소서. 나를 내려놓고 우리 주님께 내어드리는 만큼 아름다운 신부의 자태가 더욱 빛나도록 빚어 주시옵소서. 내 신랑 되신 예수님의 이름으로 주님 오실 날을 기다리며 마음을 다하여 기도 올려 드립니다. 아멘."

완전한 신부의 삶

👑

> 그 성의 성곽의 기초석은 각색 보석으로 꾸몄는데 첫째 기초석은 벽옥이요 둘째는 남보석이요 셋째는 옥수요 넷째는 녹보석이요 다섯째는 홍마노요 여섯째는 홍보석이요 일곱째는 황옥이요 여덟째는 녹옥이요 아홉째는 담황옥이요 열째는 비취옥이요 열한째는 청옥이요 열두째는 자수정이라 요한계시록 21:19-20

저는 이 땅에서 본 보석이 유일하게 금밖에 없습니다. 그런데 지금 계시록에 나와 있는 이 보석들은 아예 제가 보지도 못했을 뿐만 아니라 이름도 처음 들어보는 보석들이 너무나도 많습니다. 과연 이런 보석들이 왜 천국에 있는지 우리는 한번 생각해 볼 필요성이 있겠다는 것입니다. 그리고 이 보석들은 나오기 전엔 이미 다 숨겨져 있습니다. 땅속에도 숨겨져 있고 어느 광물에도 숨겨져 있습니다. 그런데 천국에는 이 보석이 숨겨져 있지 않고 반짝반짝 드러나고 있다는 것도 우리가 한 번 인식을 해 봐야 할 필요성이 있습니다.

오늘 이 말씀을 왜 했냐면 우리는 누구나 천국을 꼭 가기를 원하고 게다가 천국에서 하나님 앞에 큰 칭찬을 받기를 원합니다. 그런데 아무나 칭찬을 받을 수 있는 게 아니잖아요. 우리가 학교에 다닐 때 담임 선생님이 아니라 교장 선생님한테 칭찬받는 건 더 큰 칭찬이지요? 그래서 담임 선생님에게 상 받는 건 교실의 강대상 조그만 거지만 교장 선생님의 직인을 찍어서 받는 상은 그 상 받는 몇 사람 때문에 전교생을 운동장으로 다 불러냅니다.

교실 안에서의 담임 선생님이 주는 상장과 바깥에서 교장 선생님의 직인을 찍어서 교장 선생님의 이름으로 주는 상장은 다를 거란 말입니다. 천국에 있는 이 보석들이 지금 보니까 첫째의 기초석은 벽옥부터 시작해서 열두째가 자수정입니다. 오늘 이것을 설명하기 위해서 설교 제목을 '완전한 신부의 삶'이라고 정해보았습니다. 많은 사람들이 그리스도의 신부가 되기를 원합니다. 그런데 대부분의 사람들이 천국 가면 아무나 그리스도의 신부가 되는 줄 알고 생각하고 있습니다.

그래서 예수님이 재림한다고 하면 '신부단장 한다'고 그렇게 말을 하는데 실제로 신부단장은 그렇게 쉽게 할 수 있는 게 아닙니다. 우리가 하다못해 남자와 여자가 만나서 결혼식을 하는 과정도 엄청 오래 걸립니다. 그걸 몇 달 만에 끝내는 경우는 거의 극히 드물잖아요. 그런데 하나님의 아들, 예수 그리스도의 신부가 되는 반열까지 올라가는데 어떻게 몇 달 안에 끝낼 수 있겠습니까? 어떻게 1, 2년 안에 끝낼 수 있겠냐는 겁니다. 그래서 우리는 오늘 완전한 신부의 삶이 어떤 삶인지를 보고 성경에 기록된 그대로를 진짜 살아냈을 때 완전한 신부의 반열까지 올라갈 수 있는지를 생각해 보도록 합시다. 그러면 하늘에 엄청난 소망을 가지고 우리가 하루하루를 살아갈 수 있지 않겠습니까?

1. 자기부인은 선택이 아닌 필수조건

우리가 하나님을 믿을 때 기도도 하고 예배도 드리고 성경도 읽고 성경 공부도 하고 심지어 헌금도 하고 봉사도 하고 더 나아가서는 외국까지 나가서 선교활동까지 합니다. 그런데 우리가 먼저 인식해야 할 것이 있습니다. 예수님께서 설교를 들으려고 온 수많은 무리에게 다음과 같이 말씀하십니다.

> 또 무리에게 이르시되 아무든지 나를 따라오려거든 자기를 부인하고 날마다 제 십자가를 지고 나를 따를 것이니라 누가복음 9:23

우리가 이 말씀 너무나도 많이 아는 말씀입니다. 그런데 제대로 된 뜻은 모르는 경우가 대부분입니다. 그 당시에 예수님은 영웅이셨습니다. 그래서 예수님을 따르고 싶어 하는 사람이 많았습니다. 예수님을 따르려고 많은 사람들이 사방에서 모였습니다. 그런데 예수님이 아무나 제자로 받는 게 아니셨습니다. **예수님의 제자가 될 수 있는 첫 번째 조건이 무엇이라고 나옵니까? 자기를 부인하는 사람이라고 나옵니다. 그리고 두 번째 조건이 무엇입니까? 날마다 자기 십자가를 지고 살아가는 것입니다.** 그런 다음에 주님이 말씀하시기를 "나를 따르라"고 하시는 것입니다.

주님이 말씀하신 첫 번째 조건이 자기를 부인하는 것인데, 여러분들 주변에는 과연 자기를 부인하며 신앙생활 하려는 사람들 본 적 있으신가요? 아마도 보신 적이 거의 없을 것입니다. 그럼 뭔가 이상하잖아요. 예수님이 지금 이 말씀을 하셨는데 자기를 부인하고 살아가는 신앙인들이 별로 없는 것이 아니라 거의 없다는 것이 정상적인 현상인지를 되짚어 보아야만 합니다. 예수님이 원하시는 것은 자기를 부인하는 것인데 그것대로 하지 않는데도 교회들은 아이러니하게도 예전보다 더 많아졌습니다. 그럼 뭔가 중간에서 올바른 과정을 거쳐서 교회가 생긴 것이 아니라 중요한 과정을 생략하거나 건너뛰었다는 것인데 어떤 방식으로 생각을 해보아도 석연치 않은 느낌입니다. 하나님의 방법대로가 아닌 사람들이 원하는 대중적인 방법으로 교회가 세워지고 교인들이 생겼다는 의미가 됩니다. 말씀에 '자기를 부인하고 날마다 제 십자가를 지고 나를 따를 것'이라고 하시잖아요. 이 말씀의 의미는 자기를 부인하거나 십자가를 지라는 둘 중에 하나만 하면 되는 것이 결코 아닙니다.

제가 이 말씀을 영어 성경으로 찾아보았습니다. 그런데 영어 성경을 찾아보니까 생각하지 못한 단어가 있었습니다. 영어 성경에서는 '자기를 부인하고'가 영어로 'must deny'라고 나옵니다.

Then he said to them all: 'Whoever wants to be my disciple must deny themselves and take up their cross daily and follow me.' Luke 9:23

'must deny'는 '반드시 부인해야 한다'는 얘기입니다. 선택이 아닌 필수입니다. 그러니까 결국은 '자기를 부인한다'는 것은

'must deny'가 되니까 굉장히 중요하고 필수적인 코스라는 것입니다. 그런데 이 말씀을 그렇게 알고 있는 사람들이 거의 없다는 것이지요. 그러면 일반적으로 믿는 사람들은 어떻게 하고 지내는지 우리들의 현실에서 생각해보는 시간을 가지면 좋겠습니다. 말씀을 읽으면서 본인에게 맞거나 기분이 좋을 때는 자기부인을 하고 본인이 감정 상하고 상처받았으면 다 집어던지고 순종이란 단어는 생각하지도 않고 살아가고 있지는 않나요? 우리는 이와 같은 방식으로 신앙생활을 하는 경우가 많더라는 것입니다. 누가 그러고 살았을까요? 여러분들 앞에 있는 설교자인 제가 그러고 살았습니다.

지금 내 기분이 좋고 마음이 행복하고 넉넉한 생활이 되고 돈이 들어오면 자기를 부인하기가 쉬워지니까 "하나님, 저를 부인해서 주님께 헌금을 드려요.", "하나님, 이번 달에는 친구들이 저한테 생일 선물도 많이 주고 저를 많이 챙겨줘서 기분이 너무 좋아서 나를 부인하며 그들에게 복음을 전할게요." 이렇게 자기부인을 어렵지 않게 하는 상황을 떠올려 보시면 됩니다. 그런데 어느 날 내가 돈도 못 벌고 여러 어려움을 당할 때는 제 마음이 슬프고 어렵잖아요. 그런 상황에서 교회 청소를 하라고 해보세요. 어떨 거 같습니까? 자원하는 마음이 잘 안 될 것입니다. 그러니까 자기부인을 상황 따라, 감정 따라, 환경 따라 그냥 자기 멋대로 하는 경우가 많더라는 것입니다.

그런데 여기 말씀에서는 지금 조건이 없습니다. 무조건입니다. 'must deny'입니다. 'should deny'가 아닙니다. 'must deny'는 진짜 반드시 해야 하는 것입니다. 그런데 이걸로 끝나는 게 아니라 자기 십자가를 동시에 져야 한다는 얘기입니다. 그러니 많은 교인들이 이것을 통과하기가 쉽지가 않으니까 예수님도 수많은 무리가 와서 주님의 제자가 되고 싶다고 했을 때 "너희가 내 제자가 되고 싶다고? 그런데 그냥은 안 되고, 자기 자신을 선택적으로 부인하는 것이 아니라 자기 자신을 반드시 부인해야 하고 동시에 자기의 십자가를 지고 따라와야 한다."라고 말씀하시는 것입니다. 그리해야만 나의 제자가 될 수 있다는 것을 주님이 말씀하셨습니다. 그렇다면 영적인 순서가 어떻게 되는 것입니까? **자기를 부인하고 십자가를 지고 그다음에 주님을 따르는 세 가지 단계에 걸쳐서 따르는 것임을 알 수 있습니다.**

"믿습니다. 믿기만 하면 됩니다." 이렇게 끝나는 게 아니라는 것이지요. 그건 말로 하는 겁니다. 그러면 자기부인이 안 된 사람이 어떤 특징이 나타날까요? 이게 결정적으로 다 드러납니다. 원래 사과 씨를 심으면 사과 열매가 나옵니다. 그런데 우리 믿는 자는 사과 씨를 심어놓고 수박이 열리기를 원합니다. 이게 바로 내 방식대로 믿는다는 것입니다. 하나님이 원하는 방식이 아니라 내 방식대로 원하는 것이지요.

여러분들은 혹시 그렇게 살지 않나요? 여러분들이 하나님을 믿는다고 하지만 기도 열심히 한다고 하지만 일상에서 여러분들의 삶은 성경에 비춰보셨을 때 어떠신가요? 해야 할 일이 많아지고 이 사람 저 사람 치이다 보니까 기도 시간도 짧아지고 하나님과는 점점 멀어져가지는 않는지 여쭙습니다. 하나님과의 관계가 계속해서 멀어지고 있다면 왜 무엇 때문에 어째서 그러한 일들이 생기는지 곰곰이 생각해보신 적이 있으신가요? 성경을 알고 있으나 실제 삶 속에서는 자기부인이 안 되니까 그러한 일이 생기는 것입니다. 자기부인이 되는 사람은 하나님의 일을 이것을 해도 되고 저것을 해도 되어 아무 상관이 없습니다. 이런 사람은 항상 하나님과 동행하는 하늘에 속한 성도입니다. 그런데 대부분의 사람들이 지금 현재 하나님과 동행하길 원한다고 말을 합니다. 그런데 동행은 아무나 하는 것이 아닙니다. 동행은 주님의 제자가 되어야 할 수 있는 것입니다. 그럼 주님의 제자는 누가 될 수 있습니까? 자기 부인을 하면서 십자가를 지고 있는 사람이 주님과 동행하는 제자가 될 수 있는 것입니다. **안타깝게도 주님과 동행하는 것을 마치 자기를 보호하기 위해서 자기 마음의 안정을 위해서 그런 식으로 말을 하는 사람들이 많더라는 것입니다.** 누구든지 자기의 목숨을 구원하고자 하면 잃을 것이라(눅 9:24)고 말씀에 분명하게 기록되어 있습니다.

그런데 실상은 이것이 반대로 나오는 상황이 되지는 않는지요? 여러분이 한 번 생각 보세요. 지금 여러분들이 일을 왜 하고 계시나요? 세상에서 잘 먹고 잘살려고 일하는 것 아닙니까? 그런데 성경은 그렇게 얘기를 안 합니다. 누구든지 제 목숨을 구하고자 하면, 누구든지 자기가 살려고 하면 잃어버린다고 말씀하고 있습니다. 그러니까 내가 생각하는 것과는 완전히 반대되는 것입니다. 그러니까 슬프게도 우리는 주님과 반대의 신앙생활을 하고 있는 것입니다. 즉, 자기 부인이 안 되는 겁니다. "누구든지 제 목숨을 구원하고자 한다"는 뜻이 현대적인 말로 말하면 무엇을 뜻하는 것일까요? 나부터 먹고 내 가족부터 먼저 먹이고 가까운 사람을 먼저 챙기고 남는 것을 남에게 보내는 것입니다. 나에게 필요 없는 것을 다른 사람에게 보내는 것입니다. 그런데 이렇게 자기부터 챙기는 사람들이 주님이 보셨을 때는 "잃어버리는 것이다"라고 하는 것입니다. 그런데 하나님의 말씀은 자기 부인이 된 사람은 "나를 위하여 자기 목숨을 잃어버리게 되면 오히려 구원을 얻는다"라고 말씀을 하시는 것입니다. 자기부인이 된 사람은 자기 목숨까지도 하나님을 위해서 줄 수 있는 마음을 가지고 있는 것이지요. 이런 사람들이 내 주변에 한 사람이 생기면 내 삶 가운데 어떤 일이 일어날지 궁금하지 않으신가요?

진짜 100% 장담하건대 주변 사람들이 다 살아나게 될 것입니다. 특별히 "5년, 10년 동안 복음을 전해도 왜 복음이 증거가 안 되냐?"고 말하는 사람들이 저와 여러분의 주변에 많이 있습니다. 저도 거기 중 한 사람에 해당되는 사람이었습니다. 나는 최선을 다하여 그 사람을 위해서 기도해 주고, 예수님 믿고 천국 가라고 했는데도 끝까지 안 믿는 사람이 있기 마련입니다. 그 사람의 영혼 구원을 하나님의 때에 이루어 주는 것도 맞지만 내가 그 사람 앞에서 내가 안 죽어서 구원의 연수가 길어지고 있는 경우가 더 큽니다. 그러면 하나님의 때는 원래 한 달 뒤에 그 사람을 구원할 수도 있었는데, 내가 안 죽는 바람에 하나님의 때가 20년 뒤로 미뤄질 수도 있다는 생각 안 해보셨습니까? 그런데 대부분의 사람들은 하나님의 때에 구원을 시켜준다고 말을 하면서도 정작 본인의 모습을 들여다보지 못하고 있습니다. 내 자신을 그냥 확 부인해 버리고 전도하면 하나님 앞으로 데려갈 그 사람이 금방 깨어나서 하나님 앞에 일찍이 돌아올 수 있다는 것을 여러분께 말씀드리는 것입니다.

2. 모든 것이 응답되는 영의 기도

그러면 정말 자기부인이 되어 내 안에 심령이 비워진 자는 어떤 특징이 있는지 살펴보는 시간을 가졌으면 좋겠습니다.

> 너희가 기도할 때에 무엇이든지 믿고 구하는 것은 다 받으리라 하시니라 마태복음 21:22

여러분, 아마 이 말씀을 잘 아실 것입니다. 그럼 여러분들이 진짜 믿고 구하는 것마다 다 이루어질 수 있을 거라고 생각하십니까? 그게 왜 장담을 못 하는 줄 아시나요? 내 안에 욕심과 정욕이 나도 모르게 지배하고 있어서 그러는 것입니다. **그럼 거꾸로 내 안에 욕심과 정욕이 완전히 다 제거된다면 어떤 일이 생길 것 같나요? 말씀 안에서 다 이루어지게 됩니다.** 내 욕심과 정욕이 없어지게 되면 영의 기도를 하는 사람은 정작 본인을 위해서는 기도하지도 않습니다. 아예 육신의 정욕과 세상에서 필요한 것이라도 내 유익을 위하여 기도하지도 않습니다. 〈신부단장 기도〉 안에 쓴 기도문은 하나님의 말씀대로 제가 하나하나 실천하면서 말씀대로 살아낸 것을 녹여낸 것도 있지만 소망을 가지고 성경에 있는 말씀을 주님의 능력으로 너무 이루고 싶어서 〈신부단장 기도〉에 기록해 놓은 것도 있습니다. 왜냐하면 여러분들도 어떤 목표를 가질 때 수첩에다 적어놓고 그 메시지를 보고 또 보며 기억하고 다니잖아요. 저도 제 개인 기록문에다 적어놓고 계속 하나님 앞에 기도하면서 올리는 삶을 살려고 거룩한 발버둥을 치게 된 것입니다.

"하나님, 저도 완전한 신부의 반열까지 올라가고 싶어요. 하나님 오늘은요, 내가 가장 작은 자에게 물 한 잔을 떠줬거든요. 하나님 내일은요, 그 가장 작은 자에게 오천 원짜리 김밥 한 줄 선물할 수 있게 해주세요. 하나님 그리고 다음 주에 작은 자를 만났을 때는요, 만 원짜리 밥을 사줄 수 있게 해주세요." 하면서 점점 순종의 강도를 높이는 겁니다. 처음에 물 한 잔으로 시작한 것이 나중에 만 원짜리에 밥 한 끼로 바꾸어 놓는 것이지요. 그러니까 똑같은 말씀이라 하더라도 점점 하나님 앞에 그 물 한 잔이 김밥 한 줄로, 만 원짜리 밥으로 바뀌었다는 것은 그만큼 내가 세상 것인 죄와 싸워가며 아름답게 그리스도 안에서 내려놓는다는 얘긴 것입니다. 그만큼 말씀대로 살아가는 삶 속에서 자기 자신을 이루어내는 정도가 커진다는 뜻입니다. 자기 자신의 정도가 이전보다 더 커져서 비워주면 비워줄수록 하나님의 사랑은 점점 커지는 것이 됩니다. 이제 요한일서 3장 22절 봅시다.

무엇이든지 구하는 바를 그에게서 받나니 이는 우리가 그의 계명을

지키고 그 앞에서 기뻐하시는 것을 행함이라 요한일서 3:22

그러니까 하나님이 내 안에 있고 내가 하나님 안에 있는 자는 무엇이든지 구하는 바를 다 받을 수 있다는 것입니다. 다 받는 사람의 특징이 무엇인 줄 아십니까? 자기가 부인된 사람입니다. 그런 사람들은 하나님의 계명을 다 지켜내는 그리스도의 귀한 신부 반열에 있는 자들입니다. 신부들의 삶 속에서 큰 거는 지키고 작은 거는 안 지킬 것 같나요? 절대로 그렇지 않습니다. 진짜 하나님을 제대로 믿고 하나님을 인정하고 사는 사람들은 지극히 작은 계명도 다 보며 살아갑니다. 물 한 잔 떠주는 것부터 시작해서 순교 직전까지 가는 것에 이르기까지 모든 말씀을 다 지키고 행합니다. 손양원 목사님이 순교만 하셨을 것 같나요? 분명히 거기 애양원 환자들에게 가셔서 겨울에는 따뜻한 물도 떠주며 작은 것부터 시작하셨을 것입니다. 어떤 먹을 것을 못 사준다고 하더라도 손 한번 잡아주는 것부터 시작하셨을 것입니다. 그런데 그분은 결국 어느 곳까지 이르게 되셨나요? 최고의 영광된 순교까지 가셨잖아요. **그러니까 하나님의 계명을 지키는 자는 처음부터 끝까지 다 지키는 것입니다.**

이렇게 사는 것이 숨 막히고 어렵고 고단할 것 같다고 생각이 드실 것입니다. 그러나 결코 그렇지 않습니다. 너무너무 행복해서 기쁨에 못 이겨 힘들 정도로 큰 기쁨으로 감사하고 있을 것입니다. 말씀을 작은 것부터 큰 것까지 다 지키는 것이 참 행복한 것을 여러분에게 전해 드립니다. 분명한 그 이유가 있습니다. **하나**

님 앞에서 자기가 부인된 사람은 하나님이 기뻐하는 행동만 합니다. 왜냐하면 내 안에 계신 하나님이 기뻐하는 행동을 하도록 만들기 때문입니다. 내 안에 계신 하나님이 성령님이시잖아요. 성령님이 하나님의 영이시잖아요. 하나님의 영이 하나님의 깊은 뜻을 알지 않습니까? 하나님의 깊은 뜻을 아는 것은 우리가 그의 계명을 지키는 거잖아요. 계명을 지킴으로 말미암아 많은 사람들을 살리게 하는 것입니다. 그런 영적인 사람이 기도하는 것을 하나님이 다 들어주신다는 것입니다. 저에게 있었던 일을 통해 이 원리를 설명해 드리겠습니다.

어느 날 밤에 한 성도님께 연락이 왔습니다. 밤 열한 시쯤인가 "기도가 응답됐어요."라고 너무 행복해하며 문자가 왔습니다. 그래서 "잘 됐습니다" "축복합니다" 하고 문자를 드렸습니다. 그런데 다음 날 아침에 문자가 또 온 거예요. 그리고 저에게 "인터넷 뱅킹 하세요?"라고 물어보시길래 사용한다고 말했습니다. 그러니까 갑자기 500만 원씩 두 번 해서 1,000만 원이 들어온 것입니다. 그리고 이 성도님이 너무 기뻐서 어쩔 줄 몰라 하는 거예요. 〈읽는 기도〉 책이 인쇄비가 없어서 절판된다는 얘기를 듣고 그 성도님이 하나님께 천만 원만 주셔서 빨리 인쇄 좀 하게 해달라고 그렇게 영의 기도를 했더니 글쎄 천만 원이 들어왔다는 것입니다. 그런데 여러분도 알다시피 제가 계좌를 공개하지 않잖아요. 그런데 아뿔싸, 제가 실수를 한 것이 있었어요. 제가 언젠가 하나님 앞에서 다 드리고 싶었던 적이 있었어요. 그래서 모든 것을 다 전부 드려서 0원으로 딱 만들었던 적이 있었습니다. 그게 너무 기뻐서 제가 이 성도님께 통장이 0원이 된 모습을 보냈었던 적이 있었거든요. 내 통장이 0원이 돼서 너무 감사하다고 말하면서 그 증거를 보내 드렸었습니다. 그런데 제가 보내 드린 것에 계좌번호가 작게 찍혀 있었음을 인식하지 못하고 보냈던 저의 실수였습니다. 그래서 저는 이걸 어떻게 대답했냐면 "알겠습니다. 그럼 저도 기도해보고 하루만 저에게 시간을 주세요."라고 말했습니다. 그리고 다시 하나님께 기도했습니다. "하나님, 이 성도님의 피 같은 돈을 사용하지 못합니다. 이 돈 가지고 거기에 있는 더 어려운 사람을 섬겨야 합니다. 이 〈읽는 기도〉가 더 이상 안 나오게 되더라도 저 이거 돈을 못 받습니다. 주님께서 해결해 주시옵소서"하고 기도했습니다.

그런데 그날 모르는 사람한테 전화가 왔습니다. 본인이 장로인데 〈읽는 기도〉 책을 읽었다고 말해 주었습니다. 그러면서 이런 기도문을 가지고 기도하는 것이 너무 좋았다고 하셨습니다. 본인은 나이가 꽤 드신 분이라 웬만한 기도를 해도 별로 반응이 없는 사람인데 자기가 이 책으로 기도하고 영적인 반응이 왔다고 말씀하셨습니다. 그래서 저에게 어떤 제안을 했는지 아십니까? 장로님께서 본인이 가지고 있는 출판사가 7개가 있다고 하시면서 문서 선교를 하고 싶다고 말씀하시는 겁니다. 그리고 이 책은 시중에다 2만 원에 출시해도 충분히 팔 수 있는 책인데 왜 5,500원 주고 하냐고 얘기를 하시더라고요. 그래서 저는 "나는 돈 버는 게 목적이 아니고 한 사람 살리려고 이렇게 했습니다" 말했더니 장로님께서 "혹시 괜찮으시면 5,500원의 책값을 유지하면서 제가 하면 안 될까요?" 하시는 거예요. 자신의 출판사로 가져와서, 직접 인쇄를 해서 5,500원에 계속해서 팔겠다는 의지로 말해 주었습니다. 그럼 저는 이제 인쇄비 값이 안 들어가잖아요. 그 제안을 하시더라고요. 그래서 제가 다음날 헌금을 주었던 성도님께 전화해서 "저한테 방법이 생겼으니 다시 가져가세요"하고 천만 원을 주님의 마음으로 다시 돌려줬습니다. 왜냐하면 그 성도님도 물질에 곤란한 일이 생기면 안 되잖아요.

그럼 여러분, 이 기도의 응답은 무엇입니까? 육의 기도입니까, 아니면 영의 기도입니까? 영의 기도입니다. 겉으로 봤을 땐 책을 인쇄하기 위해서 돈을 달라고 하는 기도가 육의 기도처럼 보이잖아요. 그런데 그 책을 통해서 영혼을 살리는 게 제 마음의 중심이란 말입니다. 그러니까 그 성도님의 기도도 응답받아서 천만 원이 들어오고, 동시에 제 기도도 응답받아서 출판사로부터 더 큰 제안이 들어온 거예요.

여러분, 그러면 예수님은 식량을 요청하시는 기도를 안 하셨을 거 같습니까? 주기도문에 이렇게 기록되어 있습니다. '일용할 양식을 주시옵고' 예수님도 양식을 구하시는 기도를 하셨습니다. 이게 있을 수 있는 일입니까? 예수님이 아버지께 일용할 양식을 구하는 기도는 먹든지 마시든지 다 그의 의와 나라를 위해서 하는 기도이기 때문에 하나님이 그것도 들어주시는 것입니다. 예수님이 엄청난 양의 식량을 달라고 기도도 하셨었잖아요. 그게 바로 오병이어의 기적입니다. 거기 있는 사람들이 배고파서 기진맥진할까 봐 예수님이 하나님 앞에 기도하신 놀라운 사건을 여러분도 알고 있으실 것입니다. 그러니까 그 기도가 바로 영의 기도에 대한 응답이 되었습니다. 이러한 기도는 자기 부인된 삶을 사는 사람이 이런 기도를 했을 때 바로 응답을 받을 수 있다는 단적인 사례에 해당합니다. 이게 얼마나 능력 있는 기도입니까? 요한일서 5장 15절에 이런 말씀이 있습니다.

> 우리가 무엇이든지 구하는 바를 들으시는 줄을 안즉 우리가 그에게 구한 그것을 얻은 줄을 또한 아느니라 요한일서 5:15

어떻게 구한 것을 얻는 줄을 알까요? 우리 같은 나약한 사람들, 우리 같은 믿음 없던 사람들은 어떤 기도를 해도 얻는 줄을 모르고 기도하는 경우가 대부분입니다. **그런데 하나님이 내 안에 계셔서 완벽하게 자기 부인된 사람은 기도하는 순간 100% 얻는 줄을 알고 계신다는 것입니다. 그것이 바로 영의 기도가 됩니다.** 그러면 하나님이 내 안에 계시게 하려면 어떻게 해야겠습니까? 우리는 영으로 있어야 합니다. 그러니까 영의 생각을 하고 있는 거룩한 성도가 영의 기도를 하는 것을 의미합니다. 또 말씀이 내 안에 있어야 합니다. 그래서 말씀으로 기도하는 것이 영의 기도가 됩니다. 요한일서 3장 17절 한번 보겠습니다.

> 누가 이 세상의 재물을 가지고 형제의 궁핍함을 보고도 도와줄 마음을 닫으면 하나님의 사랑이 어찌 그 속에 거하겠느냐 요한일서 3:17

이 말씀을 보시면, 하나님을 믿는 사람인데 형제의 궁핍함을 보고도 마음을 닫고 산다는 것입니다. 왜 그럴까요? 아까운 내 돈이 나가잖아요. 내 것을 손해 보는 거잖아요. 그러니까 이것도 자기부인이 안 된 사람에게 나오는 특징인 것입니다. 그런데 우리가 믿는 사람이라고 하지만 실제로 보면 그에 맞게 행동을 합니까? 대부분은 말씀대로 하지 않습니다. **아직도 여러분이 말과 혀로만 사랑하고 있다면 자기부인이 안 된 것입니다.** 누가 예수님의 제자입니까? 자기가 부인된 사람이 예수님의 제자인 것입니다. **예수님을 믿는 사람, 자기 부인이 된 사람은 행함과 진실함으로 살아갑니다.** '사랑하는 자들아 만일 우리 마음이 **우리를 책망할 것이 없으면 하나님 앞에서 담대함을 얻고(요일 3:21)'**라는 말씀이 있습니다. '하나님 앞에 내 마음이 책망할 것이 없다'라는 건 내 마음에 누구만 계신 것입니까? 오직 하나님, 오직 예수님, 오직 복음, 오직 영혼 살리는 마음밖에 없다는 것입니다. 심판대 앞에 갈 필요도 없이 이미 세상에서도 그리스도의 마음으로 살아가는 것을 이루어낸 사람인 것입니다.

3. 하나님이 원하시는 상황과 조건을 만든다.

하나님이 원하시는 삶을 살려면, 하나님이 원하시는 상황과 조건을 만들어야 한다고 했습니다. 그럼 우리가 할 수 있는 최대의 노력이 뭐겠어요? 하나님은 영이시니까 안 보이시잖아요. 그런데 말씀은 지금 성경책에 다 기록되어 있는 게 눈에 보이지 않습니까? 그래서 말씀으로 기도하는 거예요. 그저 말씀을 선포하는 것에서 끝나는 게 아닙니다. "말씀을 믿습니다" 하고 끝나는 게 아니라 말씀을 어떻게 해야 합니까? **말씀을 기도화해서 나의 선한 의지를 거기다 담아 올려드리는 영적인 과정을 거쳐야 합니다. 그래서 〈읽는 기도〉로 기도하면 여러분의 마음이 시원하게 되고 기도가 막히지 않고 뚫리는 것입니다.** 우리가 알고 있는 굉장히 중요한 말씀, 로마서 8장 27절 보겠습니다.

> 마음을 살피시는 이가 성령의 생각을 아시나니 이는 성령이 하나님의 뜻대로 성도를 위하여 간구하심이니라 로마서 8:27
> And he who searches our hearts knows the mind of the Spirit, because the Spirit intercedes for God's people in accordance with the will of God. Romans 8:27

기도를 떠나서 우리는 생각하는 것 자체가 이기적이고 자기중심적인 삶을 살아갑니다. 그런데 성령님이 중간에 개입하셔서 (intercedes) 중보하시는 거예요. 어떻게요? 내가 기도하는 것이 아버지의 뜻에 맞게끔 기도하게 도우시는 것입니다. 그러니까 말씀에 나오는 대로 올려드리는 영의 기도는 아무나 하는 게 아닙니다. 성도를 위해서 간구하는 것이 무엇인가요? 하나님의 뜻대로 기도하게 만든다는 거예요. 영어 성경을 보면 'in accordance with the will of God'라고 나옵니다. 'in accordance with'는 '~와 일치하여'라는 뜻입니다. 그리고 'the will of God'는 '하나님의 뜻'입니다. 즉 하나님의 뜻과 성도가 일치하도록 만들어 주시는 분이 바로 성령님이 하시는 역할이신 것입니다. 그러니까 여러분이 만약에 성령을 못 받았다면 그거는 기도 하나 마나가 되는 것입니다. 왜냐하면 그 기도는 성령의 뜻대로 간구하는 게 아니잖아요. 그건 100% 육의 기도입니다.

정리하면, **성령님은 우리 안에서 '나의 기도'가 '하나님의 뜻에 맞도록 간구하는 기도'가 되도록 도와주는 역할을 하시는 겁니다.** 그래서 〈읽는 기도〉에 나와 있는 맨 첫 번째 기도가 성령 기도입니다. 그래서 성령 기도를 가장 먼저 해야 하는 겁니다. 하지만 대부분의 사람들이 이걸 모르고 회개 기도부터 먼저 하려고 합니다. 예전엔 저도 그렇게 생각했었어요. 회개 기도를 먼저 하고 내 심령이 깨끗해져야 하나님 앞에 기도가 시작되는 줄 알았어요. 그런데 그게 아니더라고요. 이렇게 기도하면 문제가 있습니다. 처음 회개 기도부터 하려고 할 때는 회개가 제대로 안 됩니다. 그런데 성령 기도를 한 다음에, 보혈 기도를 해서 내 안에 있는 모든 악한 것들을 내쫓은 상태에서 회개 기도까지 했을 때는 더 깊은 기도에 들어가게 됩니다. 〈읽는 기도〉로 경험해보신 분들은 아실 것입니다.

예를 들어 일반적인 기도 중에 "하나님, 제가 이번에 시험을 보는데 이 시험을 잘 봐야 해요. 이 시험을 잘 봐야 하는 이유는 하나님이 살아계신 것을 증거하기 위함입니다."라고 시험을 잘 보기 위한 기도도 육의 기도처럼 보이죠. 하지만 이미 내 심령이 성령화되어서 이것 또한 영적인 구함이 되는 영의 기도가 되는 것입니다. 그래서 육적인 것을 구하는 기도처럼 보이지만 육적인 기도가 아니라 실상은 영의 기도라는 것입니다. 예수님이 오병이어의 기적을 만드셨을 때 단순히 그 사람들의 배고픔과 허기짐을 채우고 끝내고자 하신 게 아니라 그들을 사랑하는 마음과 그들의 영혼을 아끼는 마음이 있으셨습니다. 그래서 그것이 육의 기도가 아니라 영의 기도가 되는 것입니다.

성령께서 우리 안에 이와 같은 역할을 하시니까 성령이 소멸하도록 죄와 손잡으면 안 되는 것입니다. 성령님을 근심하게 하면 안 되는 것이지요. 여러분이 만약에 죄가 뱀의 모습으로 눈에 보인다면 그 뱀을 그냥 손으로 잡으시겠습니까? 하지만 문제는 그 뱀이 내 눈에는 안 보인다는 것입니다. 뱀이 꽃으로 보이고, 뱀이 내 목표로 보이고, 뱀이 내가 원하는 어떤 물건으로 보이니까 그걸 잡는 거잖아요. 말씀에 왜 세상 것을 '붙잡지도 말고 맛보지도 말고 만지지도 말라(골 2:21)'고 했겠습니까? 사람이 만든 모든 것들 속에는 사람의 목적이 들어가도록 만들어지게 되어있습니다. 이걸 만들어서 팔 목적, 인기를 얻을 목적, 인정받을 목적, 칭찬받을 목적. 모든 물건이 다 자기만의 명분이 있습니다. 지금 여러분 앞에 있는 스마트폰도 목적을 갖고 만든 것입니다. 그 목적이 선한 목적이겠습니까? "그래 이걸 가지고 많은 사람이 하나님을 알게 되고 복음을 전하게 될 거야" 하는 선한 목적이 아니라, 돈 벌 목적으로 만든 것입니다. 그러니까 스마트폰에 빠져있는 것 자체가 그게 우상숭배를 하는 것입니다.

저도 옛사람의 옷을 입고 있는 동안에는 세상에서 건네준 우상을 섬겼던 사람입니다. 저 같은 경우에는 자동차를 좋아했기 때문에 다른 곳은 안 가도 모터쇼는 꼭 찾아갔습니다. 새로 나온 신차의 하나하나 디테일을 볼 때마다 너무 좋은 거예요. 제가 이것을 어떻게 끊은 줄 아십니까? 자동차가 나한테 우상이 될 수 있겠다는 것을 생각하니까 자연스럽게 끊어지더라고요. 저렇게 멋진 차를 만든 목적이 무엇이겠습니까? 나 같은 사람의 마음을 홀려서 할부로라도 사게 하고 돈을 쓰게 만들 목적이잖아요. 그리고 그런 차를 타고 다니면서 자랑하고 뽐내며 다닐 저의 교만을 생각하게 되었습니다. 그렇게 생각하니까 자연스럽게 끊기더라고요. **하나님이 만든 자연물을 빼고는 인간이 만든 세상의 모든 것들은 다 목적과 이유가 있고 각각의 명분이 있기 때문에 자칫 잘못하면 물건들마다 우상이 될 수 있습니다.** 그래서 그것을 우리 스스로가 인식하고 살아야 합니다.

그러면 완전한 신부는 자기 부인된 삶을 어떻게 살아낼까요? 성경에 기록된 인물 중에 완전한 신부인 사도 바울을 예로 들어보겠습니다. 말씀에 보면 사도 바울이 뭐라고 고백했습니까? 이 세상의 모든 것들을 배설물로 본다(빌 3:8)고 하였습니다. 여러분은 배설물을 손으로 만질 수 있으십니까? 배설물을 호주머니에다 넣고 다닐 수 있으십니까? 배설물을 내 안방에다 놓고 사시는 분이 있으신가요? 그게 다 죄 덩어리라는 걸 알았기 때문에 사도 바울이 그런 고백을 한 것입니다. 그래서 **우리는 항상 내 마음에 예수님의 마음을 품어야 합니다. 마음을 품는 것이 바로 '마인드 셋'(mindset)입니다. 사고방식과 마음가짐을 다 하나님 앞에**

고정해 놓고 살아가는 것이 매우 중요하고 중요합니다. 예를 들어, 내가 노력하여 번 돈이지만 내 것으로 취하지 않는 것입니다. 또한 내가 노력하여 일궈낸 교회지만 내 교회, 내 왕국으로 취하지 않는 것이에요.

만약에 우리가 이러한 모습으로 삶을 살아냈다면 대한민국에 있는 모든 사람들이 교회에 다 다녔을 것입니다. 전도해야 할 이유가 없습니다. 우리 주변에 있는 사람들이 스스로 자기 발로 교회로 발걸음을 향했을 것입니다. 교회를 다니면서 하나님을 믿고 행복하게 지내다가 천국에 간다는데 누가 교회를 안 오겠습니까? 제가 바깥에 나가서 천만 원을 현금으로 들고 가서 "천만 원 갖고 싶은 사람 있으면 오세요!"를 외치면 과연 그 소리를 듣고는 안 올 사람 있을까요? 아마도 절대로 없을 것입니다. 그런데 그것과 비교할 수 없는 억만 배보다 더 큰 영원한 생명을 주고, 영원히 누릴 수 있는 천국을 가자고 하는데 안 올 사람이 있겠느냐고 말하는 것입니다. 그렇게 좋은 천국을 가자는데 왜 안 오는 것일까요? 그것은 내 말과 행동이 주변 사람들에게 천국에 대한 존재를 불신하도록 만드는 어리석은 역할을 하기 때문에 그러한 현상이 나타나는 것입니다. 결국은 '나' 때문에 그런 일이 생기는 것입니다. 내가 하나님 앞에 잘못 살아서 그런 것입니다. 내가 하나님 앞에 사과 씨를 심어놓고 열매는 수박이 열리길 바라는 잘못되고 그릇된 믿음을 가졌기 때문에 지금의 기독교 신앙이 부정적인 모습이 된 것은 아닌지 진지하게 돌아봐야 될 것입니다.

4. 자기를 비워 종의 형체를 가진다

그럼 이제 말씀을 같이 봅시다. 이 말씀은 제가 너무 은혜가 되어서 제 심령에 항상 새기고 있는 말씀입니다.

오히려 자기를 비워 종의 형체를 가지사 사람들과 같이 되셨고 사람의 모양으로 나타나사 자기를 낮추시고 죽기까지 복종하셨으니 곧 십자가에 죽으심이라 빌립보서 2:7-8

성경에 기록된 말씀 중에 제가 제일 좋아하는 말씀입니다. 저는 예수님이 너무너무 좋습니다. 이런 모습 때문에 예수님이 너무 좋아요. 하나님이신 그분이 종의 형체를 가지시고, 심지어는 사람들처럼 된 것이 아니라 사람들과 같이 되셨고, 사람의 모양으로 나타나셨다는 것입니다. 그러면서 이걸로 끝나는 게 아니라 자기를 낮추시고 죽기까지 아버지 앞에서 복음의 길을 열기 위하여 끝까지 충성을 다하시다가 고난의 완성체인 십자가에서 실제로 죽으신 것입니다. 누구 때문에요? 바로 나 때문에 아무 죄가 없으신 주님께서 죽으신 것입니다. 내 본질적인 자아의 죄 때문에 그 귀하신 예수님이 피 흘리시며 모든 질고의 고통과 간고의 고통과 모욕을 당하시고 죽으신 것입니다. 여러분 때문에, 우리 때문에, 나 때문에 이 모든 죄의 문제를 다 해결해 주시려고 홀로 그 길을 걸어가신 것입니다. 빌립보서 2장 7절~8절 말씀을 좀 더 구체적으로 알기 위하여 제가 영어 성경을 깊이 찾아보았습니다. 여기에 기록된 '자기를 비운다' 이것이 도대체 무슨 뜻일까를 생각해 보면서 찾아보았습니다.

'자기를 비운다'는 영어적 표현으로 'he made himself nothing'입니다. 원문 그대로 예수님은 '자기 자신을 아무것도 아닌 것으로 만드셨다'는 것입니다. 어떻게 하나님이신 그분이 나의 죄 때문에 오신 것도 억울한데, 자기 자신을 아무것도 아닌 것으로 만들 수가 있습니까? 이게 도대체 말이나 되는 소리인가요? 어떻게 그 분이…. 내 못난 자아와 허물 때문에 자기를 스스로 아무것도 아닌 존재로 만들 수가 있다는 것일지 생각만 해도 눈물이 앞을 가리게 만드는 말씀입니다. 그런데 여러분과 저는 우리의 삶 속에서 어떤 모습으로 살고 있나요? 아무것도 아닌 것이 아닌 자존심으로 똘똘 뭉쳐서 살고 있고 고집과 교만으로 살아가고 있는 모습이 우리들의 삶입니다. 그러므로 항상 내가 있고 내 자아가 있습니다. 내 생각이 있고, 내 주장이 있고, 내 욕심이 있고, 내 뜻이 있고, 내 경험이 있고, 자아라는 존재가 늘 살아있습니다.

누구하고 조금 틀어지면 그 자리에서 절교해버리고, 무정 해버리고, 먼저 풀지 않고, 먼저 손 내밀지 않고, 화해하지 않는 모습들 이게 우리의 모습 아닌가요? 그렇게 되면 내가 종의 형체를 가지지 않는다는 것은 내가 자기를 비우지 않는다는 것이고 예수님보다 더 높다는 것을 뜻하는 것입니다. 예수님 그분도 자기를 아무것도 아닌 것으로 만드셨고, 심지어 종의 모습도 가지셨습니다. 그런데 내 경험, 내 생각, 내 능력, 내 자랑, 내 감정을 내세운다면 그게 예수님을 성경대로 믿는 사람이냐고 물어보는 것입니다.

그런데 사도 바울과 같은 완전한 신부들은 성경에 기록된 대로 나를 비우고 종의 형체를 가진 삶을 산다는 것입니다. 그리고 그것이 엄청나게 대단한 것이 아니라, 사도 바울 입장에서는 이렇게 사는 것이 지극히 당연한 거라는 것입니다. 기도를 10시간 하는 게 자랑할 게 아니에요. 그저 은혜 가운데 하나님과 숨을 쉬고 교제하는 건데 10시간은 당연히 하는 겁니다. 금식하고 헌금 많이 하는 게 자랑할 게 아닙니다. 내가 목회자가 됐다고 자랑할 게 아니라고요. **나는 목회자가 될 수 없지만, 목회자의 직분을 주신 하나님께 감사해야 하고, 내가 기도를 10분도 못한 걸 10시간 할 수 있게 은혜를 주신 성령님께 감사해야 한다는 것입니다. 내 생각, 내 경험, 내 능력, 내 감정을 하나님 앞에 내어드리고 성령의 능력을 통해서 하나님의 뜻대로 살 수 있는 것을 감사해야 하는 것입니다.** 그래야 나도 예수님처럼 종의 형체를 받을 수가 있는 것입니다. 직분의 명함은 얻기 쉬워도 종의 신분을 얻긴 어렵습니다.

"주의 종입니다." 말하기는 쉬울 수 있습니다. 하지만 그렇게 말한다고 자기 부인이 될까요? 방금까지만 해도 "제가 하나님의 종입니다."라고 말을 해놓고, 식당에서 종업원이 내가 원하지 않는 다른 메뉴 갖고 왔다고 짜증 내는 자가 바로 죄 된 나의 모습이요, 나의 형체가 되는 것입니다. 그러면 그 사람은 하나님의 종이 아닌 것입니다. 입술로는 믿으나 행위의 능력으로 부인하는 자입니다(딛 1:16). 경건의 모양은 그럴듯하게 보이나, 경건의 능력은 부인하는 자(딤후 3:5), 회칠한 무덤 같은 자(마 23:27), 위선 된 자, 겉과 속이 다른 자, 여전히 하나님을 속여서 하나님을 기만하는 자입니다. 말씀을 보면 하나님을 조롱하는 것이 하나님을 속이는 것이라고 기록되어 있습니다(영어성경 갈 6:7). 'God cannot be mocked.(하나님은 조롱을 받지 않으신다)' 그것이 우리의 모습이 아닌지 심각하게 생각하고 지금 즉시 회개의 자리로 나아가야 합니다.

말씀에 '자기를 낮추시고' 뒤에는 '죽기까지 복종하셨다'고 하셨습니다. 여기서 '자기를 낮추시고'는 영어로 'He humbled himself'입니다. 'humble'이 '자기를 천하게 한다'는 뜻도 있습니다. 그러니까 스스로를 천하게 여기신 것입니다. 예수님 그분이 누구십니까? 그분은 하늘과 땅의 권세를 다 가지신 분입니다. 그분 자체가 하나님이십니다. 그분은 우주와 땅의 권세를 가지신 분입니다. 우리는 누구한테 좋은 거를 양보하면 그것을 인정받고 싶어서 미치려고 하잖아요. 내가 밥 먹을 수 있는 돈을 안 쓰고 참아서 내 친구한테 만 원짜리 밥을 사줬으면 그거를 인정받으려고 혈안이잖아요. 그걸 인정 안 해주면 그냥 절교해버리고. 그게 자기부인된 사람인지 깊이 생각해보아야만 합니다. 그런 모습은 예수님의 제자가 아니에요. 그런데 우리는 '믿노라' 하잖아요. 기도도 합니다. 예배도 드립니다. 그게 무슨 소용이 있습니까? 자기 부인이 안 되는데 이미 소용없는 일들을 계속하는 것에 지나지 않습니다. 가장 중요한 것은 자기부인이 되어야 하는 게 전제 조건입니다. 결국은 자기부인이 된 사람만이 십자가에서 죽을 수 있는 것입니다.

완전한 신부의 삶은 나를 비워서 종의 형체를 가지고, 나를 낮추어서 하나님이 나에게 주신 주변 사람들을 섬기면서 하나님의 말씀에 죽기까지 복종하는 것입니다. 그러면서 내가 지고 있는 내 십자가에서 또 죽는 것을 말합니다. 내 감정, 내 경험, 내 능력이 죽는 것입니다. '날마다 죽는다(고전 15:31)' 이 말씀으로는 부족합니다. 수시로 죽는 것이 완전한 신부의 삶이 될 수 있습니다. 항상 죽는 것입니다. 항상 죽는다는 게 바로 뭡니까? 나를 부인한다는 거죠. 그런데 내가 죽어야 한다는 걸 알아도 실제로 할 수 있습니까? 이 진리를 알면 할 수 있나요? 무슨 도를 닦는 듯이 안 되는 순종 해보겠다고, 안 되는 복종을 해보겠다고 쳐서 복종하는 것으로 언제까지나 지속할 수는 없는 것입니다. 오직 누가 하셔야 가능할까요? 하나님이 하셔야만 가능한 일이 됩니다. 결론을 알려 드리겠습니다. **방법은 오직 말씀과 기도입니다. '내 안에 말씀과 기도가 채워져 있어서 나오는 자연스러운 자기부인'이 되어야 합니다.** 우리 디모데전서 4장 5절 말씀을 봅시다.

하나님의 말씀과 기도로 거룩하여짐이라 디모데전서 4:5

이것이 가장 중요한 핵심입니다. 만약 내가 자기부인이 안 되고, 어떤 사람의 곤고함을 알고도 도와주려 하지 않고 마음을 닫아버렸을 때, 그 사람이 할 수 있는 최선의 방법은 나를 부인하려고 억지 노력을 하지 않으시길 바랍니다. **말씀과 기도를 하나로**

묶어서 영의 기도를 하다 보면 자연스럽게 자기부인이 되는 날이 오게 됩니다. 왜 이런 현상이 생기는 것일까요? 말씀은 지극히 선합니다. 말씀에는 능력이 있습니다. 고로 내가 부인하고 싶지 않아도 영의 기도를 해놓으면 자연스럽게 자기부인이 되는 것입니다. 이렇게 자연스러운 순종은 어떠신가요? 너무 좋지 않습니까? 나를 쳐서, 피를 토하면서 복종하는 것이 아니라 〈읽는 기도〉로 **읽으면서 말씀과 기도를 계속하다 보면 자연스럽게 내 안에 말씀과 성령이 가득 차게 됩니다. 그렇게 내 안에 기쁨이 차고, 내 안에 감사가 차다 보면 얼마나 자기부인하기 쉬워지는지를 각자가 경험해 보시기를 바랍니다.** 오히려 자기부인의 상황이 많아지면 많아질수록 더 좋아지는 역설적인 일이 생기게 될 것입니다. 그래서 성경에 다음과 같은 말씀이 기록되어 있습니다.

> 너희 소유를 빼앗기는 것도 기쁘게 당한 것은 더 낫고 영구한 소유가 있는 줄 앎이라 히브리서 10:34

그러니까 이 말씀에서는 자기부인이 된 자에게 해당되는 하늘의 축복이 되는 것이지요. 또 이런 말씀이 있습니다.

> 너희는 내게 배우고 받고 듣고 본 바를 행하라 그리하면 평강의 하나님이 너희와 함께 계시리라 빌립보서 4:9

하나님 앞에 "평안 주세요." 이런 기도 많이 하지 않습니까?

그 평안이 그냥 오는 게 아닙니다. 하나님의 말씀을 성령으로 읽고 순종으로 받고 그리스도의 마음으로 듣고 본 바를 행하는 사람은 그리스도의 평강이 그 사람을 주장하여 내면의 기쁨과 감사가 넘치게 됩니다. 왜 그럴까요? 성령님이 내 안을 성전 삼아서 계시기 때문입니다. 천국에 가면 성전이 없다(계 21:22)고 합니다. 왜요? 하나님이 성전이시니까요. 더 이상 믿음의 눈으로 보는 것이 아니라 내 안에 성전 삼아 삼고 계신 그 하나님께서 아예 '본체'로 보이는 것입니다.

그러면 말씀과 기도를 해서 우리가 자기부인이 되면 당연히 십자가를 지고 싶을까요, 그렇지 않을까요? 제가 장담하건대 작은 십자가는 안 지고 싶을 것입니다. 십자가가 커지면 커질수록 더 좋아할 겁니다. 나중에 십자가에 깔려 죽으면? 더 좋은 것이죠. 그건 순교잖아요. 십자가에 깔려 죽는 것이 순교입니다. 십자가가 커지면 커질수록 하늘의 영광도 커지겠지만, 하나님이 얼마나 기뻐하시는 줄 아십니까? 그런데 천국 가본 사람들의 증언에 의하면 버려진 십자가가 하늘에 많다고 합니다. 그 얘기를 다른 말로 하면 '자기부인이 안 돼서 육신의 정욕이 올라오게 되어 십자가를 다 집어 던지는 것'입니다. 그럼 자기부인이 되는 사람은 십자가를 어떻게 할까요? 큰 십자가를 지고 가는 것을 넘어섭니다. 저 같은 경우는 요즘 버려진 십자가를 줍는 것이 영적인 취미가 되었습니다. 사람들이 십자가를 다 버립니다. 정말 다 버려요. 자기 부모님도, 자기 가족도, 자기 주변 친구도 조금만 본인과 맞지 않으면 냉정하게 버립니다. 제 눈에 보이는 대로 저는 그것을 다 주워 오는 것입니다. 그래서 또 가서 섬기고, 얘기해 주고, 대화해 주고, 기도해 주고…. 남이 버린 십자가 저희 집으로 다 주워 오고 있습니다. 전 너무너무 행복합니다. 십자가가 너무 많이 버려져 있는데 그걸 주워서 다 제 십자가로 만들면 되니까요. 살아 있는 십자가로 만들고, 생명의 십자가로 만들고, 빛나는 십자가로 만들고…. 그러면 마른 나뭇가지 같은 십자가에서 아론의 싹 난 지팡이처럼 생명력 있게 살아납니다. 예수님의 마음으로 십자가를 지고 가니까요.

5. 내 행위를 내 영이 먹는다

여러분, 우리 하나님은 여러분의 마음도 행위로 보시는 사실을 알고 계시는지요? 제가 음란한 죄 안 지으려고 여름에는 밖에 자주 나가지도 않았습니다. 바다도, 시내도 겁나서 못 나갔습니다. 왜냐하면 내가 사람을 쳐다보고 속으로 어떤 생각만 했어도 그걸 하나님은 행위로 보시는 것을 알았기 때문입니다. 그러면 우리가 마음의 행위와 생각의 행위를 어떻게 통제할 수 있는 방법이 있나요? 그에 대한 대답은 없습니다. 이것은 절대로 못 막습니다. 그러니까 이제 참고 인내하는 것도 한계에 부딪힐 수밖에 없습니다. 입술은 어떻게든 막을 수 있습니다. 그런데 생각과 마음의 행위를 어떻게 조절할 수 있겠습니까? 그건 방법이 없잖아요. 그러니까 여기서부터 이제 일반적인 종교로는 넘어설 수도 없고 절대 안 되는 영역입니다. 인간이 할 수 있는 한계치를 넘어선 곳이라고 해도 과언이 아닙니다.

여러분은 성경에 기록된 대로 예수님은 죄가 없으시다고 했잖아요. 그 말씀이 처음에 이해가 되셨나요? "인간의 모습으로 똑같이 오셨는데 어떻게 인간이 가지고 있는 3대 정욕인 육신의 정욕, 안목의 정욕, 이생의 자랑이 없을 수가 있을까?" 저도 처음에 이해가 안 되었습니다. 그러나 성경에서 예수님은 죄가 없으시다고 정확하게 나와 있어요. 왜 그럴 수 있을까요? 예수님이 사람의 모습으로 나타나신 건 맞지만, 사람과 사람 사이에서 태어난 게 아니거든요. 하나님의 성령으로 잉태되어 태어나신 분이 우리 예수님이세요. 그래서 죄가 없으신 겁니다. 그리고 그분이 하나님 자체, 즉 본체시기 때문에 죄가 들어올 수가 없는 것입니다.

그런데 우리는 어떻습니까? 이미 죄에 오염되어 있습니다. 엄마의 배 안에 있을 때부터 죄에 오염되어 있습니다. 그런 우리의 마음과 생각을 어떻게 할 수 있겠습니까? 만약 내 마음에서 돈 욕심이 안 일어난다고 합시다. 그럼 내 마음에 돈 욕심이 없으니까 내 입으로도 안 나오겠죠. 그런데 조금 다르게 말해보겠습니다. 이번엔 내 마음과 생각에 돈 욕심이 있지만 그걸 입 밖으로 내뱉진 않았다고 합시다. 하지만 이미 마음에서 일어난 건 사실이잖아요? 하나님은 그걸 다 행위책에 기록하고 계십니다. 그럼 이걸 어떻게 해야 합니까? 매일 회개해야 합니까? 물론 회개를 할 수도 있지만, 매일 잊고 사는 것도 너무 많은데 어떻게 하면 될까요? 방법이 하나 있습니다.

이걸 꼭 기억해야 합니다. 항상 어느 곳을 가든지 센 사람 옆에는 약한 자가 붙어있게 되어 있습니다. 이 땅에서뿐만 아니라 온 세상 우주 만물까지 통틀어 가장 센 분이 하나님이시잖아요. 그럼 하나님이 가시는 곳은 거기에서 왕 노릇 하던 놈들이 쫓겨나가게 됩니다. 쉽게 예를 들어, 우리 동네 뒷산에 늑대가 왕이라고 합시다. 그러면 늑대가 토끼도 잡아먹고, 노루도 잡아먹겠죠. 그런데 어느 날 늑대가 왕 노릇 하는 걸 내가 도저히 보기가 싫어서 호랑이 한 마리를 잡아 와서 거기에 풀어놨습니다. 그럼 늑대는 먼저 자기 발로 도망갈 것입니다. 바로 이 원리입니다.

그래서 제가 이 원리를 가지고 생각을 해보았습니다. "도대체 어떻게 하면 내가 죄를 안 지을까? 어떻게 하면 내가 신부의 삶을 살아서 완전한 신부까지 올라갈 수 있을까?" 생각해보니까 그러려면 내 안에 계속 말씀을 채워야 하는데 이게 말씀을 계속 읽어도 안 되는 거예요. 유튜브를 통해서 좋은 믿음이 있는 믿음의 선배들의 말을 듣고 교훈을 얻으면 그 순간은 되는 것 같은데 시간이 좀 지나니까 다시 안 되는 저를 발견하게 되었습니다. 이런 생활이 계속 반복되는 겁니다. 그러다 제가 나름 기도를 해 보려고 노트에다 써 보기도 하고, 말씀도 기록해 보고 하면서 그것을 계속 읽은 것입니다. 그리고 더 나아가서 나도 모르게 수시로 계속 기도하고 하니까 이 문제가 해결되는 것을 알게 되었습니다. **그래서 중요한 게 뭐냐면, 말씀과 기도는 동시적으로 이루어져야 한다는 것입니다.** 말씀 또는 기도가 아닙니다. 말씀과 기도는 수학적으로 말하면 교집합처럼 동시적으로 일어나야 하는 것입니다. 꼭 이 사실을 기억하셔야만 합니다. 그러면 우리는 어디까지 갈 수 있어요? 완전한 신부까지 갈 수 있는 은혜를 입을 수 있습니다. **자 그러면, 우리가 '행위의 열매를 먹는다'는 것은 우리가 하루 종일 살면서 말할 때마다 그 말을 본인이 먹는다는 것을 상기해 보셔야 합니다. 말씀을 한 번 봅시다.**

너희는 의인에게 복이 있으리라 말하라 그들은 그들의 행위의 열매를 먹을 것임이요 이사야 3:10

내 행위를 내 영이 먹고 있다는 것입니다. 그럼 보는 것은 어떨까요? 굉장히 중요합니다. 잘못 보는 것으로 내 생각과 마음에 죄가 들어옵니다. 제가 왜 여름에 바다를 안 갔을지를 생각해보시면 쉽게 정답이 나오게 됩니다. 제가 왜 공포영화를 안 보겠습니까? 공포영화 자체가 마귀가 만들어 낸 악한 영향을 주는 산물입니다. 왜냐하면 공포영화를 통해서 사람들을 겁주고 부정적인 것을 심어주기 때문입니다. 두려움의 영 자체가 바로 마귀가 하는 역할입니다. 사람이 죽을 때 왜 두려워하는 줄 아십니까? 두려움의 영이 그 안에 있다는 것이고, 두려움의 영은 죄로 연결됩니다. 동물들은 죽을 때 안 두려워합니다. 그냥 본능대로 숨이 까딱거리다가 그냥 죽는 것입니다. 그런데 하나님을 진짜 믿고, 죄가 회개 된 사람은 내 안에 두려움의 영은 없고, 하나님의 영만 있게 됩니다. 그래서 죽을 때 웃으면서 죽을 수 있는 기적이 눈앞에서 생기는 것입니다.

그래서 중요한 관건이 있습니다. 완전한 신부는 말씀의 양식인 예수님의 보혈, 예수님의 살이 되는 중요한 양식을 하루도 빠짐없이 계속, 수시로, 항상, 자기 전에도, 자는 동안에도 먹어야 한다는 것입니다. 이 양식을 먹기 위해서는 먼저 하나님 앞에 성령의 불을 지피면 성령의 불과 말씀이 만나서 둘이 함께 작용합니다. **그러면 성령의 불로 말씀을 익힐 수 있게 됩니다. 날것이 아닌 익혀진 말씀을 내가 먹고, 또 소화가 잘 되게 하면 내 영이 힘을 받게 됩니다. 그렇게 되면, 죄가 내 안에 들어온다 하더라도 죄가 힘을 발휘하지 못하겠죠.**

그래서 성령으로 기도하며 말씀을 행하는 자는 분명 겉으론 내가 하는 것처럼 보이지만 말씀의 무게나 계명의 무게나 순종의 멍에는 다 주님이 지고 가시기 때문에 가벼워지는 것입니다. 지극히 작은 계명부터 가장 큰 계명까지 다 지켜도 하나도 안 버겁습니다. 오히려 기쁩니다. 여러분께서도 나중에 저처럼 십자가를 주우러 다니는 게 취미가 될 수도 있습니다. 다들 십자가를 쫓아다니는 거예요. 지나가다 어려운 사람 있으면 도와주면 되고, 지나가다 힘든 사람 있으면 옷 벗어주면 되고, 신발 없으면 신발 벗어주고 맨발로 오면 됩니다. 얼마나 기쁩니까? 맨발로 한번 걸어보고 싶지 않으십니까? 뺏기는 게 아니에요. 영원한 하늘에 쌓게 되는 것이니 너무너무 행복한 것입니다. 그거는 완전히 이 세상과 반대로 살아가는 거예요. 그게 겉으로는 내가 하는 것처럼 보이지만 실상은 내 안에 성령님이 다 하시는 것입니다.

이러한 사실이 자연스럽게 믿어지는 게 아니라 그냥 인식이 그렇게 되는 것입니다. 이제는 믿어지는 믿음도 거뜬히 넘어서야 합니다. 그러면 자연스럽게 이 모든 것을 이루어 낼 수가 있습니다. 그렇게 잘 먹고 잘 큰 신부의 모습을 생각해보세요. 에스더 말씀에서 보면 왕이 에스더를 보고 '매우 사랑스러우므로(에 5:2)'라고 하잖아요. 그것과 똑같이 하나님이 보실 때 신부의 자태가 너무너무 예쁜 거예요. 하나님이 기쁨을 이기지 못하신다니까요(습 3:17). 제가 하나님이 이기지 못하는 게 하나 있다고 했잖아요. 하나님은 완전한 신부의 삶이 주는 기쁨을 이기지 못하십니다. 그래서 나를 내려놓는 걸 넘어서서 불완전한 내 자아를 내어드리고, 주님이 하시게 만들면 되는 것입니다. 내가 하려고 하니까 일이 힘들어지는 것입니다. 그런 원리를 잘 기억해서 살면 자연스럽게 될 수 있으실 것입니다.

6. 자기 보석으로 단장하는 삶

자, 마지막으로 완전한 신부에 관한 말씀을 찾아봅시다.

> 내가 여호와로 말미암아 크게 기뻐하며 내 영혼이 나의 하나님으로 말미암아 즐거워하리니 이는 그가 구원의 옷을 내게 입히시며 공의의 겉옷을 내게 더하심이 신랑이 사모를 쓰며 신부가 자기 보석으로 단장함 같게 하셨음이라 이사야 61:10

내가 여호와로 말미암아 크게 기뻐하면, 완전한 신부의 옷이 주어집니다. 물론 신부들도 각각의 반열이 있는데, 지금 제가 말씀드리는 것은 완전히 자기부인이 된 신부를 말하는 것입니다. 이사야 말씀에 기록된 대로 '구원의 옷'을 입은 사람이 또 어떤 옷을 입을 수 있나요? 바로 '공의의 겉옷'을 입는 것입니다. **'공의의 겉옷'의 영적 이미지는 성령의 도우심으로, 전적인 나의 순종적인 삶 가운데 입는 옷을 의미합니다. 말씀대로 사는 것을 말하는 것이지요.** 그런데 말씀대로 살려면 내 자아가 있으면 가능합니까? 내가 부인되어야 하잖아요. 내가 부인된 사람이 어떤 사람인가요? 겸손한 사람입니다. 내가 비워진 아름다운 사람이 되는 것입니다. 내가 예수님처럼 종의 형태가 되는 것입니다. 목사라고 해서 하나님의 종이 아닙니다. 여러분도 하나님의 종이 될 수 있습니다. 왜냐하면 목사라는 건 세상에서 부르는 타이틀인 것이고 여러분도 하나님 말씀대로 비워져서 종의 형체를 가지면 하나님의 종이 되는 것입니다.

이사야 말씀 마지막에 '신랑이 사모를 쓰며, 신부가 자기 보석으로 단장한 것 같게 하셨음이라'고 했습니다. **신랑이신 예수님은 거룩과 겸손한 사모를 쓰고 계십니다. 그런데 신부는 자기 보석으로 단장하는 것입니다.** 여기서 나오는 자기 보석의 영적인 의미는 너무나도 많은데 저는 이렇게 생각합니다. '자기 보석'이라는 건 되게 아름다운 것이고 빛나는 것이잖아요. 그러면 하나님의 눈으로 보셨을 때도 아름답고 빛나는 그 보석이 있습니다. 베드로전서 2장 19절 말씀을 봅시다.

부당하게 고난을 받아도 하나님을 생각함으로 슬픔을 참으면 이는 아름다우나 벧전 2:19

그러니까 애매히 고난을 받았는데 거기서 화내는 게 아니라 하나님을 생각해서 참으면 그 행위가 하나님이 보시기에는 아름다운 것이라고 말씀하십니다. 즉, 애매히 고난을 받아도 하나님을 생각하여 슬픔을 참으면 그것도 자기 보석이 될 수 있는 것입니다. 왜일까요? 아름다운 것이니까요. **결국은 말씀대로 사는 모든 삶이 자기 보석으로 단장하는 아름답고 거룩한 삶입니다.** 그리고 말씀에서 보셨듯이 신랑의 사모와 신부의 보석은 동시에 이루어지는 것입니다. '신랑이 사모를 쓰며' 그리고 '신부가 자기 보석으로'라고 나와 있잖아요. 신랑과 신부가 하나가 되어서 움직이는 것이지요. 이제 신부의 옷은 가장 큰 권세가 있는 하늘의 드레스가 되는 것입니다. 그냥 세마포 옷, 성도의 옳은 행실이 아닙니다. 예수님과 신부가 완전히 하나가 되어서 움직이는 것입니다. 여기에 적용할 수 있는 말씀이 요한계시록에 나와 있습니다. 다시 한번 말씀을 봅시다.

그 성의 성곽의 기초석은 각색 보석으로 꾸몄는데 첫째 기초석은 벽옥이요 둘째는 남보석이요 셋째는 옥수요 넷째는 녹보석이요 다섯째는 홍마노요 여섯째는 홍보석이요 일곱째는 황옥이요 여덟째는 녹옥이요 아홉째는 담황옥이요 열째는 비취옥이요 열한째는 청옥이요 열두째는 자수정이라 요한계시록 21:19-20

말씀을 보면, '성곽의 기초석은 각색 보석으로' 꾸며졌다고 기록되어 있습니다. 각색 보석이 처음에는 벽옥부터 시작해서 열두째는 자수정이라고 하잖아요. 그게 하나님의 시선으로 보시기엔 무엇이겠습니까? 믿음의 보석, 소망의 보석, 애매히 고난을 받으며 하나님을 생각하고 참은 아름다운 보석, 신부가 세상에서 예수님과 함께 삶을 살면서 행했던 행함의 보석, 생각의 보석, 마음의 보석들인 것입니다. **모든 것들이 천국집의 보석이 되고 그것이 그 사람의 특징과 어울리도록 지어질 것이고 그 사람의 반열에 맞게 지어질 것이며 그 사람이 자기를 부인한 만큼 온전하게 하늘로 올라가서 보석의 색깔과 모양이 각각 달라지는 것입니다.** 천국집은 처음부터 끝까지 모양이 다 다릅니다. 왜냐하면 사람마다 생각이 다르고, 마음이 다르고, 믿음의 모양이 다르고, 소망의 무게도 다르고, 사랑의 무게도 다릅니다. 또한 기도의 양도 다르고, 기도의 중심도 다르고, 기도의 모양도 방법도 다릅니다. 예수 그리스도의 십자가의 보혈과 부활의 믿음을 믿는 말씀을 기준으로 모든 것이 각각 다른 것입니다. 그렇게 각기 다른 믿음의 보석으로 신부가 자기 단장을 해서 쌓아 올리는 것이 천국집이요, 천국의 거대한 성이 되는 것입니다.

그러니까 신랑 되시는 예수님이 주신 말씀의 보석으로 오늘도 내 입술을 가꾸고, 오늘도 내 눈을 가꾸고, 오늘도 내 손과 발을 가꾸는 것입니다. 입술을 가꿔서 남을 비난하고 정죄하는 입술이 아니라 생명을 살리고, 사랑하는 말을 하고, 온유한 말을 하고, 격려하는 말을 하고, 찬양하고, 기도하고, 복음 전하는 입술이 되는 것입니다. 내 눈을 단장해서 나쁜 것들을 보지 않고 죄 된 것을 거룩한 내 눈에 담지 않으려고 지혜롭게 대처하는 것입니다. 그래서 주님의 뜻에 맞게 주님의 마음이 있는 곳에 시선을 둘 수 있는 눈, 믿음의 눈, 사랑을 가진 눈, 긍휼을 가진 눈, 온유를 가진 눈이 되는 것입니다. 그렇다면 내 귀는 단장할 필요가 없겠습니까? 내 귀도 단장해서 세상의 소리를 듣지 않고, 죄 된 소리를 듣지 않는 것입니다. 제가 소리를 듣는 것 자체도 먹는 것이라고 말씀드렸잖아요. 이러한 영적인 작용이 얼마나 무섭습니까? 이러한 것을 알게 되었을 때 어떻게 함부로 말할 수 있겠습니까? 함부로 드라마를 보고 영화를 볼 수 없는 이유는 내 영을 더욱 온전하고 깨끗하게 지켜야 하기 때문입니다. 소리 자체가 다 우리 영이 먹는 것이므로 우리는 살아가면서 항상 주의하고 또 조심하여야만 합니다.

하나님의 음성을 들으려고 하는 내 귀를 단장하고, 내 영의 귀를 열어서 하나님의 소리를 듣고 살아가려고 하는 삶을 살아 보시기를 권면해 드립니다. 이것이 바로 자기 보석으로 꾸민 완전한 신부의 거룩하고 아름다운 삶입니다. 그럼 내 손과 발을 단장해서 자기 유익을 위해 살지 않고, 그리스도의 손과 발이 되어서 남을 위해 희생하고, 사랑하고, 울어주고, 기도해 주고, 함께 동행해주며 용서하는 삶을 살아가야 합니다. 이게 바로 완전한 신부의 삶입니다. 내 입술로 말하는 것이 예수님의 말씀이 됩니다. 내가 보는 것이 예수님의 시선이 되고, 내가 듣는 것이 예수님의 귀가 됩니다. 내가 손으로 움직이고 발로 걷는 것이 예수님의 손과 발이 돼서 사랑으로 완성하고 사랑으로 만드는 것입니다. 여러분, 오늘도 말씀과 기도로 예수님을 생각하고, 단장하는 삶을 살아가야 하지 않겠습니까? 저는 여러분들한테 이렇게 얘기하고 싶습니다.

> "나의 마음이 예수님의 마음이 되고, 나의 생각이 예수님의 생각이 되고, 나의 입술이 예수님의 입술이 되고, 나의 귀가 예수님의 귀가 되고, 나의 손과 발이 예수님의 손과 발이 되어 살아가는 삶"

이것이 신부가 보석으로 단장한 완전한 신부가 살아가는 거룩하고 최고의 아름다운 삶이 되는 것입니다. 그렇게 큰 꿈을 갖고 살아가려면 자기를 부인하고, 날마다 자기 십자가를 지고 따라와야겠죠? 그런데 그걸 억지로 하는 게 아니라 내 마음의 중심을 다 해서 하나님을 사랑하고, 영혼을 사랑하는 마음으로 말씀과 기도를 하다 보면 그렇게 된다는 것입니다. 그래서 매일매일 정시 기도 꼭 하시고, 유튜브에 녹음된 기도도 수시로 들으세요. 왜냐하면 듣는 것이 곧 먹는 것이니까요. 오직 하나님의 말씀을 기준으로 성경에 나와 있는 것을 그대로 믿는 어린아이처럼 순수한 신앙을 가지고 '신랑이 사모를 씀과 같이 신부가 자기 보석으로 단장하는 것처럼' 살면 완전한 신부의 반열까지 올라갈 수가 있습니다. 우리 여기까지 올라갈 수 있는 여러분들이 되시기를 주님의 이름으로 축복합니다. 우리 함께 하나님 앞에 이런 기도를 합시다.

하나님의 말씀을 받아 올려 드리는 영의 기도

"하나님 제가 지금 성도가 안 됐으면, 성도가 되게 해주시옵소서.
그리고 성도의 반열을 넘어서서 신부의 반열로 들어가게
인도해 주시옵소서. 신부의 반열에서 온전히 자기부인이 되고
온전히 내 십자가를 지고, 말씀과 기도의 양날의 검을 가지고
하나님 앞에서 마음껏 살아갈 수 있는 완전한 신부가 되게 하여
주시옵소서. 대제사장인 완전한 신부의 마음은 지성소 골방이요,
지성소는 우리 주님이 계신 영광의 보좌이십니다. 그리스도를
위한 삶이 의가 되게 하여 주시고 아름다운 신부의 모습으로
빚어 주시옵소서. 우리 주님이 공중 강림하실 그때에 가장 먼저
거룩한 신랑을 맞이할 수 있는 최고의 신부된 삶으로 살게 하여
주시옵소서. 나를 다스려 주시고 사랑해 주신 나의 신랑 되신
예수님의 이름으로 온 마음과 정성을 다하여 기도합니다. 아멘."

설교영상

완전한 신부의 비밀
♛

1. 신부가 드리는 영의 기도

오늘은 '완전한 신부의 비밀'이라는 제목을 가지고 말씀을 전하겠습니다. 오늘 말씀이 다 중요하니까 최대한 하나님 앞에 성령 가운데 이해하고, 성령으로 마음에 새기고, 성령으로 생각의 법에 잘 두어서 실제 삶 가운데 적용하는 귀한 열매를 맺는 그런 우리들의 모습이 될 수 있도록 하길 바랍니다. 여러분, 봄 하면 어떤 시즌입니까? 예전에는 봄 하면 결혼하는 시즌이었습니다. 우리가 결혼을 한다고 초대를 받아서 예식장에 가게 됐을 때, 그 예식장에서 정말 중요한 게 누구죠? 신랑과 신부 중에 '신부'에 포커스를 더 많이 맞춥니다.

그래서 신랑은 앞에 나와 있지만, 신부는 사람들의 눈에 보이지 않는 곳에 있습니다. 많은 사람들이 신부를 보고 싶어 합니다. 그래서 신부가 입장할 때 모든 사람들의 시선이 신부에게 향하게 됩니다. 이와 마찬가지로 우리 예수님도 신부를 얼마나 사랑하시냐면 신부를 많은 천인에게 보이고 싶으신 것입니다. 그래서 요한계시록 21장 9절에, "이리 오라 내가 신부 곧 어린 양의 아내를 네게 보이리라" 계 21:9 라고 말씀하셨잖아요. 어린 양, 예수 그리스도, 즉 하늘의 권세를 가지고 땅의 권세를 가지신 그분의 신부가 어떤 사람인지 모든 천인들이 궁금해한다는 것입니다. 그런데

"우리가 구원받았다."라고 입으로 고백하는 것만으로 신부가 될 수 있는 게 아닙니다. 다음 말씀에 나오는 신부의 권한을 봅시다.

> 성령과 신부가 말씀하시기를 오라 하시는도다 듣는 자도 오라 할 것이요 목마른 자도 올 것이요 또 원하는 자는 값없이 생명수를 받으라 하시더라 계 22:17

이 말씀은 하나님이신 예수님이 말씀하시는 것입니다. 그런데 얼마나 신부의 신분을 높여주시냐면 성령과 신부를 묶어서 동시에 '말씀하신다'라고 표현을 하는 것입니다. 그러니까 이게 얼마나 어마어마한 권세입니까? 요한계시록 21장 9절에서 '어린 양의 신부를 보이리라'라고 말씀하시고, 22장 17절에서 '성령과 신부가 말씀하시기를'이라 하셨습니다. 주님께서 이 신부를 얼마나 자랑하고 싶었으면 천국에서 '보이리라' 하시고, 권한이 얼마나 대단하면 '성령과 신부가 말씀하신다'는 표현을 쓰셨겠습니까? 가히 상상하기도 힘든 이 권세를 가진 신부가 과연 어떤 반열이고 얼마나 큰 위엄 가운데 있는지를 오늘 말씀을 통해서 살펴볼 것입니다.

여러분들은 '성막과 지성소 기도' 설교를 통해 신부의 반열에 진입한 자들이 드릴 수 있는 지성소 기도에 소망을 갖게 되셨을 것입니다. 그런데 아직도 많은 분들이 '도대체 지성소 안에 들어가서 기도한다는 게 정확하게 무엇인지' 궁금하실 것이라고 생각합니다. 지성소 기도를 하기 위해서는 먼저 우리가 신부가 드리는 영의 기도의 원리에 대해 알아야 합니다. 로마서 8장 34절 말씀을 통해서 정확히 구분해봅시다.

> 누가 정죄하리요 죽으실 뿐 아니라 다시 살아나신 이는 그리스도 예수시니 그는 하나님 우편에 계신 자요 우리를 위하여 간구하시는 자시니라 로마서 8:34

예수님은 '간구하는' 분이십니다. '간구했던', '간구할 것'이 아니라 '간구하는'이라는 건 현재 진행형의 의미입니다. 그러니까 예수님은 지금도 간구하고 계신 것입니다. 그래서 우리가 '예수님의 이름으로 기도한다'고 했을 때, **실제로 그 기도를 예수님께서 간구하심으로 아버지께 직고하는 역할을 하십니다.** 그래서 제가 〈읽는 기도〉 중 예수님의 보혈기도에서 '이 기도는 예수님이 중보하시는 기도입니다. 그래서 땅에 떨어지지 않고 하늘에 상달됩니다.'라고 쓴 부분이 위 로마서 말씀에 착안해서 써놓은 것입니다. 하지만 중요한 것이 또 있습니다. 예수님께서 우리의 기도를 간구를 해 주신 건 맞는데 **하나님께서 기도로 응답해 주시기 어려운 기도가 있다는 것입니다. 그게 바로 뭐냐면, 죄와 섞인 육의 기도입니다.** 그런 육의 기도를 하다 보면 '예수님의 이름으로 기도했습니다.'라고 했어도 하늘에 상달이 안 됩니다. 하나님이 듣기는 하시겠죠. 하나님은 모든 걸 다 알고 계시니까요. 하지만 하나님께서 듣기는 하시지만 그것이 은혜로 상달도 안 되고 하늘의 보화로 쌓이지도 않는 것입니다. 왜 그럴까요? 하나님은 영이

시기 때문입니다.

예를 들어보겠습니다. 여러분, 우리나라와 가까운 일본을 가더라도 우리나라 돈을 가져가면 사용할 수 있습니까? 우리나라에선 확실히 돈의 역할을 하는데 일본에서는 돈으로 적용이 안 됩니다. 이 돈을 일본에서 사용하려면 환전을 해서 가져가야만 합니다. 즉, 내가 예수님의 이름으로 기도한다고 해서 다 기도하는 대로 되는 게 아닙니다. 예수님의 이름으로 기도를 하고 이 기도가 하늘에 올라갈 수 있도록 환전이 되도록 영으로 기도해야 합니다. **'영'으로 기도한다고 할 때의 '영'은 바로 성령입니다. 그래서 성령님이 내 안에 계셔서 성령으로 기도하지 않으면 절대로 기도가 상달되지 않습니다.** 그럼 환전이 되지 않는 육의 기도를 많이 하는 사람은 어떻게 될까요? 기도 많이 할수록 주님 앞에서 죄를 짓는 행위를 하게 되는 경우가 많습니다. 그게 바로 누구였습니까? 바리새인이었죠. 바리새인들은 사람들한테 보이는 데서 기도를 많이 하면서 인정받고 싶어 했습니다. **인정받고자 하는 기도는 다 육의 기도입니다.** 우리는 이것을 기억해야 합니다. 그래서 주님이 하늘보좌에서 뭐라고 중보하시는지 알려 드리겠습니다. "아버지여 저 아들, 저 딸은 내 피로 모든 죄를 씻김 받고 말씀으로, 영으로 기도하고 있나이다. 이 기도를 받아주소서."라고 아버지께 바로 직고하시는 겁니다.

그러면 '죽으실 뿐 아니라 다시 살아나신 예수님의 부활(롬 8:34)'은 무슨 의미일까요? 사람들은 부활은 그냥 '살아났다'는 것만 생각합니다. 하지만 예수님의 부활은 성소에서 지성소로 옮겨서 기도할 수 있는 믿음도 포함됩니다. 그 이유는 예수님이 대제사장 되셔서 십자가에서 나의 죄를 해결하시고 부활하셨기 때문입니다. **그래서 우리는 예수님의 부활 때문에 지성소 안으로 들어가서 기도할 수가 있게 되었습니다.** 지성소의 언약궤 안에 십계명을 새긴 언약의 두 돌판이 있었습니다. 그런데 이 돌판을 우리는 마태복음에서도 찾아볼 수 있습니다.

> 그러므로 누구든지 나의 이 말을 듣고 행하는 자는 그 집을 반석 위에 지은 지혜로운 사람 같으리니 비가 내리고 창수가 나고 바람이 불어 그 집에 부딪치되 무너지지 아니하나니 이는 주추를 반석 위에 놓은 까닭이요 마태복음 7:24-25

이 반석이라는 곳이 바로 바위이고 이 바위를 떼어낸 것이 바로 돌판입니다. 그러니까 이 말씀을 반석에 새겨서 말씀을 삶 가운데 그대로 살아내는 자는 지성소 안에 들어가서 기도하는 것을 의미합니다. 왜일까요? 그곳에 예수님이 계시고 언약궤 안에는 돌판이 있으니까요. 그래서 말씀을 듣고 행한다는 게 굉장히 중요한 것입니다. **우리가 기도만 해서 지성소로 들어가는 게 아니라 기도에 더해서 말씀의 돌판을 내 마음과 생각 판에 새기면서 삶의 판에 기록해 놓은 사람이 지성소로 들어가는 것입니다.** 그런 자들은 홍수가 나도 절대로 무너지지 않습니다. 우리는 예수님의 십자가의 보혈로 구원을 받은 것이지 행위로 구원받는 게 아닙니다. 하지만 행위는 내 자아를 거룩해지는 과정으로 만들 수는 있습니다. 행위로 구원받는 건 아니지만 이 성화 과정을 통해서 예수님 모습과 하나님의 뜻을 우리가 하나님 앞에 이뤄낼 수가 있습니다.

2. 지성소 기도로 들어가는 방법

어떤 분이 이렇게 물어보십니다. "방언 많이 하면 지성소 기도로 들어갈 수 있나요?" 물론, 도움은 될 수도 있죠. 왜냐하면 그것도 성령에 사로잡히는 현상 중의 하나니까요. 하지만 그렇다고 방언 못 하면 지성소로 못 들어가나요? 방언을 못 하면 성령께 더 사로잡히지 못한 것이 되고 그럼 지성소로 못 들어간다고 생각할 수도 있잖아요. 그러면 방언 못 하는 사람들은 그리스도의 신부가 되지 못하는 것입니까? 아니에요. 절대로 그렇지 않습니다. **방언을 하지 못 해도 얼마든지 지성소로 들어갈 수 있는 방법이 있습니다.** 이것을 많은 사람들에게 알게 하려고 오늘 미천한 저를 통해서 이 설교를 하는 은혜를 주셨습니다.

먼저 지성소로 들어가는 기도가 무엇인지 말씀드리겠습니다. 성소와 지성소의 공통점이 무엇이라고 했나요? 바로 거룩입니다. **거룩은 '세상과 구별된 것'입니다.** 여러분 여기서 착각하시면 안 됩니다. "저는 세상이 싫습니다. 상처받기도 싫고, 세상과 멀리하겠습니다." 이런 것이 아닙니다. 속세를 떠나는게 아니에요. 그리스도인이 세상을 등진다는 것이 뭔지 아십니까? 이 세상 자체는 본래 하나님이 만드셨지만 이 세상에는 공중권세 잡은 마귀가 존재합니다. 그 마귀가 인간의 3대 정욕인 육신의 정욕, 안목의 정욕, 이생의 자랑을 자극합니다. TV 방송에서 나오는 것도 다 그세 가지 재료를 놓고 만든 것들 아닙니까? 방송에서 사람들이 집자랑, 차 자랑을 하면서 자신의 부유함을 자랑하면 돈이 없는 사람한테는 얼마나 큰 실망이 되고 상처가 되겠습니까? 마귀가 사로잡고 있는 이 세상은 지금 자랑하고 뽐내는 방식으로 움직입니다. 앞에서 말한 세상과 구별되는 거룩은 바로 이런 세상과 구별되는 거룩을 말하는 것입니다. 이 거룩이 바로 하나님이 주시는 거룩입니다. 우리가 어떤 행함을 하고 수련을 하고 무엇인가 노력을 해서 거룩해지는 게 아닙니다. **내 안에 성령께서 들어오시고, 내 안에 말씀이 채워지고, 내 안에 그리스도의 성품으로 되었을 때 그때 비로소 우리는 거룩하다고 할 수 있는 것입니다.**

그런데 거룩은 우리 스스로 할 수 없습니다. 하나님이 해주셔야만 합니다. 그러면 우리가 할 수 있는 건 뭘까요? 하나님의 은혜를 영의 기도로 받는 것입니다. 배고픈 사람이 할 수 있는 게 무엇입니까? 누가 먹을 걸 주면 받아서 먹으면 되는 거예요. 그걸 못하니까 못 먹고 또 배고파지는 것입니다. 말씀에서 '너희들이 마음의 문을 열면 내가 그의 안으로 들어가 나도 그와 함께 더불어 먹는다 계 3:20'고 했습니다. 일단 하나님이 내 안에 들어오셔서 하는 역할이 무엇인지 아십니까? 우선 우리를 먹이십니다. 엘리야가 죽음의 그림자에 몰려서 나무 밑에 앉아 있을 때 하나님이 까마귀로 하여금 먹을 것을 주셨습니다(왕상 17:6). 엘리야에게 맞게 하나님이 움직이신 것처럼 우리 예수님도 내 안에 들어오셔서 먼저 나한테 첫 번째로 하시는 것이 바로 먹게 하는 것입니다. '예수님을 믿는다'는 영적인 의미는, 내 영이 굶주렸다가 예수님의 피와 살을 그제야 먹고 이제부터는 하나님의 뜻대로 살아간다는 의미가 되는 것입니다. 만약에 내가 70살에 예수님 믿었다면, 한 살부터 시작해서 70살까지 영이 굶주린 것입니다. 그런 사람한테 예수님이 얼마나 당신의 피와 살을 먼저 먹게 하시고 싶겠습니까?

따라서 내 안에 성령께서 들어오시고, 내 안에 말씀이 채워지고, 내 안에 그리스도의 성품으로 되었을 때 그때 비로소 우리는 거룩하다고 할 수 있는 것입니다. 그러면 도대체 어떻게 해야 이것을 이룰 수 있는지 고민이 될 것입니다. 어떻게 해야 하는지 알려 드리겠습니다. 저희가 예수님을 믿고 회개를 하면 성령을 받을 수 있습니다. 구원을 받는 동시에 성령을 받습니다. 성령님이 누구십니까? 예수 그리스도의 영입니다. 2,000년 전, 예수님께서 십자가 사역을 하기 전에는 제자들 옆에만 계셨습니다. 그런데 예수님이 승천하신 다음에는 동시적으로, 성령으로 시간과 장소를 초월해서 동시에 계실 수 있게 되셨습니다. 그럼 어떻게 하면 내 안의 성령님을 활성화시킬 수 있을 것인가가 관건이잖아요. 우리가 받은 성령을 마귀가 뺏어가지는 못하지만 유혹을 합니다. 그래서 내 자유 의지를 가지고 성령님을 밀어내거나 성령님의 손을 잡고 있는 걸 놓을 수는 있는 것입니다. **마귀는 뺏을 수 없습니다. 하지만 그것을 놓도록 유혹은 할 수는 있습니다.** 여기서 중요한 건 '말씀을 안다'고 해서 지킬 수 있는 건 아닙니다. 창세기로 한번 가보겠습니다.

선악을 알게 하는 나무의 열매는 먹지 말라 네가 먹는 날에는 반드시 죽으리라 하시니라 창세기 2:17

창세기에서 아담과 하와에게 선악과를 따먹으면 '반드시 죽을 것이라'고 하나님이 말씀하셨습니다. 둘은 분명히 하나님의 말씀을 알았습니다. 그런데도 마귀의 유혹에 넘어갔습니다. 즉, 말씀을 안다고 해서 죄를 안 짓는 게 아닙니다. 말씀을 아는 것도 중요하지만 말씀대로 살 수 있는 힘이 더해져서 결국 죄를 안 짓는 게 더 중요합니다. **그러면 죄를 안 짓게 하는 원동력이 뭘까요? 그게 바로 성령님입니다. 그 성령님을 우리는 기도해야 받을 수 있습니다.** 예수님을 믿고 회개해야만 성령을 받을 수 있다고 말씀드렸습니다. 그리고 하나 더 있습니다. '순종하는 자에게 성령을 주신다(행 5:32)'는 표현이 분명히 성경에 나옵니다. **그러니까 내가 하나님의 말씀을 계속 순종을 하다 보면 성령님이 계속 채워지는 것입니다.**

성령의 기름이 채워지는 거예요. 그러면 내 안이 성령의 힘으로 다스려지고 지배받게 됩니다. 성령님이 내 주권을 갖게 되십니다. 그러면 죄가 내 앞에 떡하니 나타나도 안 넘어갑니다. 만약에 아담과 하와에게 성령의 힘이 주관하는 능력이 더 강했다면 둘은 거기서 죄를 짓지 않았을 것입니다. 그래서 우리가 말씀 공부하고 선교하고 전도한다고 해서 죄를 안 짓는 게 아닙니다. 예수님을 믿고 회개해서 거룩한 삶을 계속 살아내는 가운데 기도가 끊이지 않았을 때 가능한 것입니다. **영으로 성령으로 말씀으로 하는**

기도가 끊이지 않았을 때. 그때 우리는 죄를 이길 수 있는 것입니다. 거기에 있는 자들이 바로 성소에 있는 사람들인 성도입니다.

우리가 세상에서 만약 공부를 열심히 해서 수학을 90점 정도 맞은 경우에는 다음 시험에서 100점도 도전해 보고 싶어질 수가 있습니다. 그것과 비슷하게 성소에 있는 성도들도 더 하나님 앞으로 가고 싶어 합니다. 그래서 신약에는 '침노'라는 표현을 쓰는데 이는 영어로 'invade' 즉 한국어로 '침략한다'는 뜻입니다. 내가 어떤 것을 침략하려면 내 주변, 내 뒤에 있는 상황을 볼 수가 없습니다. 침략하려면 앞만 보고 나가야 합니다. 그러니까 푯대를 향해서 전진해 나아가야 하는 겁니다. 이걸 생각해서 침노하며 나아간다면 성소에서 지성소로 옮길 수 있는 것입니다.

다시 말해 거룩의 단계에서 '더 온전한 거룩'으로 들어가면 지성소로 들어갈 수 있습니다. 여기서 '더 온전한 거룩'이 뭘까요? 바로 지극히 작은 죄에 예민한 것입니다. 예를 들어보겠습니다. 밝은 새 옷을 하나 샀다고 합시다. 그리고 그 옷을 입으면 절대로 짜장면집, 김치찌개 집 이런 데 못 갑니다. 새 옷을 샀으면 그 옷을 입고 카페같이 깔끔하게 먹을 수 있는 곳을 가겠죠. 다른 예시를 들어보겠습니다. 새 차를 사면 긁힐까 봐 정말 조심해서 운전합니다. 이런 게 바로 '더 온전한 거룩'입니다. 점 하나도, 흠 하나도 용서하지 못 하는 것입니다. 내 하얀 새 옷에 볼펜 자국 하나 찍히면 안 되는 것입니다. 더, 더, 더 죄에 예민한 것을 말합니다. "너 하는 거 보니까 너무 유별해. 너무 광신도 같아." 이렇게 말하는 사람이 왜 그렇게 말할 수 있는지 아시나요? 자기 옷이 깨끗하지 않은 것입니다. 죄에 예민하지 않기 때문에 그런 말을 할 수밖에 없는 거예요.

이렇게 더 온전한 거룩을 갖게 되면 성소에서 지성소 안으로 들어갈 수 있습니다. 즉, 하나님의 말씀에 너무 순종하고 싶어지는 마음입니다. 그리고 하나님의 뜻에 복종하는 것이 너무 기쁜 것입니다. 내 생각, 내 경험, 내 뜻은 없어도 됩니다. 오직 하나님의 생각, 하나님의 말씀, 하나님의 뜻에 따라 살고, 하나님이 내 삶의 가장 우선순위가 되고, 하나님이 내 생각과 마음의 기준이 됩니다. 이런 사람들이 지성소에서 하나님이 인정하시는 반열에 들어가 있는 것입니다. 그것이 꼭 마음먹기에 달려 있지는 않습니다. 내 안에 성령께서 그렇게 이끌어주시는 동시에 내 자유의지와 함께 합해져서 함께 들어가는 것입니다. 성령께서 떠미는 것도 아니고, 내 의지로만 갈 수 있는 게 아닙니다. 내가 성령께 의지해서 성령의 불이 내 안에 계시는 동시에 '저는 더욱더 하늘을 침노하고 싶어요.'라고 내 자유의지를 하나님께 올려드리는 것입니다. 그때 이제 세상을 내려놓고 온전한 거룩의 반열로 들어가게 되는 것입니다.

그래서 우리 기독교가 정의하는 '세상을 내려놓는다'라는 건 무슨 뜻입니까? 내가 하나님 앞에 세상의 욕심을 내려놓고, 예수 그리스도의 복음을 들고 세상으로 다시 들어가는 것입니다. 하지만 다른 종교는 진짜 세상에서 벗어나 산속으로 들어가잖아요. 그건 종교입니다. 우리가 '세상을 내려놓는다'는 건 전혀 다릅니다. 내 욕심, 내 생각, 내 경험을 내려놓고, 하나님의 생각과 말씀으로 가득 채운 다음에 다시 세상으로 들어가서 하나님께서 그들을 구원하시는데 나를 사용하게끔 하십니다. 구원하시는 하나님의 안내자가 되고, 종이 되어 나를 내어드리는 것입니다.

그렇다면, 지성소 안에 들어가는 그 기도는 어떤 기도일까요? **예수 그리스도의 십자가를 바라보고 지성소 안에 있는 주님을 사랑하는 마음을 담아 온 마음과 정성을 담아 기도하는 것입니다.** 그래서 우리는 자랑할 게 예수님밖에 없습니다(갈 6:14). 정말로 세상 것이 배설물로 보이는 것입니다(빌 3:8). 지성소 안에 있는 신부들은 예수님의 마음을 알고 있습니다. 또 주님과 함께하는 기도를 합니다. 주님과 함께하는 기도는 당연히 성령님과 동행하는 기도겠죠. **나는 '성령님과 동행한다'고 하는데, 성령이 내 안에 안계시는 경우가 너무 많습니다. 급해서 혼자 막 나가고, 내 마음대로 빨리빨리 성질 급하게 막 행동해버릴 때가 너무 많잖아요.** 이거는 성령과 동행하는 게 아닙니다. 성령님께 하나하나 물어가면서, 말씀을 봐가면서 나가는 것이 동행입니다. 그래서 지성소 안의 기도는 하나님과 깊은 친밀함을 만드는 기도가 될 수밖에 없어요. 친밀한 게 바로 무엇인가요? 하나님이 직접 말씀하신 말씀입니다. 그래서 말씀으로 기도하는 게 너무 중요한 것입니다. **말씀에 성령의 불이 붙어서, 아버지와 아들과 하나가 되어 내 안에 운행하게 만들고, 믿음이 행함과 함께 순종 가운데 우리가 거룩으로 살아낸다면 지성소 기도를 할 수가 있습니다.**

즉 믿음의 기준이 말씀이 되는 기도인 것입니다. 사랑의 기준이 무엇입니까? '말씀이 되는 기도'입니다. 거룩의 기준도 겸손의 기준도 '말씀이 되는 기도'인 것입니다. 심지어 이런 사람들은 항상 기쁩니다. 그러면 기쁨의 기준도 '말씀이 되는 기도'가 되는 것입니다. '말씀이 되는 기도'로 기쁨과 감사와 사랑과 믿음을 다 해결해 줍니다. 말씀에 죽고 말씀에 사는 자, 의에 죽고 의에 사는 자, 예수님의 이름으로 지금 내 자존심을 확 던져버리고, 예수님과 함께 부활할 것을 믿으며 사는 자, 예수님의 이름으로 내 경험을 확 집어던지고 예수님과 함께 부활할 수 있는 자, 이런 자들이 하나님 앞에 영광을 얻을 수 있는 자들입니다.

3. 골방기도의 비밀

이제 마지막으로 여러분께 비밀스러운 말을 해드리고 싶은 게 있습니다. 여러분께서 기대할 수 있는 말씀입니다. 우리가 기도할 때 골방에서 기도를 많이 합니다. 그래서 골방 기도의 비밀에 대해서 말씀드리겠습니다.

> 너는 기도할 때에 네 골방에 들어가 문을 닫고 은밀한 중에 계신 네
> 아버지께 기도하라 은밀한 중에 보시는 네 아버지께서 갚으시리라
> 마태복음 6:6

이 말씀을 제대로 모르시는 분들이 많습니다. 왜 기도를 할 때 굳이 문을 닫고 기도해야 하고, 은밀한 중에 기도하라고 하시는 줄 아시나요? 이게 다 의미가 있습니다. 하나님이 제게 주신 말씀

입니다. 이렇게 생각하시면 됩니다. 성막의 구조를 보면, 성소가 큰 방이고, 지성소가 작은 방입니다. 지성소는 5×5㎡였고, 성소는 5×10㎡였습니다. 지성소가 더 작고 성소 안쪽에 위치합니다. 우리가 살고 있는 집의 구조를 한 번 떠올려 보세요. 대부분 안방이 큰 방이고 골방은 그 안방 옆에 붙어있습니다. 그리고 뒤쪽에 붙어 있기 때문에 보이지도 않습니다. 그리고 골방으로 넘어가기 전에는 항상 커튼이 쳐져 있거나 문이 있습니다. 지성소가 마치 우리가 사는 골방과 비슷한 구조인 것이죠. **그러니까 그 골방이 바로 지성소가 될 수 있는 것입니다.**

그리고 그곳은 또 그리스도와 그의 신부가 있는 신방이 되는 장소입니다. 그런데 누가 신랑과 신부가 있는 신혼방에 문을 열어놓고 있겠습니까? 다들 문을 닫아 놓습니다. 즉, **신랑과 신부의 은밀한 교제가 이루어지는 아주 아름답고 거룩한 장소가 골방이 될 수 있다는 것입니다.** 그러니까 골방에서 기도하는 지성소 기도는 신랑과 있게 될 천국의 신비로운 것을 미리 경험하는 장소가 되는 것입니다. 또 골방은 세상과 구별된 가장 안쪽에 위치해서 보이지 않는 자리에 있습니다. 아가서에 신부를 표현한 말씀을 보면, 사론의 수선화, 골짜기의 백합화, 가시나무 가운데 백합화(아 2:1-2)라고 표현하는데 이 장소는 모두 안 보이는 곳에 위치하는 것을 알 수 있습니다. 그러니까 이 골방 기도가 신부들이 할 수 있는 기도인 것입니다. 골방에서 신부가 기도의 향연으로 신혼방을 아름답게 꾸미는 것입니다. 기도의 향연이, 기도의 연기가 아름답게 계속 올라가는 장소입니다. 그러므로 기도의 향기가 위로 올라가기 위해서는 그리스도의 향기가 되어야 합니다. 그럼 그리스도의 향기란 그리스도의 몸이고, 그리스도의 삶인 것이고 성령의 뜻대로 살아온 삶을 말하는 거잖아요. 육의 기도는 향기로 못 올라갑니다. 그래서 순간 제가 깨달은 말씀이 있습니다. 아가서 4장 12절 보겠습니다.

> 내 누이, 내 신부는 잠근 동산이요 덮은 우물이요 봉한 샘이로구나
> 아가 4:12

내 신부가 동산은 동산인데, 잠가버린 거예요. 우물은 우물인데, 덮어버린 것이지요. 샘은 샘인데, 봉해버린 것입니다. 이것을 성적인 관점으로 해석하면 안 됩니다. 샘이요, 우물이라는 것은 말 그대로 살아 있는 생수를 말하는 것입니다. **그런데 이걸 다 덮어버리는 것입니다. 골방에서 은밀히 문 닫고 기도하는 것처럼 말입니다.** 이렇게 말씀들이 다 연결되는 것입니다. 신혼방은 잠그고, 신혼방은 덮어놓고, 신혼방은 봉해버리는 것입니다. 신랑과 신부에게만 집중해야 하니까요. 그러면 마지막으로, 우리 몸에서 지성소는 어디일까요? **우리 몸의 지성소는 바로 내 중심이 되는 마음입니다.** 그래서 마음을 잘 먹어야 합니다. 그래서 성경에 '모든 생명의 근원이 마음에 달려 있다(잠 4:23)'라는 말씀이 있습니다. 우리 몸은 겉으로 보이는 커다란 방이지만, 우리 몸 안에 숨겨진 세상과 구별된 곳이 바로 마음입니다. 그러니까 내 마음이 지성소가 되는 사람이 신부가 될 수 있습니다. 그럼 내 마음이 지성

소가 되기 위해서는 어떻게 해야 할까요? 내 마음이 거룩으로 가득 차고 예수님의 보혈과 성령의 기름으로 가득 차야 합니다. 그랬을 때 우리의 정욕이 내 육신에 죄 된 찌꺼기로 남아 있다 할지라도 힘을 발휘할 수가 없게 되는 것입니다. 내 앞에 죄가 갑자기 나타나도 그 찌꺼기들이 맥을 못 추고 힘도 못 쓰는 것입니다. 그런 사람들이 그리스도의 신부가 될 수 있습니다.

하나님은 누구나 바깥 뜰에서 성소로 들어가서, 성소에서 지성소까지 갈 수 있도록 예수님을 통해 다 뚫어놓으셨습니다. 그런 예수님의 보혈을 의지해서 모든 죄의 회개를 이루었을 때, 지성소에 들어가도 죽지 않는 것입니다. 방언을 못 해도 들어갈 수가 있습니다. 하나님을 사랑하는 마음이 가득하면 죄를 안 지을 수 있어요. 예를 들어, 내가 너무 친한 친구가 있는데 그 친구가 목소리 큰 것을 싫어한다고 합시다. 그러면 내 목소리를 줄이는 연습을 해서라도 그 친구를 만날 것입니다. 내가 예수님을 너무너무 사랑한다면 유행가 노래 부르는 것을 좋아한다 하더라도 예수님을 더 놓치기 싫어서 세상 노래를 안 부르는 것을 택할 수 있다는 것입니다.

그런데 세상을 기준으로 두게 되면 예수님이 다 뒤쪽으로 밀려나는 것입니다. 그게 어디까지 가는지 아십니까? 심판대 앞에까지 갑니다. **이미 심판대 앞에 갔을 때는 늦습니다. 왜일까요? 내 육신이 행한 모든 죄를 내 영혼이 다 흡수해 버려서 다시는 돌이킬 수 없는 것입니다.** 그래서 육이 없으면 회개할 수도 없는 것입니다. 예를 들어서, 내가 욕 한마디를 했다고 합시다. 그게 상대방한테도 죄가 되지만 나의 영혼에도 죄의 찌꺼기가 되고, 그 죄가 행위책에 기록됩니다. 욕 한 번으로 세 번의 타격을 입는 것입니다. 그거를 알면 죄를 짓겠습니까? 그런데 "나는 죄를 짓기 싫은데 죄가 지어지는데 어떻게 하나요?"라고 묻는 사람들이 있습니다. 저도 그랬어요. 내가 원하는 것은 내 자녀한테 부드러운 말, 내 남편에게, 내 아내에게 온유한 말을 하고 싶은데, 내 속에 있는 이 못된 근성이 말이 삐뚤어지게 나오게 합니다.

그런데 내 안에 성령이 계시고 예수님과 말씀이 진짜 가득 차 있잖아요? 그러면 화날 상황에서도 그냥 웃게 돼요. 친절하게 알려주고 속으로 감사하게 됩니다. 그래서 우리는 내 안에 예수님의 보혈로, 말씀으로 채워져 있어야 합니다. 그런데 우리는 예수님의 보혈이 가득 차 있는지 안 보이잖아요. 그래서 우리에게 주신 것이 눈에 보이는 성경 말씀입니다. 이 성경 말씀을 기도문으로 바꿔서 기도하는 훈련을 제가 먼저 해 본 것입니다. '말씀으로 소리 내서 기도'하면 영의 작용이 일어나서 내 안에 예수님의 보혈이 채워지고, 내 안에 성령의 기름이 채워지고, 내 안에 말씀의 양식을 내 영이 먹고 튼튼해집니다. 그래서 죄를 누르고 이길 수가 있게 됩니다.

이런 사람들은 성소에 있는 게 아니라 반드시 다 지성소 안으로 들어가고 싶어 합니다. 하지만 주의할 것이 있습니다. 한 번에 건너뛰면 안 됩니다. 그리고 또 너무 서서히 가도 안 됩니다. 서서히 가다 보면 마귀가 또 잡아당길 수 있거든요. 확 가긴 하는데 절차는 다 밟아야 합니다. 절차가 바로 무엇입니까? **예수님의 피뿌**

림의 보혈과 성령의 능력과 말씀의 임하심입니다. 이 과정을 계속 기도하면서 하시면 됩니다. 그래서 수시 기도와 정시 기도를 계속하는 게 정말 중요합니다.

4. 가장 높은 반열의 언약궤 기도

마지막으로 여러분들에게 완전한 신부의 비밀 중의 비밀에 대해서 말씀드리겠습니다. 여러분, 지금까지 우리는 지성소 기도, 골방기도에 대해서 말씀을 나누었습니다. 그런데 지성소 기도보다 더 깊고 높은 차원의 기도가 있다는 것을 아시나요? 자, 우리 기억을 떠올려 봅시다. 지성소 안에는 법궤(법궤, 언약궤, 증거궤는 동일한 말)가 있다고 말씀드렸습니다. 그리고 그 법궤는 레위인만이 들 수 있었습니다(대상 15:2). 그 법궤를 내가 메려면 어떻게 해야 합니까? 거룩하고 더 거룩해야 하는 것입니다. 레위인이 구별되었던 것처럼(신 10:8) 우리도 더 거룩해야 하는 것입니다. 그러면 지성소 안에 들어가서 법궤를 마음에 품을 수 있는 것입니다. 그래서 〈신부단장 기도〉에 다음과 같은 기도문도 나오게 된 것입니다.

"완전하고 완전하고 완전하게 하여 주시옵소서. 순전하고 순전하고 순전하게 하여 주시옵소서. 온전하고 온전하고 온전하게 하여 주시옵소서. (신부단장 기도 p.199)"

또 히브리서 9장 4절을 보면 언약궤의 사면이 금으로 싸져 있다고 나옵니다. 네 개의 면을 순금으로 쌌으면 금이 꽹장히 많이 필요했을 것입니다. 그런데 그 금이 어디서 났을까요? 애굽에서 나올 때 가져온 것입니다. 하나님께서 '오히려 재물과 함께 떠나가게 해주신다.' (출 12:35-36) 하신 말씀을 이루기 위해서 금은 보화를 받아서 나오게 된 것입니다. 이것이 상징하는 바가 있습니다. 그 금이 비록 애굽에 있었을 때는 불의로 쓰인 금이었지만, 그것을 녹이고 정제하여 언약궤를 만드는 순간 거룩한 금이 되었습니다. 이 땅에서도 불의의 재물을 의의 재물로 옮겨드리는 것이 헌금이고 예물인 것입니다. 그래서 불의의 재물을 가지고 그리스도를 친구 삼으라고 말씀을 하셨습니다(눅 16:9).

정리하면, '사면을 금으로 쌌다'는 것은 세상에 있었을 땐 죄를 짓는 예물이 되지만, 이것을 녹여서 언약궤로 만드는 순간 '하나님의 성물'이 된다는 것입니다. 혹시 여러분이 갖고 계신 애굽의 재물은 무엇입니까? 그것이 어떤 사람에게는 자녀가 될 수도 있고 성공이나 돈이 될 수도 있습니다. **하지만 어떠한 것이라도 그것을 예수 그리스도의 보혈을 의지해서 성령의 불로 녹여서 내 마음 안에 언약궤의 금을 만든다면, 하나님 앞에 거룩한 성물이 될 수 있습니다.**

완전한 신부는 지성소를 넘어서서 이 언약궤 안에 들어가는 기도를 할 수 있는 자입니다. **언약궤 안에 들어가는 완전한 신부의 기도는 언약궤 안에 있는 세 가지 성물을 삶으로 살아내며 드리는 기도입니다.** 완전한 신부는 예수님의 살이 되는 만나를 항상 먹는 고백을 하고 아론의 싹 난 지팡이처럼 죽어 있는 나무에 싹이 나게 할 만큼 사랑과 희생을 담아 기도하는 자입니다. 그리스도의 십자가 보혈을 자기 생명보다 더 아끼는 고백이 삶에 묻어나오는 영의 기도를 하고 언약의 돌판들이 되는 하나님의 말씀에 전부를 걸며 온전한 순종과 복종을 성령 가운데 완전히 서도록 기도하는 자입니다. 그리스도의 마음을 얻기 위해서라면 뭐든 즉각 순종, 즉각 행동하고 기도 가운데 나아가는 영의 기도를 올려 드리는 최고의 반열입니다. 지극히 작은 죄와 보이지 않는 죄까지도 알아보는 대적기도를 하며 항상 기도로 깨어 있되 자면서도 영은 깨어 기도하는 자입니다.

따라서 완전한 신부는 그리스도와 하나된 마음으로 기도를 하고 주님과 완전히 하나된 자로 살아가면서 오직 말씀과 성령으로 채워져서 '자기없음'의 모습으로 기도하는 자 입니다. 어느 때든 영의 기도를 숨 쉬듯 자연스럽게 삶으로 하고 겸손과 온유가 기도에서도 묻어 나오도록 올려 드립니다. 하나님을 경외함이 지극히 높고 주님의 이름을 존중히 여기는 마음을 기도에 가득 담아 최고의 기도를 향연과 함께 올려 드릴 수 있는 자입니다. 말씀에 기록된 대로 너희가 내 안에 거하고 내 말이 너희 안에 거하는 상태(요 15:7)로 그의 나라와 의를 이루는 기도를 하여 하늘의 덮개를 뚫어 버리는 강력한 기도를 올려 드리는 반열입니다.

지성소에 있는 법궤 안에 우리는 절대로 들어갈 수가 없습니다. 오직 예수 그리스도, 그 분의 공로로 들어갈 수 있을 것입니다. 그리스도의 영이 내 마음에 실상이 되었을 때 성령의 능력과 보혈의 권세로 법궤 안에 들어갈 수 있는 것입니다. 죄성 깊은 나는 없고 오직 보혈과 성령의 힘으로 들어갈 수 있습니다. 주의 능력과 주의 권위와 주의 거룩으로 말미암아 주님이 주시는 자격으로 들어갈 수 있습니다. 그러므로 내 안의 성령께서 능력 가운데 운행하실 수 있도록 영적인 환경을 만드는 것이 매우 중요하고 중요합니다. 보혈의 권세로 내 영이 깨끗하고 온전하고 순진해야만 법궤 안으로 들어갈 수 있게 됩니다.

그래서 여러분들의 마음과 삶이 말씀 안에서 성령님과 동행하고 모든 죄를 보혈로 항상 씻김받아 깨끗한 상태를 유지하여만 하는 것입니다. 여러분들의 마음을 지키시고 삶을 순종 가운데 보는 것 듣는 것 말하는 것을 삼가 조심하여 주 뜻대로 성령의 뜻대로 살아야만 가능하게 됩니다. 내가 없어지고 사라진 상태인 거룩한 삶이 되어야만 합니다. 마치 우주에서 공기가 완전히 제거되고 없어졌을 때 별들이 공중에 진공 상태로 있게 되고 주님의 말씀과 창조 질서대로 움직이는 것처럼... 죄성 깊은 나를 온전히 주님께 다 내어 드리고 수시로 죄를 버리고 죄를 씻으며 오직 말씀대로 살아가는 것입니다. 그것만이 법궤 안으로 들어갈 수 있는 유일한 길입니다.

오늘 여러분들께 바깥 뜰에서, 성소로 들어가고 더 나아가서는 지성소로 진입하는 원리를 말씀드렸습니다. 그리고 지성소 기도를 넘어 최고 반열이 되는 언약궤 기도의 비밀에 대해서도 말씀드렸습니다. 우리 모두 예수님의 마음에 합한 완전한 신부를 소망하며 말씀으로 기도하는 시간을 갖도록 합시다.

하나님의 말씀을 받아 올려 드리는 영의 기도

"하나님 아버지, 성소 바깥에 있지 않고 예수님의 성품에 참여하는
자로 서기를 원합니다. 거룩한 성도가 되어 믿음에서 덕을 이루고
경건을 이루어내어 사랑에까지 이르기를 간절히 간구합니다.

성도에서 뽑히고 뽑힌 자가 되어 하나님께 옳다 인정함을 받는
자로 살게 하여 주시옵소서. 하늘의 칭찬이 영원한 영광이 되고 저
천성에서 그리스도의 신부로 살기를 소망합니다. 그리스도의 신부
중에 완전한 신부가 되기 위해 이 땅에서 주님의 마음을 품고 살게
하여 주시고 어떤 상황이 와도 주님과 함께 계획하고 주님과 함께
동행하는 삶을 살기를 원합니다.

말씀을 내 생명보다 더 귀하고 귀하게 여기며 살 수 있는 힘을
주시옵소서. 하나님의 작은 말씀 한마디조차 놓치지 아니하고
정금보다 사랑하는 믿음으로 살기를 원합니다. 하나님을 가장
사랑하는 내 마음의 그릇에 성령의 기름을 가득 부어 주시옵소서.

하나님을 가장 사랑하는 마음으로 내 중심을 다하여 말씀을
따르게 하여 주시옵소서. 하나님을 가장 사랑하는 보혈의 옷을
입고 사랑과 용서하는 마음으로 살기를 간구합니다.

성령의 생수가 내 삶에서 흘러넘치는 기도의 능력을 더하여 주옵시고 신부의 반열 중에 가장 아름다운 완전한 신부가 될 수 있도록 도와주시옵소서. 그리스도의 옷을 입혀 주시고 그리스도의 삶을 살게 해주실 우리 주 예수님의 이름으로 간절히 기도합니다. 아멘."

미혹을 확실히 구분하는 방법

네가 마음속으로 이르기를 그 말이 여호와께서 이르신 말씀인지 우리가 어떻게 알리요 하리라
만일 선지자(기도자)가 있어 여호와의 이름으로 말한 일에 증험 (증거되는 경험)도 없고 성취함도 없으면 이는 여호와께서 말씀하신 것이 아니요 그 선지자가 제 마음대로 한 말이니 너는 그를 두려워하지 말지니라 신 18:21~22

완전한 신부가 되기 시작하는 단계

설교영상

1. 신성한 성품

오늘 너무 중요한 말씀이고, 사실 이 말씀을 준비하기 위해서 하나님 앞에 기도를 많이 했습니다. 그리스도의 신부를 소망하는 전 세계에 있는 많은 자들에게 성경적으로 정확한 기준을 두고 알려주는 것이 매우 중요하다고 생각했거든요. 이 말씀을 통하여 '내가 얼마만큼 들어가 있는지'를 확인해 보고 또한 내 삶을 들여다보는 귀한 시간을 갖도록 합시다. 오늘 말씀은 베드로후서 1장 3절입니다.

> 그의 신기한 능력으로 생명과 경건에 속한 모든 것을 우리에게 주셨으니 이는 자기의 영광과 덕으로써 우리를 부르신 이를 앎으로 말미암음이라 베드로후서 1:3

본격적인 내용을 시작하기 전에, 쉬운 예를 하나만 들어볼게요. 봄이 되고 꽃이 피면 많은 커플들이 길거리에 지나가는 걸 볼 수 있죠? 서로 좋아하는 감정이 들기 때문에 함께 사진도 찍고, 담소도 나누며 굉장히 행복해 보입니다. 그런데 그 남녀가 서로 좋아하고 만나고 싶어서 만난 것은 맞지만 아직 커플이지, 결혼한 것은 아닙니다. 이게 무슨 뜻이냐면, 내가 예수님을 정말 그리워하고 좋아하고 예수님과 함께 살고 싶다고 해서 다 신부가 되는 건 아니라는 겁니다. 즉 커플에서 끝낼 거냐, 아니면 커플을 넘어서서 결혼까지 갈 것이냐는 또 다른 의미가 되는 것이죠. 그러면 '성경적 기준을 통하여 보았을 때, 나는 언제부터 신부가 될 수 있을까'를 생각해 볼 수 있겠습니다.

오늘 말씀에 나온 '그의 신기한 능력으로'에서 '그'는 예수 그리스도 그분이시잖아요. '신기한 능력'으로 나왔는데, 이 표현을 봤을 때 뭔가 좀 애매합니다. 그래서 이거를 좀 더 정확하게 알 수 있는 영어 원본으로 보면 'divine'이라고 나옵니다. 'divine'은 '신성한'이라는 뜻입니다. '신기한' 하고 '신성한'은 다른 얘기잖아요. 그래서 이 '신기한'을 '신성한'으로 바꿔서 읽어 보세요. 그러면 이해하기가 훨씬 빠릅니다. '그의 신성한 능력으로 힘과 경건에 속한 모든 것을 우리에게 주셨으니' 그러면 예수님께서는 신성한 능력이 있다는 얘기입니다. 예수님의 '신성한 능력으로 생명과 경건에 속한 모든 것을 우리에게 주셨다'라고 하셨습니다. 그러니까 십자가의 의미가 '생명과 경건에 속한 모든 것을 우리에게 주신' 큰 사건도 될 수 있다는 것입니다. 그러면 거기에 '우리에게 주셨으니' 했을 때, '주셨으니'를 자세히 살펴봅시다.

우리가 성경을 영어로 보다 보면 가장 많이 나오는 문법이 바로 명령어입니다. 왜냐하면 우리를 창조하신 하나님께서 우리를 생명으로 이끌려면 죄 가운데 있으면 안 되기 때문에 명령어가 굉장히 많이 나오게 되는 것입니다. 그리고 그것 못지않게 두 번째로 많이 나오는 문법이 현재 완료입니다. 이런 현재 완료 표현이 한국어 성경에서는 번역하는 중에 구분되어 드러나지 않지만, 영어 성경으로 보면 굉장히 중요해집니다. 현재 완료라는 것은 지금의 결과가 그냥 나온 것이 아니라, 과거부터 시작해서 현재까지 쌓인 것들이 모여서 결과가 나타났다는 것을 의미합니다. 그래서 '우리에게 주셨으니'는 영어적인 표현으로 'has given'으로 나옵니다. 그러니까 'has given'은 '과거부터 현재에 이르기까지 우리에게 주시고 있었다'라는 뜻입니다. 우리한테 그때 한 번에 다 주신 게 아닌 것이죠. 정리하자면 '예수님께서 십자가를 통해서 신성한 능력으로 생명과 경건에 속한 모든 것을 우리에게 주셨다'라고 분명히 나와 있는데, 그게 현재 완료 표현으로 나왔다는 것입니다. 즉, 예수님께서 십자가에서 모든 걸 이루어 주신 건 맞는데, 그걸 한 번에 주고 끝나는 것이 아니라 과거부터 현재까지 하나씩, 두 개씩 만들고 이루어 낸다는 뜻이 됩니다. 다음으로 베드로후서 1장 4절을 봅시다.

> 이로써 그 보배롭고 지극히 큰 약속을 우리에게 주사 이 약속으로 말미암아 너희가 정욕 때문에 세상에서 썩어질 것을 피하여 <u>신성한 성품에 참여하는</u> 자가 되게 하려 하셨느니라 베드로후서 1:4

여기에 '신성한 성품에 참여하는 자'라고 나오는데, 아까 '신성한'은 'divine'이라고 분명히 말씀드렸습니다. 그런데 '신성한 성품에 참여하는 자'가 '되는 게' 아니라 '되게 하려 하셨다'라는 부분을 면밀하게 봐야 합니다. 그러니까 이 '되게 하려'라는 것도 마찬가지로 영어적 표현이에요. '~하기 위하여'를 의미하는 'so that'으로 나와 있습니다. 그러니까 주님께서는 우리가 신성한 성품에 참여하기를 원하신다는 것입니다. 그런데 사람들이 이거를 모른다는 사실이 우리들의 안타까운 현실입니다. 그냥 믿음만 강조한다는 것이죠. '믿기만 하면 된다'고 하면서 교회에 다니기만 하면 된다는 겁니다. 그리고 봉사활동하고, 성가대에 서고, 더 나아가서는 다른 지역 가서 선교 활동하면 된다고 생각하는데 그렇게 해서 될 일이 아닙니다. 우리는 모든 것을 성경 안의 말씀을 통해 정확한 해답을 찾아야만 합니다. 그래야 하나님의 뜻에 맞게 살 수 있고 하나님이 원하시는 방향으로 나아갈 수 있게 됩니다.

하나님이 원하시는 것은 우리가 믿음을 가져서 그리스도를 믿었다면, 이제는 더 나아가 신성한 성품에 참여하기를 원하시는 것입니다. 그리고 신성한 성품에 참여하기 위하여 하나님이 준비하신 것들이 있다는 것입니다. 그러면 여기서 우리가 알아야 하는게 또 무엇일까요? '신성'이 무엇이냐는 것입니다. 정확한 개념을 알아야 우리가 이해할 수 있잖아요. '신(神)'은 하나님을 의미합니다. '성(聖)'은 '성스러울 성', '거룩할 성'입니다. **그럼 신성(神聖)이 무엇일까요? 바로 하나님의 거룩하심, 하나님의 성스러움입니다.** 우리는 하나님의 거룩함 안에는 어떤 것들이 포함돼 있는지 생각해 볼 필요가 있습니다. 앞선 말씀에서 신성한 능력으로 생명과 경건에 속한 모든 것을 우리에게 주셨다고 하셨습니다. 베드로후서 1장 5~7절에 바로 '생명과 경건에 속한 모든 것'이 다 나와 있습니다. 여기서 신성한 성품을 알아볼 수 있습니다.

그러므로 너희가 더욱 힘써 너희 믿음에 덕을, 덕에 지식을, 지식에 절제를, 절제에 인내를, 인내에 경건을, 경건에 형제 우애를, 형제 우애에 사랑을 더하라 베드로후서 1:5-7

생명과 경건에 속한 결론의 말씀은 '믿음에 덕'부터 시작하게 됩니다. 그리고 지식, 절제, 인내, 경건, 형제 우애 그리고 마지막, 사랑이라는 것입니다. 그런데 여기서 놀라운 걸 볼 수 있습니다. 이걸 이렇게 얘기하면 어떨까요? 사람들이 덧셈, 뺄셈, 곱셈과 나눗셈을 알면 그걸 통해서 방정식을 배울 수가 있습니다. 그리고 방정식을 알면 인수분해를 배울 수 있습니다. 또 인수분해를 알면 근의 공식을 배울 수 있고, 근의 공식을 알면 나중에 미적분도 배울 수 있습니다. 이것과 마찬가지로 믿음과 덕과 지식과 절제와 인내와 경건과 형제 우애와 사랑이 다 하나로 연결되어 있다는 겁니다. 따로 따로가 아니라 다 연결되어 있다는 것이지요.

우리가 다른 암기 과목과 달리 수학 공부를 왜 힘들게 생각하는지 아십니까? 앞에 것을 놓치면 다음 것을 이해할 수가 없기 때문입니다. 그리고 또 다음 것을 모르면 다음 학년 가서도 또 모르게 됩니다. 덧셈을 모르면 곱셈을 모르게 되고, 곱셈을 모르면 방정식을 풀 수가 없게 됩니다. 다른 암기 과목은 앞에 있는 것을 몰라도 지금 배워서 알게 되면 시험을 잘 볼 수가 있습니다. 하지만 그와 달리 모든 것이 연결되어서 앞에 것을 다 알아야만 뒤로 갈 수 있는 수학처럼, 믿음과 덕과 지식과 절제와 인내와 경건과 형제 우애 그리고 사랑은 다 연결되어 있다는 것입니다. 그런데 이것이 그의 신성한 능력에 들어가는 것 중의 하나가 되고, 생명과 경건에 속한 모든 것이라는 겁니다. 이게 굉장히 중요합니다.

2. 믿음, 덕, 지식, 절제

그럼 신의 성품에 참여하기 위하여서는 첫 번째로, 믿음의 문을 통과해야 합니다. **믿음의 문을 여는 순간 신의 성품에 참여하는 과정이 시작되는 것입니다.** 예수 그리스도를 믿는 믿음이 믿는 자의 심령에 들어가게 되면, 믿음 안에서 어떤 일이 생길까요? 믿음을 가진 자가 그리스도의 보혈로 구원을 받은 것에 굉장히 기뻐하겠죠. 그래서 삶 가운데서도 말과 행실이 착하게 나오게 되고, 그것이 다른 사람에게 덕이 될 것입니다. **그리하여 두 번째로 덕의 문을 열게 됩니다.** 그런데 이 덕은 영어 성경에서 'goodness(2 Peter 1:5)'로 나옵니다. 'goodness'는 '선량과 착함'이라는 뜻입니다. 그러니까 쓸데없이 착한 게 아니라 믿음을 통해서 하늘로부터 임하는 선량과 착함이 나오는 것을 의미합니다. 그리고 믿는 자들은 하나님의 말씀을 더 읽고, 알고 싶어합니다. 즉 의에 주리고 목마른 자(마 5:6)가 됩니다. 깨닫고 싶고, 느끼고 싶은 마음이 들기 때문에 말씀의 지식이 생기게 됩니다. **그래서 세 번째로 지식의 문을 열고 들어갑니다. 여기서의 지식의 문은 세상적인 지식이 아니라 말씀을 아는 지식의 문입니다.**
그런데 여기서부터 매우 주의를 기울여야 합니다. 왜냐하면 이 단계에서부터 말씀을 알게 됩니다. 그런데 말씀을 알게 되니까, 이 알게 된 말씀으로 내 심령과 생각을 비추고 내 삶을 비춰야 하는데, 그게 아니라 **말씀의 잣대를 가지고 남을 판단하고 정죄하기 시작하는, 악의 시작도 동시에 병행이 됩니다.** 여기에서부터 남을 판단하고 정죄하는 덫에 계속 걸리게 되는 것이지요. 그러다가 끝끝내 정죄의 그물에서 못 빠져나가게 되는 것입니다. 즉, 믿음을 가졌어도 회개에 이르지 못하게 되고, 그것 때문에 결국 많은 사람이 지옥으로 떨어지고 있다는 것입니다. 그래서 성경은 '지식에 절제를 더하라(벧후 1:6)'는 말씀을 분명히 기록해 놓았습니다. **'지식에 절제'라는 말씀에서 절제의 영어적 표현을 보면 'self-control(2 Peter 1:6)'입니다. 즉, 스스로 통제하는 것을 의미합니다.**

그런데 여러분이 아시다시피, '내가 말씀을 안다'고 해서 스스로 통제가 되십니까? 아마도 쉽게 되지는 않을 것입니다. 이 'self-control'은 내 안에 성령께서 계셔서 통제할 수 있는 능력을 말합니다. 내 자신이 참고, 내 생각을 내려놓고, 내 마음을 수련하는 것들은 필요하지 않고 중요하지도 않습니다. 중요한 건 바로 '성령께서 나를 통제'해서 말씀의 지식이 절제, 즉 'self-control'이 되어야 합니다. 우리는 내 입과 생각과 마음에서 '정죄'라는 죄의 도구가 나오기 때문에 죄의 덫에 걸리게 됩니다. '절제'는 그런 덫에 걸리지 않도록 성령께서 나를 다스리고, 통제하고, 주관하고, 나의 주인이 되어주시는 삶의 단계를 말합니다. 성경에는 놀라운 말씀이 기록되어 있는데 그 말씀을 여러분께 알려 드리고자 합니다.

노하기를 더디 하는 자는 용사보다 낫고, 자기의 마음을 다스리는 자는 성을 빼앗는 자보다 나으니라 잠 16:32

여기에서 '자기의 마음을 다스리는' 이라는 표현은 영어로 'self-control(Proverbs 16:32)'입니다. 그러니까 여러분들이 절제의 능력까지만 가도 여러분은 하늘에서 큰 상급을 받을 수 있다는 의미도 됩니다. 1개의 성은 영어적 원문에는 '한 개의 도시', 'a city(Proverbs 16:32)'로 기록되어 있습니다. 절제의 능력이 주어지는 순간, 이 땅에서는 거룩한 능력으로 하늘에 있는 천국의 엄청난 도시를 침노해 나아갈 수 있다는 것입니다. **여러분이 이 땅에서 어떻게 'self-control'을 하느냐에 따라 하나님께서 약속하신 다섯 고을을 차지할 수도 있고, 열 개의 고을을 차지할 수도 있다(눅 19:15-19)는 것입니다.**

많은 사람이 '성령께서 나의 주인 되어 달라'고 말하고, 이렇게 살기를 원합니다. 그런데 막상 성령께서 나의 주인이 되시나요? 실제 삶에서는 거의 되지 않을 것입니다. 화가 났을 때 말씀을 인식하여 브레이크를 잡으려고 노력하면서 하나님을 생각하는 사람들이 얼마나 있을까요? 자존심 상했을 때 하나님을 생각하지 않고 자기 마음대로 함부로 행동하는 사람이 얼마나 많은지요. 'self-control'을 알고 있다 해도 아마 쉽게 저 멀리 던져버릴 것입니다. 화를 못 참습니다. 자존심 상하는 것을 못 참습니다. 그리고 '절대로 저 사람을 용서할 수 없다'는 마음으로 가득합니다. 이미 마음이 다 상해버렸으니까요. 그러면 방법이 없는 거 아닌

가요? 나는 분명히 믿음을 얻었고, 덕의 문과 지식의 문까지 열었고, 이제 절제까지 가고 싶은데 절제가 안 되는 거잖아요. 그럼 어떻게 해야 할까요?

방법은 하나뿐이에요. 하나님 앞에 영의 기도를 해야 합니다. '하나님 앞에 기도한다'는 것은 내가 할 수 없다는 사실을 인정하는 것입니다. 그러니까 '내가 참으면 될 수 있다'는 영역을 넘어선다는 사실을 인정하는 것입니다. 이건 내 영역이 아닌 것을 인정하는 거예요. 우리가 덕을 세우는 것도 내 의지로 할 수 있습니다. 헌금 내는 것도 스스로의 의지로 할 수 있잖아요. 말씀을 읽고 배우고 심지어 암송하는 것도 내 의지로 할 수 있습니다. 성령께서 임하시지 않는다고 할지라도 얼마든지 봉사활동 할 수 있고, 내 의지로 얼마든지 말씀을 배우고 많이 암송하고 신학대를 가서 그럴듯한 목사도 될 수 있습니다. 그런데 문제는 절제의 문은 절대로 내 의지로는 통과하지 못한다는 것입니다. 여기는 신의 영역입니다. 참는 것에도 한도가 있고, 흘려보내는 것도 한계가 있고, 내려놓는 것도 인내심의 한계가 있습니다. **그런데 절제 단계에서 통과하지 못하면 결국은 다시 지식의 문으로 후진해서 내려가게 됩니다.** 그래서 결국 위로 올라갔다가 다시 내려가며 계속 정죄하고 사는 거예요. '우리 목사님은 이상해.' '우리 권사님 이상해.' '왜 성가대 지휘자가 저러지?' 이런 여러 가지 것들이 다 생각나는 것입니다. 그러니까 완전 여기에 갇혀 사는 게 현재 우리의 모습이 될 수 있다는 것이죠. 그런데 아까 방법이 뭐라고 했나요? 기도해야 한다고 말했습니다. 그런데 어떤 기도를 해야 할까요? 기도의 범위가 너무너무 넓잖아요. 이렇게 하면 됩니다.

"나에게 말씀을 앎으로 정죄와 판단을 주는 악한 영들아, 예수님의 이름
으로 떠나가라. 나는 말씀을 순종하여 성령으로 다스림을 받고 절제의 열
매를 맺게 될 것이다"

이렇게 선포하셔야 합니다. 이렇게 기도하면, 성령께서 내 안
에 계셔서 나를 다스려 주시고, 정죄와 판단의 영이 떠나가면서
하나님이 내 안에서 기도한 대로 변화되게끔 만들어 주십니다.
그러니까 아무리 하나님을 찾아도 내 안에 영적인 상황과 조건
을 안 만들어둔다면, 하나님을 찾아도 찾는 게 아니라는 것입니
다. 더 쉽게 얘기하면, 날아다니는 꿀벌은 그냥 아무 데나 앉는
게 아니라 꽃 위에만 앉아 있잖아요? 꽃 위에 꿀송이가 있기 때문
에 꽃 위에 벌이 앉아있는 거예요. 여기서 어떤 꽃이냐는 중요하
지 않습니다. 예쁜 장미꽃 혹은 벚꽃이 아니라 할미꽃이어도 괜
찮습니다. 꽃의 종류는 중요하지 않고, 꽃이 되는 상황만 만들어
주면 벌이 날아오지 않습니까? 더 쉬운 얘기로, 창세기의 말씀을
살펴봅시다.

땅이 혼돈하고 공허하며 흑암이 깊음 위에 있고 하나님의 영은 수면
위에 운행하시니라 창세기 1:2

하나님의 영이 수면 위에 운행하시고 있습니다. 그 운행하시

는 하나님이 내 안에 들어오시게 하려면 내 영적 상황과 조건을 만들어 드리면 됩니다. 그게 바로 앞서 말한 '영의 기도'입니다.

"나에게 말씀을 앎으로 인해서 판단과 정죄를 주는 악한 영들아, 예수님의 이름으로 떠나가라. 나는 말씀을 알고 순종하여 말씀대로 살게 될 것이다. 그리고 절제의 열매를 맺을 것이다"라고 선포를 하면 그 말씀이 실상이 된다(히 11:1)는 것입니다.

그런데 여기서 정말 놀랍고 멋진 하나님의 말씀이 있습니다. 아까 말씀에서 믿음의 문을 열었습니다. 그랬더니 이 믿음이 믿음으로 끝나는 게 아니라, 그 뒤에 덕을 세우는 문이 또 있었습니다. 그리고 이 덕을 세우는 문을 열고 또 들어가보니까 말씀의 지식의 문이 무게감 있게 자리 잡고 있었습니다. 그런 다음 문을 열고 들어가보니까 절제의 문이 또 있는 것입니다. 그러니까 점점 가면 갈수록 하나님이 나를 테스트하신다는 것을 알 수 있는 부분입니다. 이 부분은 다음 '완전한 신부가 되기 위한 성경적 근거' 설교에서 자세히 다루어 드리도록 하겠습니다. 오늘은 '완전한 신부가 되기 시작하는 단계'가 어디인지에 초점을 맞춰보겠습니다. 그래서 내 삶이 지금 어느 기준에, 어떤 말씀에 맞춰져 있는지 진단만 한다면 그 약한 부분을 하나님 앞에 맡김으로써 우리도 지성소 안에 있는 중심까지 갈 수 있게 될 것입니다.

3. 하나님이 이루시는 단계: 인내, 경건

앞서 말씀드린 절제는 마치 물이 모여서 한 그릇이 되고, 큰 통이 되고, 더 모여서 냇가가 되는 것처럼, 이 절제가 모이다 보면 나중에 인내의 열매가 될 수 있습니다. 그러니까 인내는 하나님이 주신 열매인 것이지요. 우리가 할 수 있는 영역이 절대 아닙니다. 그냥 눈으로 봤을 때는 우리가 한 것처럼 보일 수 있죠. 그런데 실상은 하나님이 우리가 인내하도록 만들어 주시고 우리는 거기에 따라간 것뿐이지, 내가 한 것이 아니라는 것입니다. **하나님의 방법으로 절제하여 만들어낸 산물이 인내의 열매가 되는 것입니다.** 여기서부터는 종교로 무언가를 하는 사람들은 절대로 하지 못합니다. 이건 진짜 어마어마한 영적인 힘이 필요한 영역입니다.

그리고 인내의 열매를 차곡차곡 쌓고 모으면, 우리가 끝으로 애타게 기다렸던 경건이 되는 것입니다. 그러니까 이 경건은 굉장히 높은 반열이라는 것을 알 수 있습니다. 경건이란 건 엄청난, 거룩한 경지에 도달하게 되는 걸 말하는데, 이 경건이 그냥 만들어지는 게 결단코 아닙니다. **경건은 자신을 말씀의 절구통 속에 집어넣어 말씀의 방망이로 나를 계속 부수고 깨서 내 죄 된 자아가 없어지고 사라지게 만드는 것입니다.** 그러니까 내 거짓된 자아의 껍질을 벗겨내기 위해서 내려찍는, 예배 중의 예배가 되는 것입니다. 하루? 이틀? 아닙니다. 날마다, 지속적으로 빻는 거예요. 이때부터 바로 하나님이 말씀하신 고난이 시작됩니다. 그러니까 내 거짓된 자아의 껍질이 벗겨질 때까지 계속 말씀의 방망이로 나를 빻는 것이지요. 내 경험과 지식과 편견의 껍질이 벗겨질 때까지 계속 찧는 것입니다. 말씀대로 살아가는 것에 대한 고난의 대가를 반드시 지불하는 단계가 바로 이 경건의 단계인 것이 됩니다. 좋은 말씀이 있는데요. 잠언 27장 22절 말씀을 봅시다.

> 미련한 자를 곡물과 함께 절구에 넣고 공이로 찧을지라도 그의 미련은 벗겨지지 아니하느니라 잠언 27:22
> Though you grind a fool in a mortar, grinding them like grain with a pestle, you will not remove their folly from them.
> Proverbs 27:22

여기서 '미련한 자'가 영어로 'a fool'이에요. 어리석은 자는 곡물과 함께 절구에 넣어서 공이로 찧는다는 거죠. 이 공이는 무언가를 빻는 도구를 말하는 거예요. 즉, 미련하고 어리석은 자를 찧을지라도 그의 미련이 벗겨지지 않는다는 겁니다. '찧는다'는 건 영어로 뭐라고 나오냐면요, 'grind'로 나와요. 'grind'라는 건 '갈다', '빻다'는 뜻이잖아요. 그러니까 내 불완전한 자아와 옛사람의 죄 된 습관을 갈아서 가루로 만들라는 얘기예요. **즉, 경건의 단계는 내가 없어지고 십자가에서 죽는 단계가 되는 것이 됩니다.** 그러면 여러분은 말씀의 공이로 내 옛사람을 찧을지라도 그 자리를 피하지 않고 순종의 고난, 말씀의 고난, 사랑의 고난, 희생의 고난, 눈물의 고난을 다 받으실 수 있겠습니까? 이 단계부터가 바로 신부의 아름다운 자태가 만들어지는 단계임을 마음의 무릎을 꿇고 말씀드립니다. 신부가 아무 데서나 만들어지는 것이 아니고, 거룩한 경건에서부터 그리스도의 신부가 되기 시작하는 단계임을 꼭 기억하시고 성령으로 사시기를 적극 권면해 드립니다. 그러면 이 경건을 어떻게 우리가 얻을 수 있을까요? 이거를 단순히 믿음으로 '주님, 경건을 주시옵소서.' 이렇게 구하면 끝날까요? 만약에 그럴 수 있다면 이 설교를 왜 하겠습니까? 절대로 안 하죠. 디모데전서 4장 7절 말씀을 찾아봅시다,

> 망령되고 허탄한 신화를 버리고 경건에 이르도록 네 자신을 연단하라 디모데전서 4:7
> Have nothing to do with godless myths and old wives' tales; rather, train yourself to be godly. 1 Timothy 4:7

그러니까 경건을 그냥 하는 것이 아니라 '경건에 이르기까지 네 자신을 연단하라'는 거예요. 여기의 '연단'은 여러분들이 생각하시는 그런 연단이 아니에요. 연단은 영어로 동사 'train'이에요. 그러니까 '네 자신을 연단하라'가 영어로 뭐예요? 'train yourself'가 되는 거죠. 그러니까 '너 자신 스스로가 훈련하라'는 뜻인데요. 이게 자신 스스로가 연단하긴 하지만, 하나님이 도우시지 않으면 절대로 할 수가 없는 영역이라는 것입니다.

그럼 앞에 있는 '망령되고 허탄한 신화를 버려라'라는 건 무엇을 말하는 것일까요? 이건 이렇게 해석하는 게 좋을 거 같아요. '썩어질 말, 썩어질 생각, 썩어질 옛 행실을 버려라' 이렇게 이해하

시면 쉽게 인지가 되실 것입니다. 그리고 '경건에 이르도록'은 'to be godly'. 즉, 하나님의 성품에 이르도록 연단하라는 것입니다. 그러면 여기에서부터는 고난의 대가를 주고 경건을 가져오는 것이므로 희생과 사랑이 반드시 수반됩니다. 그러니까 하나님이 허락하시는 고난의 대가를 지불하지 않는다면 경건을 못 가져온다는 뜻이 됩니다. 그러면 믿음으로 천국 갈 수 있나요, 없나요? 물론 갈 수 있죠. 하지만 장차 믿음으로 천국을 갔을 때, 경건의 문을 열어야 들어갈 수 있는 더 좋은 천국을 가기 위해서는 내가 아무리 그 문에 손을 댄다 하더라도 경건의 문은 열리지 않을 것입니다. 왜냐하면, 그건 믿음의 문이 아니라 경건의 문이기 때문입니다. 디모데전서 4장 8절 말씀을 봅시다.

> 육체의 연단은 약간의 유익이 있으나 경건은 범사에 유익하니 금생과 내생에 약속이 있느니라 디모데전서 4:8

육체도 연습을 하면 약간의 유익이 있잖아요. 건강도 되고, 행복할 수 있는 밑바탕이 될 수도 있죠. 하지만 영원하지는 않잖아요. 그런데 경건은 범사, 즉 모든 것에 유익한데, 금생과 내생까지 아예 약속이 있다는 것입니다. 그러니까 우리가 경건의 연습을 한다는 건 뭐겠습니까? 말씀의 약속을 얻기 위해서 하는 것입니다. 그때 이 '금생'은 영어로 'the present life' 즉, 현재의 삶이란 뜻이고. '내생'은 영어로 어떻게 나오냐면, 'the life to come'이에요(1 Timothy 4:8). 그러니까, 오게 될 삶인 것이지요. to부정사의 미래시제를 써서 표현한 '오게 될 삶'을 내생의 약속이라고 한 것입니다. **그러니까 이 땅에서 경건으로 살아낸 삶은 금생에서도 영광된 유익이 되지만, 그와 더불어 천국에 가서도 하나님의 약속을 얻을 수 있다는 것이 됩니다.** 이 좋은 것을 안 받을 이유가 없고, 하지 말아야 하는 명분도 없습니다. 그리고 그리스도의 신부된 고난이 여기서부터 들어가는 것입니다. **물론 앞에 있는 절제하고 인내하는 부분도 어느 정도는 내가 죽긴 해야 하지만 이 경건부터는 고난의 대가가 들어가야 합니다.** 그런데 이거를 모르는 사람들은 '몸이 힘드니까 고난이 빨리 끝났으면 좋겠다'라고 생각하시잖아요. 저도 고난 당하는 사람의 마음을 이해하지 못 하는 게 아닙니다. 그런데 그 고난이 하나님의 능력과 성령의 불바퀴 위에 올라타고 있는 고난이라고 한다면, 우리는 그 고난이 끊이지 않기를 바라며 항상 영의 기도를 올려 드리게 될 것입니다. 본인이 성령의 불바퀴 밑에 있어서, 스스로 고난을 이겨내려고 하다 보니 힘들어져서, 결국 이 고난을 하루 속히 끝내 달라고 기도하게 되는 것입니다.

성경 말씀을 통해 믿음으로 알고 들어간 고난은 결국 이 고난이 끊이지 않는 것이 하늘에 더 큰 축복을 받는다는 것을 알고 있기 때문에 고난을 더 사모하게 됩니다. 하나님이 주신 고난을 그리스도의 영광된 반열에 이르기 위한 거룩한 흔적으로 만들어서 하늘에서는 칭찬과 영광과 존귀 가운데 상급 면류관을 받게 되는 것입니다. 디모데전서 4장 10절 말씀 봅시다.

이를 위하여 우리가 수고하고 힘쓰는 것은 우리 소망을 <u>살아 계</u>
<u>신 하나님께 둠이니</u> 곧 모든 사람 특히 믿는 자들의 구주시라

디모데전서 4:10

이 모든 것을 위해서 우리가 수고하고 힘쓰는 것이니 여러분들이 있는 그 자리가 상급의 자리요, 주님이 주신 처소를 예비하는 곳임을 기억하여 감사하시기를 바랍니다. 아무 이유 없이 힘쓰고 수고하는 것이 아닙니다. 그리고 소망 자체를 하나님께 푯대를 맞춰서 살아가는 여러분들은 장차 큰 영광 가운데 영원한 인정 받음을 안고 왕의 자녀로 살아가게 될 것입니다. 그러니까 신부의 경건은 '나 자신을 스스로 말씀 안에서 연단할 때' 이루어진다는 것을 기억해야 할 것입니다. **다시 말해서 경건의 훈련이 시작될 때부터 신부의 자태가 빚어지는 것임을 정중히 말씀을 드립니다.** 단순히 구원을 받았다고 하여 신부가 되는 것이 아니라는 것을 알게 되셨으니, 이제부터는 성경대로 사시고 말씀대로 순종하시기를 바랍니다. '예수님 좋아요.' '예수님 오시옵소서.' '예수님 사랑해요.' 이런다고 신부가 되는 게 아닙니다. 내가 고백한다고 신부가 되는 것이 아니라 그리스도의 사랑과 희생으로 순종하면서 사셔야만 합니다. 그래서 우리는 경건이 신부가 만들어지는 자태라는 것을 꼭 기억해야 합니다. 어떻게 만들어질지는 알 수 없습니다.

그런데 만약 거기에 집중한다면, 정말 예쁘게 만들고 싶겠죠. 그래서 말 한마디도 장식처럼 말하는 거예요. 아로새겨 놓은 말씀의 장식, 그 말 한마디에 생명을 담아 말을 하면 됩니다.

그리고 신부들은 눈에 죄가 안 들어오게 눈에도 얼마나 말씀을 장식하는지 몰라요. 듣는 것이 죄가 될까 봐 귀도 얼마나 말씀으로 장식하는지 모릅니다. **내가 스쳐 지나가는 생각 때문에 죄 짓기 때문에 생각 자체를 다 말씀으로 채우고, 내 마음을 다 말씀으로 채우려고 얼마나 지금도 고군분투하면서 살아가는지 모릅니다.** 그리고 이러한 자들은 일터에서 일을 열심히 하면서도 거룩한 근심을 합니다. "내가 주님을 더 생각해야 하는데, 이 일에 마음이 빼앗기면 안 되는데" 그런데 신부가 아닌 자들은 일을 열심히 해서 돈 많이 버는 것에 집중합니다. 일하는 중에 주님을 잊어버리는 거예요. 저는 어떻게 이걸 아냐면, 제가 그랬거든요. 제가 하나님을 사랑한다고 해놓고, 막상 뭔가 일을 하다 보니까 주님을 잊어버리고, 제가 일하는 것에 5~6시간 몰입해 있는 거예요. 얼마나 괴로운지 몰라요. 제가 이걸 방지하기 위해서 눈앞에 예수님 그림과 말씀을 올려놓고 일을 했어요. 그런데 문제는 또 집중해서 일을 하다보면 앞에 놓여있는 예수님도 안 보게 되는 것이 내 모습이었습니다. 그러니까 제가 일이 끝나고 나면 하나님께 너무너무 죄송한 마음이 들게 되었습니다.

그런데 말씀으로 기도하는 능력을 알게 되고, 성령님이 내 안에 오시게 되니까 이제 일을 하면서도 기도가 되더라고요. 정말 놀라운 일이었습니다. 옛날에는 내가 가진 의지의 끈으로 예수님을 붙잡아 보려고 아등바등했었는데, 역시나 의지의 끈은 곧 끊어지고 말더라고요. 그런데 하나님의 성령의 끈은 사랑 안에서 안 끊어지더라고요. 말씀의 끈은 안 끊어지더라고요. 그래서 제가 그때 느낀 게 뭐냐면, "이건 내가 하는 영역이 아니구나. 하나님이 붙들어 주셔야만 할 수 있는 것이구나"라는 것을 절실히 깨닫게 되었답니다. 그때부터 내 자신이 말씀 안에서 자연스럽게 부인이 되었습니다. 내가 할 수 있는 건 진짜 하나도 없다는 것을 내 삶을 통하여 알 수 있었습니다. 주님이 주신 은혜입니다.

4. 완전한 신부가 되는 단계: 형제 우애, 사랑

그러면 이제 이 경건이 하늘나라에 차곡차곡 내 삶을 통하여 쌓이게 될 것입니다. 이 경건이 쌓이게 되면 드디어 형제 우애가 되는 것입니다. 형제 우애는 진짜 제가 말을 할 수 없을 정도로 막강한 반열입니다. 왜냐하면, 형제 우애는 남녀가 형제가 되어 사랑한다는 뜻인 거거든요. 성경에 기록된 대로 '하나님을 사랑하고 네 이웃을 사랑하라(눅 10:27)'는 최고의 말씀인 것입니다. 그러니까 이 단계에서는 성경에 기록된 엄청난 말씀을 처음부터 끝에 이르기까지 성령 안에서 주 뜻대로 이루는 것이고, 또 엄청난 사랑 위에 사랑의 경지에 다다르게 되는 것입니다. 그러니까 가히 최고의 반열이라 할 수 있는 영광의 자리인 것입니다. **바로 이 단계부터 완전한 신부가 되는 단계입니다. 하나님을 사랑하고 내 주변에 있는 내 이웃, 내가 상호작용할 수 있는 사람들을 그리스도의 희생과 사랑으로 말씀 안에서 사랑하는 거예요.** 이 단계에서부터 완전한 신부의 반열이 될 수 있고, 그리스도의 사랑과 희생의 자격을 얻는 거룩한 성품이 될 수 있다는 거예요. 즉, 신의 성품에 참여할 수 있는 영광된 자격에 권리를 부여받게 되는 것입니다.

이게 얼마나 짜릿한 하나님의 말씀인지, 듣기만 해도 가슴이 뛰고 기쁨이 넘치게 됩니다. 그러면 제가 영안도 열리지 않았고, 들리는 것도 없는데 잠시 여러분들에게 표현을 해 드려 볼게요. 제 머릿속에는 이 단계까지 온 신부의 머리 위에 사랑의 면류관이 신성한 성품이 되어 밝게 빛나며 씌워져 있는, 하늘에서도 경탄할 만한 장면이 펼쳐집니다. 그런데 누가 물어볼 수 있죠. "성경에서 의의 면류관, 영광의 면류관, 생명의 면류관은 들어봤는데 사랑의 면류관은 무엇인가요?" 저는 여러분에게 말씀을 드렸습니다. '사랑은 모든 걸 다 이룬다(고전 13:4-7)'고 했잖아요. 어떤 분이 제게 얘기를 했습니다. "보혈의 옷, 성령의 옷이 어디 있습니까?" 분명히 성경엔 안 나와 있죠. 하지만 구약성경에 이사야서에 보면 '슬픔을 대신하여 찬송의 옷(사 61:3)'을 입혀준다는 말이 있지 않습니까. 그러니 나에게 예수 그리스도의 피뿌림이 입혀지면 보혈의 옷을 입고 있을 수 있다고 우리가 얼마든지 추측할 수 있지 않겠어요? 그러면 당연히 생명의 면류관도 있겠지만, 사랑을 입은 완전한 신부에게는 사랑의 면류관도 있다고 유추할수 있는 거 아니겠습니까?

완전히 자기 부인이 되는 자. 하나님을 기가 막히게 사랑하고 내 주변에 있는 사람들을 성령 안에서 서로 상호작용할 수 있고 이웃을 사랑할 수 있는 자, 그리스도의 사랑과 희생의 반열에 들어가서 아주 밝고 빛나는 사랑의 면류관을 쓰고 있는 그 완전한 신부의 모습을 상상을 해보세요. 그런데 가장 꼭대기에 있는 완전한 신부는 이걸로 끝나지 않는다는 것이죠. 하나님을 사랑하고 이웃을 사랑하는 거 말고 또 한 가지 남아 있는 것이 있습니다. 왜냐하면, 더 높은 차원을 가진 사랑의 신부니까요. **결국 형제 우애가 차곡차곡 쌓여서 신부의 심령 자체가 사랑으로 온전히 변화되겠죠?** 그러면 사랑의 본체이신 그리스도와 완전히 하나가 되는 것입니다. 그러니까 '너희가 내 안에 거하고 내 말이 너희 안에 거하면 무엇이든지 원하는 대로 구하라 그리하면 이루리라(요 15:7)' 이것이 완전한 신부가 하는 영의 기도인 것입니다. 이런 사람들이 기도하면 어떤 일이 생길까요? 이 우주에 있는 마귀는 하늘의 덮개로 뚜껑을 덮어놓아 기도로 뚫지 못하게 방해하고 있고 어떻게든 막아내고 있는데, 완전한 신부들이 기도하면 덮개가 다 부서지고 산산조각이 나면서 마귀 근처는 아주 난리가 나게 됩니다. 악한 영들이 도저히 있을 수가 없는 상황이 펼쳐집니다. 사랑의 기도는 막힌 것을 뚫고 올라가는 영의 기도가 되기 때문에 근처에 있으면 귀신들은 죽는 거예요. 폭탄이 옆에 터지는데 누가 옆에 가겠습니까? 사랑의 폭탄이 터지면 마귀는 끝이에요. 만약 완전한 신부 중에 더 큰 완전한 신부가 기도하잖아요? 마귀는 근처에 가지도 못해요. 그냥 끝입니다.

사랑의 완성체인 그리스도와 완전히 하나된 마음으로 동행한 완전한 신부 중에 더 영광스러운 완전한 신부가 누구인지 우리는 생각해 볼 필요가 있습니다. 그 사람은 하나님을 사랑하고, 동시대에 살고 있는 나라와 민족을 넘어서서 모든 인류를 다 사랑하는 사람입니다. 이들은 자기 주변에 있는 사람만 사랑하는 것이 아닙니다. 최고의 신부 중에는 얼굴도 모르는 선교사님을 위해서 기도하는 사람도 있고, 얼굴도 모르는데 아프리카 어린이의 밥 한 끼를 위해서 기도하는 사람도 있다는 것입니다. 그리고 이것뿐만 아니라, 하나님이 만들어 주신 해, 달, 별들도 사랑하게 되는 영성을 갖게 됩니다. 왜냐하면 그것이 신랑되신 그리스도께서 나를 위해 만들어 주셨다는 걸 알게 되니까요. 그뿐일까요? 지나가다 본 돌멩이에 그 어느 누구도 관심 없지만, 이 완전한 신부는 그런 작은 돌멩이 하나에도 그리스도의 아름다운 손길을 생각하며 그리스도의 흔적을 생각하더라는 거예요. **전부 다 사랑하는 게 최고 중에 최고의 단계인 완전한 신부가 되는 것입니다.** 지상 최고의 단계라 할 수 있죠. 이게 바로 형제 우애를 넘어선, 하나님을 사랑하는 마음입니다. 이웃 사랑에 더해서 눈에 보이지 않는 사람도 사랑하고, 하나님이 이미 만들어 놨던 사랑까지도 다 알게 되는 신부예요.

이건 마치 어떻게 표현할 수 있냐면요. 누군가 내게 눈에 보이는 선물을 줄 수도 있잖아요. 그런데 제가 지나고 보니까 그 사람이 나를 어떻게 사랑했는지 안 봐도 알 수 있는 경우가 있죠. 제가 그 사람을 많이 사랑하게 되면, 그 사람이 왜 그 당시에 그런 말을 했고, 왜 그때 그렇게 행동을 했는지 알게 되는 거예요. 나한테 그때 왜 그 선물을 줬는지, 숨어있는 사랑까지 다 찾아내는 거예요. 이 완전한 신부 중에 완전한 신부는 해와 달과 별 심지어는 나무 잎사귀, 흘러가는 물 하나를 봐도 그 속에 숨어 있는 나를 향한 그리스도의 숨겨진 사랑까지 다 찾아내는 거예요. 눈에 보이는 사랑 말고도, 눈에 보이지 않는 사랑까지 다 알게 되는 것입니다. 이런 사람들은 진짜 용서할 수 없는 원수보다 더 흉악한 원수까지도 그리스도의 사랑과 성령의 힘으로 사랑할 수 있는 빛나는 반열입니다. 심지어는 목 베임을 받는 순간이 올지라도, 내 목을 베는 사람도 사랑하게 되는 용서의 끝을 이루는 최고의 직분이 됩니다. **십자가 위에서 '아버지, 저들을 사하여 주옵소서 자기들이 하는 것을 알지 못함이니이다(눅 23:34)'하고 말씀하신 예수님처럼 기도하고 그 예수님의 기도처럼 그대로 기도했던 스데반 집사님과 같은 신앙을 가진 자 입니다(행 7:60).**

자신을 죽이려는 저들의 죄까지도 용서해 달라고 기도하는 그리스도의 옷을 입고 살아가는 성령의 사람입니다. 제가 존경하는 손양원 목사님도 그런 기도를 하셨었네요. 그분은 자기를 고문한 사람에게 복음을 전했다가 발로 차여서 넘어졌는데, 그때 소총 끝부분에 있는 개머리판으로 목사님의 입을 내려 찍어버렸대요. 그러니 앞니와 잇몸이 다 나갈 거 아니에요. 앞니가 다 나가면 갑자기 사람 머리에는 번개가 치는 듯한 큰 고통이 몰려옵니다. 그런데 입을 붙잡고 있으면서도 하나님 앞에 울면서 저들을 용서하는 기도, 저 사람을 살려달라는 기도를 하셨던 분이 바로 손양원 목사님이셨습니다. 그래서 실제로 손양원 목사님이 순교하고 가족의 품에 돌아오셨을 때 입을 수건으로 가려놓으셨다고 전해집니다. '미움은 다툼을 일으켜도 사랑은 모든 허물을 가린다(잠 10:12)'고 했어요. '여자들 중에 내 사랑은 가시나무 가운데 백합화 같다(아 2:2)'라는 완전한 신부의 표현을 떠올려 보세요. '내 누이, 내 신부야 네 사랑이 어찌 그리 아름다운지 네 사랑은 포도주보다 진하고 네 기름의 향기는 각양 향품보다 향기롭구나(아 4:10)' 하나님이 이 완전한 신부의 사랑의 향기에, 기도의 향기에 취해서 하루 종일 신부만 보고 계신다는 거예요. 하나님이 신부의 사랑을 보고 감탄하는 장면이죠. "나의 신부야, 너의 사랑이 어찌 그리 아름답느냐"하시는 거예요. 그리스도를 도장같이 마음에 품고, 도장같이 팔에 두는(아 8:6) 사랑하는 신부는 그 사랑도 죽음같이 강한 최고의 신부가 되는 것이 됩니다. 세상에 있는 모든 걸 다 사랑할 수 있는 사람인 것입니다.

눈에 보이는 사람뿐만 아니라 눈에 보이지 않는 내 신랑 되신 그리스도의 사랑까지도 다 찾아내는 어마어마한 완전한 신부 중에 완전한 신부입니다. 그 고귀한 사랑이 무엇으로 시작될지를 함께 생각해보는 시간을 가지시기를 바랍니다. 내 뜻대로, 내 자의대로, 내 소견대로 말하는 게 아니라 성경적인 기준에서, 오래 참는 인내의 성품에서부터 사랑이 시작되는 것임을 기억하시길 바랍니다. 사도 바울이 하나님께 한 유명한 고백의 말씀이 있습니다. '사랑은 오래 참고(고전13:4)' 여러분 오래 참는 게 무슨 뜻일까요? 바로 하루하루 참아내는 절제의 예배를 드리는 것입니다. 그리고 사랑은 인내로 만들어지는 거룩한 열매입니다. 여기서부터 사랑이 만들어지는 것임을 꼭 꼭 기억하시기를 바랍니다.

사랑은 오래 참고, 사랑은 온유해요. 사랑은 누구에게도 시기하지 아니하고 사랑은 나를 자랑하지도 않아요. 나를 높이지도 않고, 교만하지도 않아요. 사랑은 나보다 상대방을 먼저 생각하기 때문에 무례히 행하지도 않고, 어떤 상황에서든 자기의 유익을 구하지 않고 남의 유익을 먼저 생각하게 해요. 또 사랑은 상대방이 놀랄까 봐 성내지도 않고, 큰 소리로 말하지도 않아요. 사랑은 악한 것을 생각하지도 않고, 불의를 기뻐하지도 않아요(고전 13:4-6). 심지어 나를 힘들게 했던, 나를 어렵게 했던 악인이 망하고 죽는 것조차 기뻐하지 않아요. 사랑이 없기 때문에 나를 힘들게 한 사람이 잘못되면 웃는 거예요. 나를 괴롭혔던 사람이 잘 안 됐을 때 마음이 시원하다면, 과연 그런 기분이 드는 사람에게 사랑이 있다고 할 수 있을까요?

여러분 혹시 나를 힘들게 했던 사람이 잘못됐다는 소식 들었을 때 "그래 그럼 그렇지." 이런 말을 했다면 내 안에 사랑이 없는 것을 한탄해야 합니다. 그 사람이 잘되지 않는 것을 보고 내 속에서 후련해하는 것이 아니라 예수님을 믿고 그리스도의 희생을 알고 있으면서도 내 안에 사랑이 없는 것을 하나님 앞에서 무릎 꿇고 눈물로 한탄하며 고백해야 해요. 사랑은 하나님의 말씀인 진리와 함께 기뻐하고, 모든 것을 참고, 모든 것을 믿고, 모든 것을 바라고, 모든 것을 다 견디는 거예요(고전 13:7). 그게 사랑입니다. 하나님이 창조하신 모든 것을 사랑하는 것이요 이 세상은 지나가도 사랑은 언제까지나 떨어지지 않아요(고전 13:8). '그런즉 믿음, 소망, 사랑 중의 제일은 사랑이라(고전 13:13)'고 말씀하시는 것입니다. 이 사랑을 이 땅에서 완벽하게 이룬 자가 완전한 신부 중에 가장 최고의 완전한 신부가 된다는 것을 여러분께 말씀드립니다.

5. 팔복에 숨겨진 완전한 신부의 성품

여러분, 지금까지 말씀드린 완전한 신부의 성품이 팔복에도 숨겨져 있다는 사실 알고 계신가요?

긍휼히 여기는 자는 복이 있나니 그들이 긍휼히 여김을 받을 것임이요 **마음이 청결한 자**는 복이 있나니 그들이 하나님을 볼 것임이요 **화평하게 하는 자**는 복이 있나니 그들이 하나님의 아들이라 일컬음을 받을 것임이요 **의를 위하여 박해를 받은 자**는 복이 있나니 천국이 그들의 것임이라 마태복음 5:7-10

여기서 '긍휼히 여기는 자'가 열 수 있는 문이 있습니다. 바로 이 단계가 사랑이 시작되는 단계입니다. 그러니까 팔복도 다 같은 팔복이 아니라는 거죠. 긍휼히 여기는 자의 문은 사랑을 가진 자가 손잡이를 잡았을 때, 그때야 비로소 열리는 문인 거예요. 이게 진짜 얼마나 중요하냐면요, 천국에 가보면 너무너무 넓고 광활할 것입니다. 너무 넓은 이 천국 속에서 우리가 다른 천국을 구경 가고 싶다면 그 세계의 문을 열어야 하잖아요. 그런데 문이 안 열릴 수 있다는 것입니다. 만약에 높은 반열의 사랑의 나라에 들어가려고 하는 상황이 생긴다고 가정해 볼게요. 사랑의 나라에 들어가기 위하여 그 출입문을 열려고 했는데 안 열리는 거예요. 왜 안 열릴까요? 이 땅에서 사랑을 이루지 못했기 때문에 거기에 못 가는 거예요. 우리도 5,000원으로는 김밥집에 들어가 밥을 먹을 수 있지만 만약에 50만 원이 없으면 호텔에 들어갈 수가 없는 것과 똑같은 거예요. 그러니까 내가 이 땅에서 믿음만 가지고 있었어도 천국에 가는 건 맞아요. 그런데 믿음의 문만 열고 들어가는 것이지요. 다음에 있는 문은 못 여는 거예요. 이게 얼마나 중요하냐면요, 사랑이 있는 자가 마음이 청결하고 깨끗하니까 하나님을 볼 수 있습니다. 사랑이 있는 자가 사랑의 마음을 가지고 사람들과 화평을 이룰 수 있는 것입니다. 마지막으로는 **'의를 위해서 박해받는 자'가 나오잖아요. 의를 위해서 박해받는 게 뭡니까? 하나님을 사랑하는 것이 고난이 되어서, 그 고난이 증거가 되어 하늘에 올라가는 것 아니겠습니까.** 결국 이 팔복 말씀에 하나님께서 우리에게 주신 '생명과 경건에 속한 모든 것'에 대한 '신의 성품에 참여하는 자'가 다 기록되어 있다는 것입니다.

이제 여러분께 제가 마지막 메시지를 하나 전해 드립니다. 이 메시지를 잘 들으시고 주의 은혜가 함께 하시길 원합니다. 지금 여러분과 제가 십자가에서 죽는 것은 영원히 살기 위해 죽는 것입니다. 그러니까 죽기 위해 죽는 것이 아니라 장차 영원히 살기 위하여 죽는 것이라는 뜻입니다. 이 땅에서 얼마만큼 죽느냐에 따라서 신부의 반열이 달라지게 됩니다. 죽는 삶 속에 주님의 사랑이 살아있게 되고, 죽는 삶 속에 예수님의 온유와 겸손이 숨겨져 있다는 것을 여러분에게 말씀드리는 겁니다. 내가 죽는 것은 죽는 것이 아니요, 살아나기 위하여 잠시 죽는 것뿐입니다.

그러니까 다시 말해서 영원한 생명을 위해서 일시적인 내 자아의 죽음을 주님께 넘겨드린다는 뜻입니다. 영원한 것을 얻기 위

해 영원하지 않은 것을 내어드리는 아름다운 예배를 신령과 진정으로 올려 드리는 것입니다. 내 속사람을 단장하고 사는 것이 여러분들의 겉사람이 죽는 것입니다. 속사람의 영체는 내 겉사람이 죽을 때 비로소 빛나는 온전체가 된다는 걸 꼭 기억해 주시기를 주님의 이름으로 축복합니다. 내 속사람이 온전해지면 겉사람은 자연스럽게 영의 힘에 의해서 따라오게 되어 있습니다. 한 알의 밀알이 땅에 떨어져 죽으면 새로운 생명이 되어 나타나게 될 수밖에 없는 것을(요 12:24) 여러분도 아시잖아요. 한 알의 밀알이 죽어야만 밀알은 자신이 가지고 있는 딱딱한 껍질의 장막을 벗고 밀알 속에 있는 생명체가 꿈틀거리기 시작한다는 것입니다. 그 밀알을 말씀의 절구에 넣고 오늘도 내일도 계속해서 빻는 거예요.

빻을 때 껍질이 벗겨지면 그 밀알은 사는 겁니다. 단단하고 딱딱한 밀알의 껍질이 바로 무엇입니까? 완악한 우리의 겉사람 아니겠습니까? 이렇게 단단한 것이 깨지는 순간이 바로 내 완악함과 고집과 교만이 무너지는 순간입니다. 지금까지 내 멋대로 살려고 하고, 내 감정대로, 내 생각대로, 내 경험대로 하려고 했던 그 모든 것들이 다 완전히 붕괴하는 순간입니다. 그때 비로소 내 속사람의 영체에서 싹이 트며 나오게 되고, 가지를 뻗은 다음에 하나님이 그토록 원하시는 천국에도 가져갈 수 있는 열매를 맺을 수 있게 되는 것입니다. **지금 여러분의 겉사람은 말씀의 절구와 성령의 불기둥으로 깨지고 있으십니까?** 겉사람이 깨지는 만큼 속사람이 더 새롭게 태어나고 있다는 진리를 알고 계시는지 여쭙는 것입니다. 지금부터 깨뜨려 보세요. 지금부터 부숴보세요. 불완전한 겉사람의 껍질을 벗고 나오셔야만 여러분들이 천국에 넉넉히 들어가게 되고, 그리스도의 신부 된 반열에 들어가게 되며 신부 중에 더 큰 완전한 신부에 들어갈 수 있다는 것을 꼭 기억하시길 바랍니다. 그리고 내가 과연 어느 단계에 있는지 말씀의 빛을 비춰보시면서 점검하고 그 부분을 깊이 있게 보셔야 합니다.

동시에 "이제 시간이 별로 없다. 내가 신부들을 데리러 갈 날이 얼마 안 남았구나!"하고 계시는 예수님을 생각한다면, 하나님 앞에 더 온전하게 올려드릴 수 있는 마음을 갖고 살 수가 있습니다. 이제는 삶 가운데 성령님께 의지하고, 예수님의 보혈의 옷을 입고 살아가셔야만 합니다. 여러분들이 알고 있는 말씀과 성령의 불과 예수 그리스도의 보혈로 하나가 되어 영과 말씀으로 하는 기도 가운데에서 움직일 때, 하나님이 여러분들을 이끌어 주실 것입니다. 기도하는 것을 절대 잊지 마시고, 어떤 일이 있어도 기도부터 하고 시작하세요. 그러면 그것이 힘이 되어 상급이 되지만, 여전히 하나님을 앞질러 가고자 하는 내 조급한 발걸음으로 나아간다면, 여러분들의 믿음의 담은 언제 또다시 무너질지도 모르는 모래성과도 같아질 것입니다. 그렇게 되면 순종할 수 있는 말씀도 순종하지 못하게 됩니다. 내가 하나님의 의를 이루어야 하는데도 분을 내고 성내고 다투며 하나님의 의를 이루지 못하는 하루로 허무하게 지나가는 것입니다. 얼마나 귀한 하루인데. 이 하루가 내 영원한 생명으로 바꾸어 낼 수 있는 하루라는 것을 잊지 마십시오. 생명력 있고 영원히 살 수 있는 믿음을 가지고 죄를 과감히 저 멀리 던져버리고, 주 안에서 순종하는 하루가 될 수 있기를 기도

합니다. 그걸 꼭 기억하셔서 오늘 이 말씀이 여러분들의 심령 가운데 잘 박힐 수 있기를 예수 그리스도로의 이름으로 축복합니다.

충만

성령이 충만하게 하옵소서
말씀이 충만하게 하옵소서
보혈이 충만하게 하옵소서
겸손이 충만하게 하옵소서
기쁨이 충만하게 하옵소서
감사가 충만하게 하옵소서
사랑이 충만하게 하옵소서
내 안에 예수 그리스도와 복음으로 충만하게 하옵소서
내 영아 예수 그리스도 이름으로 명하노니
충만하고 충만하고 충만할지니라
내 영아 예수 그리스도 안에서 기뻐하고 기뻐하고 기뻐할지어다
너는 장차 언약하신 말씀대로 의의 상속자가 될 것이니라

성령이 충만하여 담대히 하나님의 말씀을 전하니라 행 4:31

하나님의 말씀을 받아 올려 드리는 영의 기도

"하나님 아버지, 말씀을 사랑하고 성령의 뜻대로 살아서
하나님께서 그토록 원하시는 신부의 반열로 들어가기를
소망합니다.

신부 중에 더 큰 신부가 되기 위하여 사랑으로 기도 가운데
말씀을 순종하고 행함으로 거룩한 예배를 올려드릴 수 있게 하여
주시옵소서.

작은 말씀에서 시작하여 순종하기 어려운 말씀에 이르기까지
성령의 힘으로 나아갈 수 있게 하여 주시고 그리스도의 푯대를
향하여 전진하되 지성소 안에 언약궤를 향하여 담대히 나아갈 수
있는 보혈의 권세를 허락하여 주시옵소서.

언약궤 안에 들어있는 예수님의 마음을 얻어내는 아름다운 신부가
되어 그 마음을 함께 나누고 주님과 동행하는 신부다운 완전한
신부로까지 올라갈 수 있게 도와주옵소서.
완전한 신부의 거룩한 면류관을 항상 쓰고 다니게 하여 주셔서
이 땅에서는 그것이 고난의 무게가 되고 가시로 뒤덮여 있는
면류관이 되어있을지라도, 신랑을 사랑하는 신부의 사모된 영성을
가지고 보석으로 수놓은 삶을 살게 하여 주시옵소서.

이제 주님 오실 날이 얼마 안 남았으니 허무한 것에 굴복하지 않게 도와주시고 허송세월 보내지 않도록 주께서 이끌어 주시옵소서.

육의 말을 버리고 육의 행동을 저버려서 영원한 것을 얻기 위해서 영의 생각과 영의 행함으로 살아가는 그리스도의 신부가 되기를 원합니다. 하나님의 눈과 시선이 머무는 그리스도의 신부다운 최고의 신부가 되게 하여 주시옵소서.

이제 곧 신부와 교회를 부르시기 위하여 강림하실 우리 주 예수님의 이름으로 기도합니다. 아멘."

거부권

예수님의 이름으로 세상소리를 거부한다
남이 말한 부정적인 소리를 거부한다
내가 말한 자책하는 소리를 거부한다
예수님의 이름으로 내 귀와 생각과 마음에서 떠나갈지어다
나는 죄에서 해방 되었습니다

너희의 입이 말한대로 행하라 민 32:24

완전한 신부가 되기 위한 성경적 근거

설교영상

1. 고난을 낮추어서 도가니로 들어가는 어리석음

오늘은 '완전한 신부가 되기 위한 성경적인 근거'를 찾아보도록 하겠습니다. 말씀은 잠언 17장 3절입니다.

> 도가니는 은을, 풀무는 금을 연단하거니와 여호와는 마음을 연단하시느니라 잠언 17:3

하나님의 말씀이 참 너무 오묘하고 귀해요. 오늘 하는 잠언 말씀은 예수님이 오시기도 전에 쓰인 굉장히 오래된 성경 말씀이죠? 그런데 너무너무 귀한 부분을 찾을 수가 있어요. '도가니는 은을 풀무는 금을' 이렇게 쓰여 있는 말씀을 볼 수 있는데요. 그러니까 도가니가 있는 것은 은을 위해서 있는 거고, 풀무는 금을 위해서 있다는 거죠. 그런데 이게 얼마나 과학적인 말씀인지 여러분께 알려 드리고자 합니다, 구약시대 당시에는 은과 금을 놓고 녹는점 같은 것들의 수치를 다 따져볼 수 없는 시대입니다. 지금 현대에 와서 각각의 녹는점을 알아볼 수 있는 시대가 되었습니다. 도가니는 은을, 풀무는 금을 녹여야 하잖아요. 그런데 은의 녹는점은 961℃, 금의 녹는점은 1,064℃ 예요. 너무 놀랍지 않나요? 당시엔 과학적인 지식이 없었으니까, '도가니는 금을' 이렇게 할 수도 있는 거잖아요. 정확한 수치가 있는 것도 아니니까 말이죠. 놀랍게도 말씀에 따르면, 은이 순수한 은이 되기 위해서는 도가니 안에 들어가야 한다는 것입니다. 금이 순수한 정금이 되기 위해서는 풀무불 안에 담가져야 한다는 거예요. 풀무불은 우리가 흔히 쓰는 용광로를 말하는 것입니다. 그러니까 도가니보다 풀무불이 훨씬 뜨겁겠죠.

그러면 여기에서 우리가 이 말씀을 통해서 알아야 하는 건, 순수한 '정금'이 나오기 위해서는 '도가니'로는 안 된다는 겁니다. 예를 들어 우리가 만약에 어떤 고난을 당하고 있다고 생각을 해봅시다. 그런데 이 고난이 너무너무 지긋지긋해서 이걸 빨리 통과하고 싶은 거예요. 이 고난이 쳐다보기도 싫은 거예요. **그래서 하나님 앞에 기도하지 않고 세상적인 방법과 기준을 동원해서 나름 빨리 통과할 수도 있습니다. 그러면 어떤 일이 생기냐면, '정금'은 못 되어 나온다는 것입니다.** 그러니까 고난을 낮추는 어리석음을 범하는 죄를 짓는 것이지요. 이게 상당히 고난도의 회개인데요. 고난을 겪고 있는데 고난을 낮추는 어리석은 죄의 덫에 걸리는 것을 여러분에게 알려 드리는 것입니다. 나를 향하여 하나님이 목표하신 건 변함이 없으신데, 내가 고난의 풀무불을 낮춰서 더 쉬운 고난의 도가니로 들어간 거잖아요. 당연히 정금이 되지 못하고 어설픈 금이 되어 나오겠지요. 그럼 어떤 일이 생기냐면, 도가니에 들어가서 나왔다가, 다시 또 풀무불로 들어가야 하는 기가 막히는 일이 됩니다. 예전에 북한 선교를 하시는 분의 설교가 생각이 났는데, 그분이 몇 년 안에 끝낼 수 있던 감옥살이를

평생에 걸쳐서 감옥에 있었대요. 그 이유가 뭐냐면, 자기의 자존심과 고집의 끈을 내려놓지 못해서였습니다. 그것들을 빨리 내려놓았으면, 더 빨리 출소를 해서 하나님의 일을 더 많이 할 수 있었을 텐데 끝까지 자기 고집대로 가게 된 것입니다. 그래서 결국은 늙어서 생명이 얼마 안 남은 시점에서 풀려난 것이지요. 어마어마한 후회를 하고는 있지만 이미 시간이 지났기 때문에 돌이킬 수 없으니 눈물만 흘리고 있는 것입니다.

결국 하나님은 마지막 종착지까지 우리를 끌고 가시려고 하는 것을 우리는 기억을 해야만 합니다. 그런데 우리 인간은 너무 어리석어서 내 자아가 살아있어서 모든 문제가 시작됩니다. 그래서 우리는 고난의 풀무불로 들어가는 건 너무 힘드니까 "이 정도까지는 괜찮아."하면서 스스로 위안하고 고난의 도가니로 들어가는 우를 범하고 있지는 않냐는 것입니다. 내 마음이 아무것도 섞여 있지 않은 순수 그 자체가 되기 위해서는 성령의 불 안에 들어가야 합니다. 성령의 불 안에 들어간다는 것은 말씀 안에 들어가야 하는 것을 뜻하고, 그러기 위해서는 내가 보혈 안에 푹 담가져 있어야 합니다. 어설프게 보혈 반, 세상 반에 있게 되면 하나님 앞에 보혈로 회개를 받았다고 하더라도, 세상으로 또 나가버리게 됩니다. 그리고 다시 회개가 안 된 상태로 돌아가잖아요. 죄짓고 또 들어오고, 또 나갔다가 또 들어오고. 이렇게 반복되는 일이 계속될 수밖에 없는 악순환을 하게 되는 것입니다.

2. 하나님은 마음을 시험하신다

이 말씀의 뒷부분 여호와는, 즉 하나님은 '마음을 연단하신다'고 하신 부분도 무척 중요합니다. 여기 연단이란 단어는 어떤 뜻일까요? 일반적으로 생각해보면 앞에 있는 문맥으로 봤을 때 뭔가 고통과 비슷한 느낌이 다가오는 걸 느낄 수 있잖아요. 하지만 하나님이 우리 마음을 연단하는 방법은 은을 녹이는 도가니와 금을 녹이는 풀무불과는 달라요. 하나님의 방법은 좀 다릅니다. 어떤 방법이냐면, '내 마음이 항상 하나님 앞에 올바르게 서 있는가'를 보신다는 것입니다.

더 쉬운 얘기로 '여호와는 마음을 연단하신다'의 영어 원문을 보면 'the Lord tests the heart(Proverbs 17:3)'예요. 그러니까 '하나님은 마음을 시험하신다'라는 것입니다. 우리가 성경의 시작, 창세기부터 끝인 요한계시록에 이르기까지 하나님이 하신 가장 큰 시험이 뭐가 있었는지 생각해볼까요? 아브라함이 아들인 이삭을 바치는 시험이 있었습니다. 그래서 하나님께서 아브라함에게 이삭을 바치라고 했을 때, 아브라함이 하나님을 너무나도 사랑하여 순종하는 장면(창 22:1-12)을 우리는 누구나 알고 있잖아요. 그러면 우리가 여기서 '연단'을 또 다른 말로 표현하면 뭐가 될까요? 내 마음을 시험한다고 하시잖아요. 그런데 아브라함을 생각하면 하나님이 일반적인 시험을 하시는 게 아닙니다. 그러니까 이 연단은 '순종하기 어려운 것을 순종하는 것'이라고 할 수 있는 것입니다. 우리는 이것을 꼭 기억해야 해요. 이때 누가

"그럼 그것이 과연 완전한 신부가 될 성경적 기준이 될 수가 있나요?"라고 물어볼 수 있는데요, 당연히 될 수 있는 조건이 됩니다. 완전한 신부는 하나님 앞에서 왕권자가 되어서, 주님의 능력을 위임받아 천국을 다스리는 자로 뽑히고 뽑히는 것입니다. 그러면 왕권자의 시험을 통과하지 못하면 왕권자가 될 수 없다는 뜻이 됩니다. **그래서 '하나님은 마음을 연단하신다'고 할 때 '마음의 연단'이라고 하는 것의 성경적 정의는, 하나님께서 '그 사람의 마음에 하나님보다 더 사랑하는 것이 있느냐'를 시험하신다는 사실입니다.**

그런데 대부분의 사람이 여기서 다 걸려 넘어지게 됩니다. 게다가 시간이 지나도 이게 하나님의 시험인지 모르는 사람들도 허다한 그런 가슴 아픈 일도 발생하게 됩니다. 그러면 여기서 우린 '연단'이 '시험한다'는 말도 될 수 있지만, 더 와닿게 말을 한다면, '고난'이라고 칭할 수 있다는 것 또한 알 수 있습니다. 우리 디모데후서 1장 8절에 끝줄만 봅시다.

> 그러므로 너는 내가 우리 주를 증언함과 또는 주를 위하여 갇힌 자된 나를 부끄러워하지 말고 오직 하나님의 능력을 따라 복음과 함께 <u>고난을 받으라</u> 디모데후서 1:8

그러니까 '고난을 받았으면 좋겠어'가 아니라 "<u>복음과 함께 고난을 받으라</u>"고 그냥 명령을 하시는 거예요. 그리고 디모데후서 2장 3절에서도 '나와 함께 고난을 받으라(딤후 2:3)'라고 나옵니다. "나와 함께 고난을 받으면 안 될까?"가 아니라, 단호하게 "고난을 받으라"고 말씀을 하시는 것입니다. 이것은 하나님의 명령입니다. 그러니까 고난을 받는다는 것은 반드시 해야 하는, 하나님의 명령인 것입니다. 그런데 우리가 그렇다고해서 헷갈리면 안 돼요. 요한일서 3장 13절 말씀을 봅시다.

형제들아 세상이 너희를 미워하여도 이상히 여기지 말라 요한일서 3:13

여기서 '미움을 받는' 것은 큰 고난은 아니에요. 그러니까 내가 예수님을 믿는 것으로 인해서 미움받는 것을 '연단이다, 시험이다'라고 말하긴 조금 부족해 보입니다. 우리가 수학 문제를 풀더라도 사칙연산을 푸는 것이 아니라 방정식을 했을 때 좀 어려워 보이는 문제를 풀었다고 하잖아요? 여기서 우리가 또 꼭 알아야 하는 중요한 말씀이 있습니다. 이사야 48장 10절입니다. 굉장히 중요한 말씀이지만 많은 사람들이 이 말씀을 잘 모르기 때문에 말씀드립니다.

보라 내가 너를 연단하였으나 은처럼 하지 아니하고 너를 고난의 풀무불에서 택하였노라 이사야 48:10

아까 말한 '복음과 함께 고난을 받으라(딤후 1:8)' '너는 그리스도 예수님의 좋은 병사로 나와 함께 고난을 받으라(딤후 2:3)'에서 나온 '고난'이 여기에 또 표현되어 있죠? '고난의 풀무불에서 택하였노라'에서 '택하였노라'라는 부분이 엄청 중요한 말씀입니다. 그러니까 이걸 많은 사람들이 "내가 너를 연단했는데, 은처럼 하지 않았어. 그리고 내가 너를 고난의 풀무불에서 택해서 네가 지금 고난을 받는 거야." 이렇게 쓰여 있는 그대로 생각하게 될 것입니다. 그런데 그게 아닙니다. 여기서 '택하였다'라는 표현은 영어로 했을 때, 현재 완료형입니다. 와~ 그러면 이게 완전히 해석이 달라져요. '택하였다', 즉 '택하다'를 생각하면 일반적으로 'choice'라는 단어를 생각할 수가 있잖아요. 하지만 그렇지 않아요. '택하였다'라는 'I have tested you.' 그러니까 내가 너를 시험했다가 아니라 '지금까지 내가 널 시험을 해왔다'라는 뜻인 겁니다. **그러니까 시험이 한 번이 아니라, 여러 번이 아니라, 계속 끊임없이 있었다는 의미가 됩니다. 그럼 '지금까지 너를 시험해 오셨다'는 뜻인 거죠.** 제가 기도문 위에 '오늘도 여호와의 저울 위에 올려져서 내 몸과 마음과 생각이 테스트되고 있다'는 말을 써놓았는데요. 그러니까 순간마다 하나님의 저울에 계속 우리의 생각, 우리의 마음 상태, 심령 상태, 속사람의 상태, 겉사람의 상태… 그 모든 것들이 전부 여호와의 저울 위에 올라가는 것입니다.

우리가 일반적으로 생각했을 때 고난이라고 하면 무조건 어려운 환경이나 굉장한 고통이 순간적으로 오는 것을 많이 생각하잖아요. 그런데 그런 것만 있는 게 아니라 아팠다는 결과적 산물 이전에도 계속 하나님이 우리를 시험해 오셨다는 것입니다. 그러면 만약에 누가 어떤 질병에 걸렸다고 한다면 믿는 자에겐 두 종류가 있을 것입니다. 죄 가운데 빠져서 걸린 질병이어서 회개하여 나을 질병인지 또는 하나님이 허락하신 거룩한 가시 같은 질병인지 말씀을 통하여 정확하게 비춰볼 수 있습니다. 그걸 판단할 수 있는 영의 눈이 필요하다는 것을 알려 드리는 것입니다.

즉, 도가니에서는 은을 녹일 수 있고 풀무불에서는 금을 녹일 수 있는데, 주 뜻대로 고난받을 때 너무 뜨겁다고 풀무불에서 도가니로 내려가는, 그런 어리석은 죄를 범하면 안 된다는 것입니다. 쉽게 얘기하면, 주 뜻대로 고난받을 때는 그냥 시원하게 한 번에 끝내는 게 낫다는 것입니다. 그러나 기왕 더 큰 왕권자 신부가 되기 위해서는, 고난이 끝나자마자 "또 다른 고난을 주시옵소서." 그런 고백도 할 수 있어야겠다는 것을 믿음으로 알려 드리고자 합니다. 주께서는 그 고난 속에서 하나님의 흔적과 하나님의 뜻을 찾아내는 그런 신부가 될 수 있기를 원한다는 겁니다. **'나'라는 불순물이 없어지고 내 영의 순수함만 남아야 하기 때문에 고난은 이를 해결하기 위한 거룩한 도구가 될 수 있습니다.**

그거를 하나님이 '연단'을 통해서 시험하시는데 연단이 '고난의 풀무불'인 것을 알려 드립니다. 내 생각과 경험이 날마다 죽어 없어지지 않으면, 어떤 일이 생기게 될까요? 내 생각과 경험이 말씀을 덮어서 말씀을 왜곡하고 육으로 판단하지 않겠습니까? 그렇게 육으로 판단하는 순간, 하나님과 나와의 관계는 그냥 '관계가 됐다'라고 말을 하는 것뿐이지, 성립된 것은 아무것도 없는 것입니다. 내가 어떤 사람을 사랑해서 '결혼한다'라고 말을 아무리 많이 했어도 아무리 많은 시간을 보냈다 할지라도 혼인 증명서가 없으면 결혼한 것이 아니잖아요. 그러니까 내가 아무리 하나님의 신부라고 떠들어 댄다 할지라도 하나님의 기념책에 '이 사람은 나의 신부다'라고 기록되어 있지 않으면 아무 의미가 없다는 것입니다. 그러니까 내 지식과 능력이 수시로 죽어 사라져야만 하는 이유는, 내가 하나님을 더 의지해야 하고, 더 바라봐야 하기 때문인 거예요. 하나님이 원하시는 고난의 풀무불 속에서 하나님의 방법대로, 그리고 하나님의 뜻대로 시험을 통과하면 하나님이 이렇게 말씀하실 겁니다. "그래 네가 옳다. 잘했구나! 통과됐다." 그리고 정확하게 하나님의 인장을 찍어주실 것입니다. 그렇다면 하나님께서는 우리를 왜 시험하실까요? 말씀을 찾아보겠습니다.

<u>시험을 참는 자는</u> 복이 있나니 이는 <u>시련을 견디어 낸</u> 자가 주께서 자기를 사랑하는 자들에게 약속하신 생명의 면류관을 얻을 것이기 때문이라 야고보서 1:12

생명의 면류관은 두 가지의 면류관이 있습니다. 첫 번째는 '네가 죽도록 충성하라 그리하면 내가 생명의 면류관을 네게 주리라 (계 2:10)'는 말씀입니다. 손양원 목사님, 주기철 목사님, 최권능 목사님들을 생각해보세요. 그분들은 진짜 죽도록 충성하고 십자가에서 죽으신 분이어서 최고로 빛나는 생명의 면류관을 받을 수 있었습니다. 그리고 두 번째 생명의 면류관이 바로 이 야고보서에 나온 말씀입니다. 이 면류관은 그냥 주는 게 아니라 전제 조건이 '시험을 참는 자'예요. 우리가 '시험을 참는 자'라고 하면은 일반적으로 생각하는 '참다'를 생각하시잖아요. 그런데 영어 성경에서는 그렇게 안 나와요. 'under trial(James 1:12)'이라고 나오는데,

'재판 중인'이라는 뜻이에요. 그러니까 하나님이 내 마음을 보시고 계속 시험을 하시는데, 그걸 하나님이 계속 재판 중이라고 표현된 것입니다. **그러니까 하나님은 하나님의 보좌 위에 그냥 앉아 계시는 게 아니고, 내가 사랑하는 아들과 딸이 과연 면류관을 받을 수 있는 자인지 계속 여호와의 저울 위에 올려놓고 판결하는 중이시라는 것입니다.** 그 뒤에 '시련을 견뎌낸 자'가 나오는데, 여기서 나오는 '시련'은 '고난'이 아니에요. 'test'예요. 이 시련, 이 시험을 견뎌낸 자가 하나님이 사랑하는 자들에게 주시는 생명의 면류관을 얻을 수 있습니다. 그러니까 하나님을 사랑하면 시험을 통과할 수 있게 되는 것이지요. 그래서 이런 말씀도 있는데요.

> 너희 믿음의 확실함은 불로 연단하여도 없어질 금보다 더 귀하여 예수 그리스도께서 나타나실 때에 칭찬과 영광과 존귀를 얻게 할 것이니라 베드로전서 1:7

여기서 '불로 연단한다'라는 게 바로 'test'라는 거죠. 하나 더 찾아보면 베드로전서 4장 12절 말씀이 있습니다.

> 사랑하는 자들아 너희를 연단하려고 오는 불 시험을 이상한 일 당하는 것 같이 이상히 여기지 말고 베드로전서 4:12

여기서 연단, 불 시험, 이상한 일이 중요한 게 아니에요. 중요한 건 '사랑하는 자들아'예요. **연단 받고, 불 시험받는 사람들을 하**

나님이 사랑하신다는 것입니다. 그러니까 사랑하는 자들에게 연단과 불 시험이 온다는 겁니다. **왜? 생명의 면류관, 의의 면류관, 영광의 면류관을 주기 위해서 하나님이 고난의 흔적을 남겨 놓으시는 과정이기 때문입니다.** 그것이 거룩한 고난의 흔적이 되어서 하나님이 기념책에 정확하게 꽝꽝 기록해 놓아야 하니까요. 공의의 하나님이 그 면류관들을 우리에게 주시려면 증거가 있어야 하잖아요. 우리 하나님이 앞뒤 없이 막 하시는 분이 아니잖아요. 하나님은 원인과 결과를 정확하게 보셔요. 저는 성경만큼 원인과 결과를 중요하게 여기는 책은 없다고 봐요. 예를 들어, 어떤 죄의 원인이 있다? 반드시 죄에 대한 결과가 나오잖아요. 하나님은 하나님이신 당신께서 오실 때도 분명한 원인을 말씀하시고 오신다고 하셨잖아요. 그냥 오신다고 하지 않으셨어요. 그러니까 내가 어떤 어려움을 겪었을 때, 과연 이 어려움을 원망과 불평으로만 하지 말고, '이 고난이 왜 왔는가'를 생각해 볼 필요성이 있다는 것을 말씀드리는 것입니다. 그러면서 고난과 어려움을 성령의 능력으로 기도화 시켜서 감사와 기쁨으로 바꿔 하나님께 올려 보세요. 이거는 왕권자 신부가 할 수 있는 기도의 능력입니다.

3. 하나님이 원하시는 연단

그렇다면 과연 하나님이 정말 원하시는 연단은 무엇일까요? 우리 말씀 한번 찾아봅시다.

또한 그로 말미암아 우리가 믿음으로 서 있는 이 은혜에 들어감을 얻었으며 <u>하나님의 영광을 바라고</u> 즐거워하느니라 다만 이뿐 아니라 우리가 <u>환난 중에도 즐거워하나니</u> 이는 <u>환난은 인내를, 인내는 연단을, 연단은 소망을 이루는 줄 앎이로다</u> 로마서 5:2-4

여기서 포인트가 뭐냐면, '하나님의 영광을 바라고 있다'는 거예요. 그리고 '이 은혜에 들어감을 얻었다'라는 건 여러분도 되고, 나도 되고, 다른 사람들도 된다는 거예요. 우리 누구나 다 이미 얻은 것입니다. 그런데 들어가고 안 들어가고는 누구 마음이에요? 우리 마음인 것이지요. 우리 각자의 자유 의지에 달려 있습니다. 그런데 여기서 정말 이해할 수 없는 말이 나오는 게 있어요. 분명 '환난 중에도 즐거워한다'는 표현이 나오잖아요. 그런데 이게 원래 상식적으로 생각을 해봐도 있을 수가 없는 일입니다. 어떻게 환난 중에 즐거워할 수가 있겠어요? 특히 환난이라는 것은 그냥 일반적인 고통이 아닙니다. 영어로 말하면 'suffering(Romans 5:2-4)'인데 이건 '어떤 고통 중에 더 큰 고통'을 말하는 뜻입니다.

그런데 말씀에서는 환난은 즐거워할 수 있는 환난이라는 뜻이 되는 것인데 쉽게 와 닿지 않을 수 있습니다. 여기는 지금 믿는 사람이 당하는 환난이잖아요. 그런데 이 환난이 즐거울 수 있는 환난이라는 것입니다. 왜 그럴까요? 방금 말씀 중에 '복음과 함께 고난을 받으라'는 말씀을 보면 알 수 있어요. 복음과 함께 고난을 받으면서 찾아온 환난이기 때문에 즐거워하는 겁니다. 예수 그리스도의 나라와 그의 의를 위한 환난이기 때문에 기뻐하고 즐거워하는 것입니다. 그리고 환난은 인내를 만들어내기 때문이라고 기록되어 있습니다. 이 환난을 통해서 인내를 이룬다는 것은 큰 보배이며 하늘의 보화가 됩니다. 여기서 '인내'가 굉장히 중요합니다. 이런 말씀이 있었죠.

그러므로 너희가 더욱 힘써 너희 믿음에 덕을, 덕에 지식을, 지식에 절제를, 절제에 인내를, 인내에 경건을, 경건에 형제 우애를, 형제 우애에 사랑을 더하라 베드로후서 1:5

이 인내라는 건 앞에 있는 믿음의 문, 덕의 문, 지식의 문, 절제의 문을 이미 통과를 다 한 상태라고 말씀드렸습니다. **그런데 '환난은 인내를(롬 5:3)' 이니까 환난을 통해서 한 번에 인내의 문까지 가는 것이 됩니다.** 이 뒤에 '인내는 연단을(롬 5:4)'이 나오는데 연단이 포함되는 게 바로 '경건'과 '형제 우애'와 '사랑'을 말하는 것입니다. 그 다음에 소망을 이루는 것이지요. 그런데 여기서 이 '소망'은 일반적인 믿음을 가진 소망이 아니에요. 이 소망은 성도가 그리스도의 신부가 되고, 그리스도의 신부가 지성소의 가장 핵심에 있는 중심으로 들어가서 완전한 신부가 되는 소망을 이루는 것을 말하는 것입니다.

여기서 또 한 가지 중요한 것은 '연단'이란 말에 귀를 기울여 보아야 합니다. 이 '연단'을 영어 성경으로 보았을 때, 생각지도 못한 단어라는 것을 알게 될 것입니다. 지금까지 연단이 'test'로 나왔는데, 여기서는 아니에요. **연단은 바로, 'character(Romans**

5:2-4)'라고 기록되어 있습니다. 'character'라는 뜻은 '성격' '인물' '사람의 본성' '기질'이라는 의미를 가지고 있습니다. 그러니까 이 'character'가 있으면 성경에서는 신부로 넘어갈 수가 없다는 뜻입니다. 기준이 바로 나의 'character'가 깨지냐 안 깨지냐입니다. 더 쉬운 예로 내가 밀알이라고 하면, 밀알의 껍질이 벗겨지느냐, 안 벗겨지느냐인 것이지요. 만약 내가 십자가 위에 올라가더라도 그 위에서 죽을 수도 있고 내 자유의지로 내려와서 다시 살 수도 있는 거잖아요. 그러니까 내 자아와 내 경험, 내 지식, 나의 교만, 고집과 감정이 죽어서 없어지냐 안 없어지냐의 기로가 바로 연단(character)인 것입니다. 여기에 걸려 있는 사람들은 100% 신부가 아니에요.

신부가 된 사람들은 자기가 없습니다. 자기를 늘 부인하고 살기 때문입니다. 예수님이 "누구든지 나를 따라오려거든 자기를 부인하고 자기 십자가를 지고 나를 따를 것이니라(마 16:24)"라고 했잖아요. 영어 성경에서는 '자기를 부인하고'가 'must deny(Matthew 16:24)'로 나왔다고 말씀드렸습니다. 'must'는 반드시, 즉 어떤 일이 있어도 기필코 꼭 해야 하는 걸 말하잖아요. 즉, "자기부인 할 거니, 말 거니?"가 아니라 자기부인을 반드시 하는 동시에, 십자가를 지고 가는 자들이 예수님의 진정한 제자이며 신부라는 것입니다. 그렇기 때문에 나의 옛 인격이 바뀌어야 하는 것이지요. 나의 옛사람이 완전히 성령의 사람이 되는 것입니다.

"예수님 그의 나라와 그의 의를 위해서라면, 예수님의 이름 때문이라면, 복음을 위해서라면 나라는 존재는 없어져도 됩니다. 제가 가지고 있는 이 생명조차도 조금도 아끼지 않겠습니다. 세상의 것이 진짜 배설물로 보입니다(빌 3:8).” 이 고백은 진짜 신부의 반열에 들어간 이들만 할 수 있는 고백인 거예요. 그런데 여전히 내가 세상 것이 배설물로 안 보인다면 신부 반열에 들 수가 없어요. 신부는 세상을 바라보는 게 아니라 그리스도를 바라보고, 세상의 쾌락 안에 있는 것이 아니라 일부러 도가니와 기꺼이 풀무불 안으로 들어가게 됩니다.

또 한 가지 중요한 부분을 말씀드리겠습니다. ‘우리가 환난 중에도 즐거워하나니(롬 5:3)’에서 ‘즐거워한다’라는 말씀을 영어로 보면 ‘we glory’입니다.

Not only so, but we also glory in our sufferings, because we know that suffering produces perseverance Romans 5:3

이 뜻은 ‘우리는 영광을 기뻐한다’라는 의미잖아요. 그런데 중요한 건 어디에서 즐거워하고 있는지를 보아야 합니다. 말씀에 보면 어디라고 나오나요? 바로 ‘in our sufferings’, 즉 ‘고통 가운데서’ 기뻐하고 즐거워한다는 것입니다. 그리고 ‘we know that suffering produces perseverance’라고 나오는데요, 이건 문법적으로, that 이하의 문장을 미리 알고 있다. **즉, 고통이 인내를 낳는다는 것을 미리 알고 고통 속으로 우리가 스스로 들어가는 것을 의미하는 것입니다.**

그러니까 알면서도 그냥 들어간다는 의미입니다. 알면서도 그의 나라와 복음을 위하여 진입하는 것을 말합니다. 가끔 여러분이 저를 보면 이해하실 수 없는 것들이 있을 겁니다. "분명히 저렇게 안 하고 다른 방식을 선택하면 더 편하고 행복하게 살 수 있을 텐데, 왜 저렇게 어려운 가시밭길로 가는 걸까?"하는 생각을 하셨을지도 모릅니다. "살짝만 눈감고 넘어가기만 하면 훨씬 편하게 살 수 있는데 왜 고생을 자처해서 살아갈까?" 그런 생각을 여러분이 하실 수도 있어요. 그런데 제가 그런 생각을 안 하는 것을 넘어서서 안 할 수밖에 없는 분명하고 확실한 이유가 있습니다. **저는 이 환난이 인내를 만들고, 그 인내 가운데 연단을 만들어 내기만 한다면 그 연단이 제 소망을 이루는 것을 알고 기꺼이 순종한 것입니다.** 여러분들은 몰랐기 때문에 이해가 안 되셨던 것이고, 저는 이거를 알고 하는 것이어서 영으로 가는 거룩한 좁은길을 택한 것입니다. 이 원리를 모르고 왜 자꾸 미련하고 손해 보는 짓만 하고 사냐고 육의 눈으로만 보고 묻는 사람들이 많았습니다.

그런데 제가 순종한 것은 미련하고 손해 보는 짓이 아닙니다. 저는 제가 가지고 있는 것을 기쁘게 빼앗기는 것도 이미 말씀을 통하여 언약에 기록된 대로 알고 행하였던 것입니다. 기쁘게 빼앗기는 이유도 내게는 '더 낫고 영구한 소유가 있는 줄 앎이라(히 10:34)' 이 말씀을 알고 뺏기는 것이었습니다. 여러분이 그런 믿음을 가지고 전진하였을 때, 환난 중에 즐거워하는 인내를 만들 수 있고, 또 인내를 통해서 연단이 되어 내 성격과 내 기질과 내 옛사람의 옷을 다 벗어 던질 수 있다는 것입니다. 여기서부터 완전한 신부의 반열로 들어가는 영광을 얻게 되는 것입니다.

4. 말씀의 거푸집

연단한다는 게 무슨 뜻입니까? 말 그대로 '쇠를 불에 달군 다음에 두드려서 단단하게 만든다'는 뜻을 가지고 있습니다. 하나님이 원하시는 모양들을 만들어 나가는 중에 내가 뜨겁다고 도가니에서 도망가고, 풀무불에서 밖으로 나가면 제대로 된 모양이 나올까요? 그토록 뜨겁게 달군 것이 식으면 때려도 오히려 모양은 더 나오지 않습니다. 그러니까 제가 여러분께 왜 성품 훈련을 강조하는지를 깊이 생각을 해보아야만 합니다. **성품 훈련은 눈에 안 보이지만 매우 중요한 내 속사람의 거룩한 훈련입니다. 온유하고, 겸손하고, 친절하고, 양선하고, 감사하고, 기뻐하는 것들이 바로 내면에 있는 성품의 훈련입니다. 그런데 이 성품 훈련을 반복해서 '거룩한 습관'으로 만들어 놓으면, 그리스도의 틀이 생기게 됩니다.** 말씀의 틀이 생기고 거룩의 모양이 만들어지고 겸손의 프레임이 완성되는 것입니다. 그게 바로 **말씀의 거푸집**이 되는 것입니다.

그럼 이 말씀의 거푸집, 말씀의 틀을 그냥 큰 틀만 만들어 놓고 끝내버리는 것이 아니라, 세부적인 것까지 생각해서 움직인다면 얼마나 멋지고 아름다운 모습이 나올 수 있을지를 떠올려 보시기 바랍니다. 그러니까 성경적인 관점에서, 영적으로 말하면 듬성듬성 큰 말씀만 지키는 것이 아니라 작은 말씀에서부터 큰 말씀에 이르기까지 성경에 있는 모든 말씀을 다 지켜 행하는 것입니다. 반대로 생각해볼까요? 내가 죽지 않은 상태에서 말씀의 거푸집 안에 들어갔다고 생각해봅시다. 어떤 일이 생길까요? 하나님이 원하시는 모양이 나오게 될까요? '내가 나 된 것은 그리스도의 은혜라(고전 15:10)'라는 고백이 나오는 게 아니라 내가 나 된 것은 나 때문에 된 것이고 내가 잘 해서 되는 것이라고 고백하게 될 것입니다. 내가 나 된 것은 내가 공부를 잘 해서, 내가 능력이 좋아서, 돈이 많아서가 되는 겁니다. 예를 들어서, 내가 아무리 찬양 사역자가 되어서 하나님께 영광을 올려드린다고 하지만, 그 안에 '내가 나 된 것은 내가 노래를 잘 불러서야.' 이런 마음이 있다면 찬양이 하나님 앞에 무슨 예배가 되겠습니까. 그게 거룩의 모양이 되겠습니까? 겉으로는 공부를 잘하고 돈이 많아서 헌금도 잘하고, 겉으로는 노래 잘 해서 찬양 사역하는 모습이 아름답게 보일 수도 있지만, 하나님의 마음에서는 아무 것도 아닌 것이 된다는 뜻입니다. **그러니까 내가 원하는 모양이 아니라 하나님이 원하시는 모양이 나와야 하는데 내 자아가 살아있는 한 결단코 주님이 원하시는 결과물이 나올 수 없는 것입니다.**

그러면 내가 죽지 않으면 어떤 일이 생길까요? 내가 원하는 육신의 정욕적인 모양이 나올 수 밖에 없는 것입니다. 내가 안 죽으니까 화가 나는 것이고, 다른 사람의 말에 열 받고, 감정 상하는 것입니다. 그럼 누가 물어볼 수 있겠죠? "저는 감정도 상하면 안 되고, 화를 내서도 안 되나요? 그게 어떻게 인간이라 할 수 있는지 도무지 이해할 수 없습니다" 저도 여러분을 충분히 공감하고 여러분의 말이 맞다고 생각합니다. 적어도 육의 사람으로서는 얼마든지 그럴 수 있습니다. 그러나 우리는 영적인 사람이기 때문에 영의 눈으로 보고 영의 말을 해야 하는 하나님의 자녀입니다. 여러분과 저는 인간이 아니어야 합니다. 우리는 그냥 먼지입니다. 하나님이 우리를 창조하실 때에 땅의 흙으로 지으셨다고 하는 것을 아실 것입니다(창 2:7). 거기서 나오는 그 흙이 바로 영어적 표현으로는 먼지(dust)로 기록되어 있습니다(Genesis 2:7). 하나님이 우리를 비록 먼지로 만드셨을지라도 하나님의 형상으로 지음을 받았기에 인간이 만물의 영장이 되는 것일 뿐, **우리의 근원은 아무것도 아닌 먼지로 만들어졌음을 반드시 기억을 해야만 겸손의 옷을 입고 살아갈 수 있게 됩니다.**

우리는 하나님 앞에 흠이 있고 약하다는 이런 말을 해서는 안 됩니다. 약하다는 얘기를 하면 더 약해집니다. 우리는 하나님의 능력을 가진 강한 자입니다. 이미 내 안에 예수님이 계시기 때문에 우리는 강하고 강합니다. 내 안에 성령님이 계십니다. 그런데 뭐가 약합니까? 내 옛사람이 십자가에서 죽어서 날마다 자기를 부인하고 살아갈 수 있는 자가 신부의 반열에 들어가는 자가 되고, 더 세부적인 모든 것까지 하나님의 뜻대로 완성을 하는 자가 완전한 신부가 되는 것입니다. 하나님의 보좌 옆에까지 올라갈 수 있는 완전한 신부 중에 더 완전한 신부가 될 수 있는 것임을 말씀드리는 것입니다.

'내가 그리스도와 함께 십자가에 못 박혔다(갈 2:20)'라고 많은 사람이 말을 합니다. 그런데 그게 말로 한다고 되는 것이 결코 아닙니다. '그런즉 이제는 내가 사는 것이 아니요 내 안에 계신 그리스도께서 사시는 것(갈 2:20)'이면 그걸 삶으로 증명해야 합니다. 그렇지 않게 되면 하나님 앞에서는 아무런 의미 없는 테스트가 되는 것입니다. 대부분의 사람들은 연단의 문도 못 열어 보고 인생을 마치는 경우가 많습니다. **연단의 문도 못 열어보면 어떤 일이 생기는지 아십니까? 상급의 문도 없는 것입니다. 칭찬의 문도 없는 것이고, 존귀와 존영의 문도 없는 것입니다.** 천국에서 더 높은 천국의 반열에 들어갈 수 있는 문도 못 연다는 뜻입니다. 우리의 현실이 얼마나 안타깝습니까? 천국은 내가 어떤 것을 삶으로 살아내면 그것이 거룩한 흔적이 되어 하늘로 올라가 믿음으로 문을 열 수 있게 됩니다. 그런데 만약 내가 이 땅에서 준비한 것이 없다면, 하늘에서도 받게 될 것이 하나도 없게 되는 것입니다. 그러면 더 높은 천국을 들어가기 위해서 문을 열려고 해도 열리지 않게 될 것입니다. 주저앉는다고 해도 도와줄 수 있는 사람은 없습니다. 이미 모든 게 다 끝났기 때문입니다. 지금 우리가 이 말씀을 들으면서 생각해야 하는 것이 있습니다. 그러면 과연 하루하루를 순간마다, 날마다 내가 어떻게 살아갈 수 있을까를 고민해 봐야 한다는 것입니다. **말로 할 것이 아니라 삶의 흔적을 나타내라는 것이지요. 결국은 삶의 흔적 없이는 하늘의 칭찬과 영광도 없을 겁니다.**

즉, 결론은 이것입니다. 불완전한 나는 절대 안 되는 것임을 인식하고 불완전한 나를 버려야만 살게 됩니다. 그 사실을 인정하는 자가 그리스도를 영접하여 하나님을 의존하는 삶을 살아갈 것입니다. 내가 불완전하지 않다고 생각하는데 어떻게 하나님을 의존하겠습니까? **완전한 나의 경험과 생각은 옳지 못할 수 있다**

고 충분히 인정하는 자가 기도로 준비할 것입니다. 그런데 내 자신이 완전하다고 생각하는 사람들은 기도를 하지 않습니다. 사역의 모양만 나오게 되죠. 그게 5년, 10년 갈까요? 나중에는 딱딱하게 굳어져서 직업화되고 30년, 40년 가게 되면 이제는 더이상 고쳐질 수 없는 상황에 이르게 됩니다. 그리고 생명이 끝난 다음에 어떤 일이 생길까요? 내가 사역을 한 것이 됩니다. 성령님께서 예수님께서 사역을 하신 게 아니라, 하나님이 하나하나 심으신 게 아니라 내가 심은 것이 됩니다. 내가 심은 건 후회와 자책과 실망밖에 안 되는데도 말이죠. 그러니까 인생의 공허함이 여기서 생기는 것입니다.

물론 나를 버리는 만큼 아픔이 오게 되지만, **분명한 것은 하나님의 칭찬과 영광이 있을 것이란 사실입니다. 고난과 시련과 역경이 찾아오는 것을 주 안에서 기쁨으로 감사해 보시기를 기도합니다.** 고난이 쉽다고 말하는 건 아닙니다. 쉽지 않으니까 상급이 있는 것이지요. 쉽지 않고 눈물이 나니까 그 안에 영광의 기쁨도 있는 것입니다. 분명한 건 내 영체는 하나님이 원하시는 방향으로 만들어지고 있다는 사실입니다. 왜요? 내 겉사람은 내 스스로를 버리는 만큼 고난과 눈물의 희생이 될 수 있지만, 확실한 것은 보이지 않는 내 속사람의 영체는 하나님의 방법으로 빚어지고 있다는 것입니다. 예수님도 아버지의 뜻을 이루기 위하여 자기 자신을 스스로 버리셨습니다. 그러니까 십자가의 그 처참한 일도 기쁨과 감사로 순종하시고 평안과 평강의 모습으로 십자가 위에서 원수까지도 용서하시고 사랑하신 것입니다. 그리고 하나님이신 예수님이 십자가에서 나의 모든 죄를 위해 죽으시고 약속대로 부활하셨습니다. 즉, **부활의 영체가 우리의 영체가 될 수 있다는 믿음을 가진 자가 그리스도의 신부가 되어서 삶으로, 믿음으로, 사랑으로 하나님의 보좌에 더 가까이 나아갈 수 있다는 것입니다.**

그러기 위해서 중요한 게 있어요. 어쨌든 내 자신이 죽기 위해서는 십자가가 있어야 하잖아요. 나를 매달 십자가가 있어야 합니다. 그 십자가 위로 올라가서 이제 하나님께서 나를 못 박게 하셔야 하는데, **만약에 십자가가 작다면 나를 어떻게 못 박을 수 있겠습니까? 저는 적어도 내가 올라갈 수 있는 크기의 십자가를 십자가라고 생각합니다.** 누가 봐도 어렵지 않은 일인데, 그것을 십자가라고 말하는 사람들이 있습니다. 나는 이 정도 십자가밖엔 안 된다는 자기 합리화를 말합니다. 이 정도밖에는 못 한다고 하면서 한계를 미리 정해 놓는 것입니다. 그러면 그 사람의 자아는 못 죽습니다. 절대로 작은 십자가로는 나를 못 박을 수가 없습니다. 십자가는 고난인데 작은 것을 가지고 어찌 고난의 잔이라고 속일 수 있겠습니까? 그러니까 작은 고난으로는 나를 못 박을 수가 없으니까, 적어도 내 몸의 크기에 해당되는 고난의 십자가를 갖고 와야 한다는 것을 말씀드리는 것입니다. 십자가에 나를 못 박았을 때 하나님 앞에 나를 부인할 수 있게 되고, 그 십자가는 고난이 되고 눈물이 나올 수밖에 없는 희생이 됩니다.

고난이 왜 고난입니까? 내 것부터 챙기지 못하니까 억울한 고난이 될 수 있고, 외롭고 힘든 역경이 될 수 있는 것입니다. 심지어 눈물도 나기도 합니다. 내가 왜 이렇게 살아야 하지 하는 생각도 들 수 있습니다. 하지만 기도 가운데 있다고 한다면, 하나님의 강 같은 은혜의 평안이 부어지게 될 것입니다. 기도가 없으면 외로움은 외로움으로 끝나게 됩니다. 하나님 앞에 영의 기도가 되지 않는다면, 눈물은 그냥 눈물로 마치게 됩니다. 하지만 영의 기도를 하는 자의 눈물은 기쁨의 눈물이 됩니다. 눈물이 화관이 되고, 고난이 찬송의 옷으로 변하게 됩니다. 그렇기 때문에 고난이 생길 수밖에 없지만, 내가 원하는 것을 못 하니까 찾아오는 눈물의 고난은 장차 나에게 올 영광중의 영광이기 때문에 기꺼운 마음으로 기쁜 마음으로 견딜 수 있겠다는 것이지요. 이것이 그리스도 안에서 살아있는 믿음이요, 신부가 가져야 하는 거룩한 영성인 것입니다.

5. 영적인 이사

여러분들이 꼭 기억해야 할 것이 있습니다. **우리는 '나 중심'에서 '그리스도 중심'으로 가치관의 변화가 일어나는 '영적인 이사'가 없다면 신부의 반열로 못 들어간다는 사실입니다.** 그래서 내 중심에서 말씀 중심, 나의 잘못된 자아에서 성령 중심으로 하지 않는 상태에서는 한평생 내가 하나님의 일을 한다고 할지라도 그것은 하나님의 방법이 아닐 가능성이 굉장히 높다는 것입니다. 그러니까 사역의 영에게 완전히 휘어 잡히는 것이 됩니다. **사역의 영에게 속아서 사역의 덫에 걸려 잡히는 방법은 아주 간단합니다. '내'가 있으면 됩니다.** 내가 있으면 사역의 영에게 완전히 사로잡힐 수 있습니다. 왜 그럴까요? 내가 설교하고, 내가 찬양을 부르고, 내가 십일조를 내고, 내가 교회를 청소하며, 내가 선교를 하는 거니까요. 따라서 영광 받을 자리를 누가 앉아 있는 건가요? 내가 올라가서 박수받는 것입니다. 내가 올라가서 인정받고, 칭찬받는 것이지요. 그런데 이 똑같은 상황에서 내가 없고 나는 빚진 자라는 걸 알면 상황은 달라집니다. 주님이 나를 위해서 십자가에서 이미 죽으셨는데, 그 영광된 자리에 내가 올라갈 수 있겠습니까? 절대로 못 갑니다. 이건 겸손을 떠나서 내 안에 주님이 계시고 성령이 계시니까 칭찬 자체가 부담스러워집니다. 누가 와서 선물 같은 걸 준다고 하면 그것 자체가 짐이 되어 나를 짓누르게 됩니다.

그런데 내가 살아있으면 다음과 같은 일이 생기게 됩니다. 누가 헌금을 준다고 하면 그것을 생각 없이 그냥 바로 가져옵니다. 내가 살아있잖아요? 누가 돈 준다고 하면 바로 받게 됩니다. 그렇기 때문에 받아먹고 하고 싶은 거 다 하다 보니까 나중에는 내 마음이 완전히 양심에 화인 맞아서 내 마음의 가죽만 두껍게 남아 있게 됩니다. 그래서 하나님의 말씀의 빛이 들어올 수가 없는 것입니다. 회개를 하려고 해봐도 잘 안 되고 믿음을 가지고 앞으로 전진할 수 없게 됩니다. 그래서 무조건적으로 받고 하는 것들이 좋은 게 아닙니다. **하나님의 말씀대로, 성령의 뜻대로 사는 자는 그 무엇을 하더라도 하나하나 다 살피면서 합니다.** 하다못해 어린아이가 나한테 천 원짜리 빵을 하나 주더라도 이게 나한테 왜 오는 건지를 먼저 생각해 본 후 받을지 안 받을지 영적인 고민을 하게 됩니다. 그런데 내 욕심이 살아있고, 내가 그대로 살아있을 때

천 원짜리 빵이 나한테 오잖아요? 그거 안 먹고 버릴 수도 있습니다. 왜냐하면, "나를 지금 우습게 보나?"라고 생각할 수도 있습니다. 어떻게 나한테 겨우 천 원짜리 선물을 줄 수 있냐는 것이지요. 내가 살아있으면 이런 일이 생기는 것입니다. 그런데 내가 없고 내 안에 주님이 계시면, 천 원짜리가 아니라 백 원짜리 선물이 와도 "이건 어떤 하나님 뜻이 있을까?"하고 그것을 아주 깊이 고민합니다. **그런 신부들은 백 원을 받고도 그렇게 감사하고 기뻐할 수가 있어요. 이게 바로 내가 비워진 완전한 신부의 심령입니다.** 그분들은 사실은 백 원짜리 받는 것보다도 오히려 눈에 보이지 않는 섬김 받는 걸 더 좋아합니다. 헌금을 주는 것보다, 어떤 교회가 와서 도와주는 것보다, 기도로 섬겨주는 것을 더 좋아해요.

하나님 앞에서 귀한 건 다 눈에 안 보입니다. 눈에 보이는 것 자체가 귀하지 않다는 게 아니라 적어도 분명한 건 눈에 보이지 않는 것이 눈에 보이는 것보다 훨씬 귀하다는 것입니다. 저는 그걸 확신합니다. 왜냐하면 눈에 보이지 않는 것은 영원한 것이니까요. 내가 지금 갖고 있는 걸 포기하는 것은 눈에 보이지 않는 영원한 것을 얻기 위하여 내려놓는 것입니다. 영원한 것을 얻고자 영원하지 않은 것을 내려놓는 것이 가장 현명한 신부가 되는 것입니다. 이렇게 살아가는 사람이 과연 어리석은 사람일까요? 영의 눈으로 보게 되면 아름다운 모습이 늘 이 땅에서는 억울함을 당하고 그리스도와 복음을 위하여 외로운 길을 스스로 자원하는 모습입니다. **우리는 앞으로도 영으로 생각하고, 영으로 마음먹고, 영으로 행하고, 영으로 계획을 세워서 하나님의 말씀의 틀 안에**

서 살아가야 합니다. 그러다 보면 나도 모르게 하루하루 지날 때마다 하늘의 상급이 어마어마하게 많이 쌓일 것이고, 천국에 갔을 때는 진짜 입이 떡 벌어져서 감당이 안 될 정도의 기쁨과 감사가 흘러넘치게 될 것입니다. 우리가 지성소 안에 있는 언약궤의 단계까지 갈 수 있도록 예수님의 이름으로 여러분들을 축복합니다.

그럼 여러분들께 제가 주님의 이름으로 여쭙습니다. 여러분께서는 내 안에 속사람을 단장하고 사십니까? 아니면 여러분들 안에 고집의 끈을 붙잡고 사십니까? 스스로를 잘 확인해 보시고, 하나님 앞에 내가 지금 어떤 존재인지를 하나하나 말씀의 빛을 통하여서 점검해 보실 수 있는 여러분들이 될 수 있기를 주님의 이름으로 축복합니다. 꼭 기억해 주십시오. 지금 내가 죽는 것은 죽기 위해서 죽는 것이 결코 아닙니다. 영원히 살기 위해서 예수님과 함께 성령님과 함께 말씀과 함께 죽는 것입니다. **이 땅에서 얼마만큼 죽느냐에 따라서 신부도 완전한 신부가 되느냐, 하나님의 보좌 앞까지 가는 완전한 신부 위의 완전한 신부가 되냐는 엄청난 반차가 달려 있습니다.** 나를 내려놓고 내어드린 죽는 삶 속에 주님의 사랑이 살아있게 된다면, 우리는 주님의 옷을 입고 얼마든지 하나님의 말씀대로 살아낼 수 있다는 것입니다. 그러니까 결국 죽는 삶 속에 예수님의 온유와 겸손이 숨겨져 있고 거룩과 경건이 숨겨져 있고 기쁨과 감사가 숨겨져 있습니다. 그리고 죽는 삶 속에 하나님이 그렇게 원하시는 순종과 복종도 숨어 있습니다.

그래서 여러분들이 꼭 내 속사람을 단장하고 사셔야 합니다. 내 속사람을 단장하면 내 겉사람은 자연스럽게 따라오게 됩니다. 영이 온전해지면 육도 온전해지게 됩니다. 그러므로 영이 우선입니다. 지금 내 입술이 뭔가 삐뚤어져 있습니까? 그럼 내 속사람의 입술이 온전하지 못한 것입니다. 지금 내가 눈으로 보는 것이 구부려져 있습니까? 그럼 내 속사람의 눈이 온전하지 못한 증거입니다. 내 속사람의 눈에 예수님의 보혈을 뿌리세요. 그리고 이렇게 믿음으로 선포해 보세요. **"나는 세상에 있는 죄의 것을 보지 않고, 하나님의 눈으로 하나님의 의로운 것만 보게 될 것이다!"** 내 입에다 예수님의 보혈을 뿌리고 이렇게 선포하십시오. **"나의 입술은 하나님의 말씀을 선포할 것이고, 선하고 생명 살리는 말만 할 것이다!"** 이렇게 선포하며 예수님의 보혈을 여러분의 속사람에게 뿌리십시오. 그러면 놀랍게도 뿌려질 때마다 새롭게 변화되어 새로운 눈의 모습이 되고, 새로운 입술의 모습이 될 수가 있습니다.

오늘 이 말씀을 잘 기억하시고 특별히 감정을 잘 다루셔야 합니다. 내가 기분 나쁜 감정이 있을 때, 그때가 바로 기회입니다. 이 기분 나쁜 감정을 어떻게 성령의 능력으로 부인하느냐, 이 기분 나쁜 감정을 어떻게 예수님의 피뿌림을 뿌려서 부인하느냐를 잘 관리하시면 기분 나쁨의 감정을 다스릴 수 있게 됩니다. 이 감정을 잘 다스리면, 여러분들의 마음에 온유와 평강이 임하고 그리스도의 겸손이 될 수 있습니다. 그러면 천국에 가서 장차 그리스도의 신부가 되어 하나님께서 왕권을 부여해 주셨을 때 그 온유한 성품, 겸손한 성품, 평강의 성품으로 그 나라를 다스리게 되는 것입니다. 그걸 꼭 기억하셔서 **단순히 훈련으로 끝나는 것이**

아니라, "이것은 내가 왕권을 부여받기 위해서, 유업을 얻기 위해서, 영원한 영광을 받기 위해서 하는 것이구나! 나는 주님의 신부가 되고 왕의 자녀구나!" 이 사실을 항상 기억하시고 인식하시는 **믿음을 가지고 영적 자부심을 영의 기도로 성장시켜 보시기를 권면해 드립니다.** 처음부터 마지막까지 그리스도의 신부로 살아가시는 여러분들 될 수 있기를 주님의 이름으로 축복합니다. 아멘.

백향목의 향기와 송진

백향목의 향이 벌레를 못오게 하는 것처럼 그리스도의 향기가 악한 영을 못오게 차단해 주는 능력이 되게 하여 주시옵소서.

백향목의 송진이 피부상처를 치료해 주는 것처럼 나의 희생진액이 다른 사람의 마음을 치유해 주는 사랑의 연고가 되게 하여 주시옵소서.

그리스도께서 너희를 사랑하신 것 같이 너희도 사랑 가운데서 행하라 그는 우리를 위하여 자신을 버리사 **향기로운 제물과 희생제물로** 하나님께 드리셨느니라 엡 5:2

하나님의 말씀을 받아 올려 드리는 영의 기도

"사랑하는 나의 예수님, 그리스도의 신부가 되어 지성소로
진입하는 은혜를 내려주시옵소서.
지성소 안에 언약궤 속 금 항아리에 담겨 있는 만나와 아론의
싹 난 지팡이와 언약의 두 돌판은 예수님의 마음이 담겨 있는
그리스도의 피와 살임을 믿습니다.
오늘도 예수님의 피와 살이 그리스도의 신부로 성장하게
도와주시고 아름다운 삶의 모습으로 나타날 수 있게 하여
주시옵소서. 예수님의 보혈이 나의 희생이 되고 사랑이 될 수
있게 하여 주시고 예수님의 용서와 사랑이 내 삶의 모습이
되게 하여 주시옵소서. 그리스도께서 흘리신 그 눈물이 나의
눈물이 되게 하여 주시고 그리스도의 마음이 나의 마음이 되어
모든 사람을 그리스도의 마음으로 섬기며 바라볼 수 있게
은혜를 내려주시옵소서. 처음이요 마지막이신 예수님께서
나를 지켜주시니 항상 감사와 기쁨이 넘치게 하여 주시되, 늘
겸손 가운데 영의 기도를 하게 하여 주시고 하나님만 바라보는
아름다운 그리스도의 신부된 자로 살아가게 도와주시옵소서.
이제 주님이 오실 날을 손꼽아 기다리며 항상 깨어 기도하는
자로 살아가는 주님의 어여쁜 신부다운 신부가 되기를 원합니다.
나를 이끌어주시고 영광된 반열로 상급의 면류관을 주실 예수
그리스도의 이름으로 간절히 기도합니다. 아멘."

한 눈에 알아보는
그리스도의 신부된 계차와 반열

> 이 말은 신실하고 참된지라 주 곧 선지자들의 영의 하나님이 그의 종들에게 반드시 속히 되어질 일을 보이시려고 그의 천사를 보내셨도다 보라 내가 속히 오리니 이 두루마리의 예언의 말씀을 지키는 자는 복이 있으리라 요한계시록 22:6~7

예수 그리스도의 신부가 된다는 것은 예수 그리스도의 신성한 성품에 참여하여 그리스도와 닮아가고 그리스도 신부된 자격을 얻어 그리스도의 마음을 가지고 그리스도의 성품으로 점점 변화되는 것을 의미합니다.

이 땅에서 거룩한 성품을 만들어 천국에서 거룩한 성품으로 신부의 자격을 얻어 다스리게 됩니다. 이 땅에서 겸손한 성품을 만들어 천국에서 겸손한 성품으로 신부의 자격을 얻어 다스리게 됩니다. 이 땅에서 사랑하는 성품을 만들어 천국에서 사랑하는 성품으로 왕의 자격을 얻어 다스리게 됩니다. 이 땅에서 용서하는 성품을 만들어 천국에서 용서하는 성품으로 왕의 자격을 얻어 다스리게 됩니다. 이 땅에서 기뻐하는 성품을 만들어 천국에서 기뻐하는 성품으로 왕의 자격을 얻어 다스리게 됩니다. 이 땅에서 감사하는 성품을 만들어 천국에서 감사하는 성품으로 왕의 자격을 얻어 다스리게 됩니다. 이 땅에서 희생하는 성품을 만들어 천국에서 희생하는 성품으로 왕의 자격을 얻어 다스리게 됩니다.

결국은 성경에서 기록된 신성한 모든 것들을 성령의 열매를 맺은 그대로 그 열매가 영광의 자격이 될 것이며 팔복의 길과 십자가의 고난과 십계명의 길을 통과한 자가 신부의 영광된 자태를 만들어 각자가 받은 행위의 상급으로 만국을 다스리게 될 것입니다.

왕비가 육십 명이요 후궁이 팔십 명이요 시녀가 무수하되 내 비둘기, 내 완전한 자는 하나뿐이로구나 그는 그의 어머니의 외딸이요 그 낳은 자가 귀중하게 여기는 자로구나 여자들이 그를 보고 복된 자라 하고 왕비와 후궁들도 그를 칭찬하는구나 아침 빛 같이 뚜렷하고 달 같이 아름답고 해 같이 맑고 깃발을 세운 군대 같이 당당한 여자가 누구인가 아가서 6:8-10

▶ 이 말씀에 기록된 대로 내 비둘기는 하나뿐이므로 대제사장의 신부가 되는 완전한 신부가 있음을 알 수 있고 그 다음에는 왕비신부, 후궁신부, 시녀신부가 존재하되 각자의 영광과 하늘의 반열대로 질서 있게 구별되어 있습니다.

볼지어다 솔로몬의 가마라 이스라엘 용사 중 육십 명이 둘러쌌는데 다 칼을 잡고 싸움에 익숙한 사람들이라 밤의 두려움으로 말미암아 각기 허리에 칼을 찼느니라 아가서 3:7-8

▶ 솔로몬의 가마에 올라탄 한 명이 완전한 신부가 되고 완전한 신부를 호위하는 자가 60명이라고 했으므로 이에 해당하는 왕비신부는 말씀의 칼을 잡고 영적인 싸움과 영적인 전쟁에 익숙한 신부여서 죄를 금세 알아보는 영의 눈이 있을 것으로 추측해 볼 수 있겠습니다. 이로 보건데 천국에서도 만국을 다스리는 신부들 중에서도 완전한 신부는 천국의 질서에 걸맞게 영적인 대우를 받으며 또한 각 신부별로 영광이 다르게 적용될 것입니다.

형제들아 내가 그리스도 예수 우리 주 안에서 가진 바 너희에 대한 나의 자랑을 두고 단언하노니 나는 날마다 죽노라 고린도전서 15:31

▶ 이로보건데 신부가 졸지 않고 싸워서 이기려면 날마다 죽으며 얼마나 자신을 비우느냐에 따라 성령께서 그만큼 채워지게 되어 성령의 힘으로 항상 이기고 승리할 수 있게 됩니다. 이에 따라 신부의 반열은 더욱 빛나고 영광된 자태를 갖게 될 것입니다.
    제가 생각한 신부의 반열은 다음과 같다고 생각됩니다. 참고는 하시되 이 글을 읽으시는 여러분이 직접 성경 말씀을 다시 깊이 있게 묵상해 보심으로써 더 확실하고 견고해지도록 다져지시기를 바라고 제가 가진 영의 생각을 말씀드려 보겠습니다.

※ 최종결론 ※
완전한 신부: 자기없음
왕비신부: 자기없음, 자기부인

후궁신부: 자기부인
시녀신부: 자기부인 힘겨움

완전한 신부는 실제 순교하거나 순교자의 삶을 살아낸 자이므로 성령과 말씀으로 충만하여 자기없음의 상태로 살아가는 자를 의미합니다. 자기가 없다는 것은 자아가 완전히 십자가에서 죽어 온전하고 완전한 신부가 되는 것이고 세상의 모든 것을 사랑하되 원수 용서하기를 마치 물 한잔을 마시듯 너무나 자연스럽고 쉽게 순종과 복종을 해내는 자입니다. 이런 자들은 세상이 감당할 수 없는 믿음과 소망과 사랑의 무게가 거룩 자체의 삶이 되어 있기 때문에 이런 사람은 어느 곳에 있든지 존재 자체만으로도 하나님의 시선과 마음을 항상 기쁨에 이기지 못할 정도로 예배로 올려드리는 자입니다.

왕비신부는 자기없음도 있으나 말씀을 알고 순종하는 것에 자기 부인을 인식하며 매우 잘하는 반열입니다. 완전한 신부에 비하면 자동적인 순종과 즉각적인 복종이 부족하기는 하나 명칭 그대로 왕비신부이므로 하늘에서는 너무나 큰 영광 중의 영광을 받을 수 있는 반열입니다. 영적인 싸움에도 능숙하여 자나 깨나 항상 영의 생각을 하고 사는 자이므로 작은 죄까지도 볼 수 있는 영의 눈을 가진 영의 사람이라고 말 할 수 있습니다.

후궁신부는 말씀대로 살아가면서 자기부인을 곧 잘 해내는 어여쁜 신부의 반열입니다. 영적인 공격을 받아 애통해하지만 영적인 공격에서 싸워서 이길 때도 자주 있는 승리자의 위치입니다.

영적인 싸움에서 공격을 받으면 심령의 타격이 있기는 하나 회복 탄력성을 가진 자이므로 균형을 곧잘 잡아내는 귀한 사람입니다.

마지막으로 시녀신부는 자기부인을 어렵게 해내는 위치이므로 그로 인한 영적 공격을 받게 되면 무척 괴로워하고 힘들어 하는 위치입니다. 후궁신부보다 영적인 회복탄력성이 약해서 스스로 일어서는데 시간이 좀 더 소요되는 경향이 있습니다. 시녀신부는 죄와 싸우는 동안 이기는 것보다는 지는 경우가 많을 때도 있습니다. 그래도 신부의 반열에 있기 때문에 넘어진 그 자리에서 신랑의 피묻은 손을 붙잡고 의지하며 다시 일어서려고 애쓰는 그리스도의 예쁜 신부입니다.

결과적으로 본다면 내가 이 땅에서 얼마나 죽느냐에 따라 신부의 계차와 반열이 달라지게 되고 어느 때마다 수시로 죽느냐에 따라 신부가 입게 되는 빛의 옷은 현격하게 구별될 것입니다. 신부가 입은 빛의 옷의 밝기가 해의 영광, 달의 영광, 별의 영광처럼 공의의 하나님이 공의대로 하늘에서 갚아주시게 될 것입니다. 그러므로 여러분 죽으셔야 합니다. 여러분의 자아가 죽어 여러분의 욕심이 죽고 고집과 교만이 죽고 자랑이 죽어야 하며 경험과 세상적인 상식과 방법도 죽어야 합니다. 여러분들이 얼마나 죽었느냐에 신부가 입는 옷이 달라지고 영광이 달라지게 될 것입니다. 여러분은 오늘만큼은 이 글을 읽으시면서 죽으셨을 것이고 앞으로도 죽는 것이 소망이 되실 것입니다. 왜냐하면 온전히 죽어야 온전한 부활체를 이룰 수 있기 때문입니다.

그리스도의 신부가 되고 싶은 여러분들이여~
주 안에서 죽을 준비 되셨습니까?
성령 안에서 죽을 준비 되셨습니까?
말씀 안에서 죽을 준비 되셨습니까?
십자가 위에서 거룩한 자아의 죽음을 믿음으로 올려 드릴 준비
되셨습니까?
이제 주님이 오실 날이 급박해 있습니다.
머뭇거릴 시간이 없습니다.
지체하지 마십시오.

그 분은 신부를 취하러 곧, 아주 곧 빛의 속도가 아닌 영의 속도로 오실 것입니다. 우리 이제 그리스도의 손을 꼭 붙잡고 그리스도와 함께 죽고 그리스도와 함께 살아서 천국에서는 나라와 권세를 얻어 만국을 다스리는 하늘에서 가장 위대하고 최고로 빛나는 영광된 그리스도의 신부를 향하여 전진하고 전진하며 쉬지 말고 달음질 합시다.

보라 내가 속히 오리니 내가 줄 상이 내게 있어 각 사람에게 그가 행한 대로 갚아 주리라 요한계시록 22:12
이것들을 증언하신 이가 이르시되 내가 진실로 속히 오리라 하시거늘 아멘 주 예수여 오시옵소서 요한계시록 22:20
푯대를 향하여 그리스도 예수 안에서 하나님이 위에서 부르신 부름의 상을 위하여 달려가노라 빌 3:14

내가 나 된것은 하나님의 은혜로 된 것이니

[고린도전서 15:10]

보라 내가 속히 오리니 이 두루마리에 기록된 예언의 말씀을 지
키는 자는 복이 있으리라 하더라

[요한계시록 22:7]

이 기도책은 하나님의 말씀을 기도로 고백함으로써 본인 스스
로가 **마음으로 다짐**하고 천국을 침노하고자 쓰여진 책입니다.
지키지 못할 말씀을 말하여 율법적인 맹세를 하는 것이 컬단코
아닙니다. 주님은 기도하는 여러분의 **중심과 마음의 동기**를 보
십니다. 기도하신 후 말씀을 지키지 못한 것은 성령께 맡기고 회
개하며 전진하시면 됩니다. 본인 스스로 말씀을 믿고 고백하여
말씀의 힘을 얻게 하는 기도임을 미리 공지해 드립니다.

사람은 외모를 보거니와 나 여호와는 **중심**을 보느니라 하시더라
삼상 16:7

나는 **사람의 뜻과 마음**을 살피는 자인 줄 알지라
계 2:23

3부

말씀으로 비춰보는 신부의 기도

그러므로 때가 이르기 전 곧 주께서 오시기까지 아무것도 판단하지 말라 그가 어둠에 감추인 것들을 드러내고 마음의 뜻을 나타내시리니 그 때에 각 사람에게 하나님으로부터 칭찬이 있으리라 고전 4:5

예수님의 말씀이 나에게 권세가 되게 하여 주시옵소서.
예수님의 말씀이 나에게 칭찬이 되기를 원합니다.
성령의 임재하심이 내 심령에 기쁨과 감사로 임하시기를
원합니다.
오늘 하루도 그리스도 안에서 겸손의 처소를 말씀으로 세워나가게
도와주시옵소서.
성령 안에서 온유의 처소를 순종으로 세워나가도록 인도해
주시옵소서.
주께서 원하시는 기쁨과 감사의 처소를 만들어 항상 기뻐하고
범사에 감사하며 살기를 원합니다.

성령 안에서 기도의 골방을 만들어 쉬지 말고 기도하게
도와주시옵소서.
기도 쉬는 죄를 범하는 어리석은 자로 살지 않기를 원합니다.
성령의 기름부음이 기도하는 자에게 한량없이 부어지고 있음을
믿습니다.

내 배에서 생수의 강이 흘러넘치고 하늘로부터 쏟아지는 은혜를
기도를 통해 맛보아 알게 하여 주시옵소서.
내 영혼아 성령의 기름부음을 예수 그리스도의 이름으로 맛보아
알지어다.
내 속사람아 여호와의 선하심을 맛보아 알지어다 그에게 피하는
자는 복이 있을 것이라.
내 겉사람아 너는 가만히 있어 그리스도께서 하나님 되심을
알지어다.

하나님이 신부를 사모하는 나에게 주시는 말씀의 대언을 믿음으로
선포하며 기도합니다.
그러므로 지금 기회가 있을 때 순종하고 순종하라. 오늘을 낮추고
내일을 낮추고 또 낮추는 것이 하나님 앞에 지혜요, 복이니라.
무엇을 얻으려고 세상 것을 만지고 붙잡고 취하려고도 하지 말라.
곧 불타 없어질 세상 것들은 다 지나가되 네 순종과 겸손은 영원한
천국에서 영원 가운데 영광과 존귀로 찾게 될 날이 이르리라.
너는 영으로 계신 하나님께 마음을 동이며 진실하게 예배하라.

그것이 네가 은혜의 주요 그리스도 앞에서 해야 할 거룩한
본분이니라.
허무한 것에 굴복하지 말라.
세월을 아끼고 외인들에게는 성령께서 주시는 지혜로 말하여 네
심령의 기름을 빼앗기지 않게 하라.

네 입술에 말씀의 숯이 있음을 기억하여 한 마디 말에도 아로새긴
은쟁반 위에 금사과를 올려놓음같이 어여쁘게 하라.
나의 말씀을 존귀하게 여기고 존중히 하는 자를 내 기념책에
기록하고 있다는 사실을 너는 기억하라.
나를 경외하는 자와 내 이름을 존중히 여기는 자를 위하여 내 앞에
있는 기념책에 기록되는 영광을 너는 미리 알고 네 삶을 살지어다.
기억하고 또 기억하라.
너의 말 한 마디가 나에게는 어떤 예배보다 큰 영광을 받고 있고
네가 하는 말 한마디가 샘물이 되어 네 주변 사람들을 살리게
되느니라.
복음을 전한다함이 네가 살아가는 네 삶의 말 한마디로 전해질 수
있음을 기억하고 기억해야 될지니라.

주변을 돌아보되 사람들이 하는 말에 흔들리지 말거라.
귀인들이라 할지라도 그를 의지하지 말며 도울 힘이 없는
인생들에게 네 생명 같은 시간을 허비하지 말라.
시간은 화살같이 빠르게 지나가니 네가 한 눈 파는 순간 너에게
주어진 시간은 날아가고 있음을 잊지 말거라.
심판대 앞에 왔을 네 모습을 떠올리며 살거라.
그때에 이르러서야 후회하고 발버둥 치며 아무리 통곡을 해봐도
네 애통함은 허공을 치고 말 것이라.
한 번 죽는 것은 사람에게 정해진 것이라.
그 후에는 심판이 있으리니 너는 세상에 있는 동안 나의 보혈로

모든 죄를 낱낱이 자백하여 속죄함을 받아 놓고 살지어다.

회개의 열매를 맺고 살아갈지어다.

네 속사람이 회개의 열매를 먹고 살도록 너는 내가 미워하는 모든 죄에서 돌이키고 돌아설지어다.

너의 지혜가 어디에서 나오고 있느냐.

나 여호와가 정하신 뜻을 성경을 통해 알고 삶을 사는 자가 아니더냐.

그 뜻과 비밀을 말씀을 통해 너에게 알리신 여호와를 경외하라.

그의 기뻐하심을 따라 그리스도 안에서 때가 찬 경륜을 위하여 예정하신 것이 있음을 너는 기억해야 할지니라.

나의 양들을 먹이고 치는 목자들아 목자장이 나타날 때에 너희를 위하여 영광의 면류관이 예비되어 있음을 상기하라.

너희는 양들에게 주장하는 자세를 하지 말고 양 무리의 본이 되도록 내 안에서 살아야 하느니라.

나의 양 무리를 치되 억지로 하지 말고 나의 뜻을 따라 자원하여 하라.

더러운 이득을 위하여 하지 말고 기꺼이 할지어다.

서로 겸손으로 허리를 동이라.

목자들아 주는 하늘에서 들으시고 행하시되 주의 종들을 심판하사 악한 자의 죄를 정하여 그의 행위대로 머리에 돌릴 것이니라.

무릇 많이 받은 자에게는 많이 요구할 것이요 많이 맡은 자에게는 많이 달라고 할 것이니라.

너희는 선생된 자가 더 큰 심판을 받을 줄을 알고 선생이 많이
되지 말라.

선생된 자가 죄에 무지하여 말의 실수가 많을수록 당연히 받을
형벌은 얼마나 무거울지 그러므로 대제사장이신 나 예수를 깊이
생각하라.

성령의 친필로 쓴 나의 성경을 네 삶에 차고 네 생각과 마음에
새겨서 정확한 다림줄이 되어 살거라.

오직 모든 심판의 기준은 내가 말한 말씀대로 돌아갈 것이니 너는
사람들의 비난과 비방에 헛된 마음을 쓰지 말라.

모두가 나의 심판대 앞에서 무릎을 꿇고 직고하는 날이 오게 될
것이라.

그러니 강하고 담대하여라.

나 여호와는 나의 피로 죄사함 받아 천국에 있을 자를 데리러 곧
갈 것이다.

신부들이여 교회들이여 성도들이여 때와 시기는 아버지의 권한에
두셨으니 너희는 말세에 깨어 기도하여 미혹되지 말라.

속는 것도 어리석은 죄가 되어 심판대 앞에서는 더 두렵고 떨림만
있을 것이라.

너는 길이 참고 마음을 굳건하게 하라.

나의 강림이 가까우니라.

사람들이 지어낸 교묘히 만든 이야기를 따르지 말라.

농부가 땅에서 나는 귀한 열매를 바라고 길이 참아 비를

기다리듯이 나의 강림을 기쁨과 감사로 기다리라.

지금 너의 삶이 내가 강림할 때에 너로 담대함을 얻어 내 앞에서 부끄럽지 않게 내 안에서 살거라.

곧 갈 것이다 생각지도 못한 때에 갈 것이라.

이제도 지금도 항상 깨어 준비하되 기도와 말씀의 등불이 성령 안에서 꺼지지 않도록 하게 하라.

너희는 스스로 조심하여 생활의 염려로 마음이 둔해지지 않도록 하라.

뜻밖에 그 날이 너희에게 덫이 될 수 있음을 기억하라.

그러므로 너희는 오늘도 내일도 앞으로도 나의 말씀으로 기도하고 나의 말씀으로 살아가며 나의 말씀으로 순종하여 성령의 힘으로 나아가야 할 것이라. 아멘! 아멘! 아멘!

사랑하는 주님, 우리 주님이 오실 날을 믿음으로 인내하며 기다립니다.

말씀이 믿음의 인내가 되게 하여 주시고 말씀이 내 삶에 영적인 힘이 되어 주의 계획을 이루고 주의 뜻을 이루는 자로 살게 하여 주시옵소서.

그리스도 예수님 안에서 생명과 성령의 법이 죄와 사망의 법을 능히 이기고도 남는 믿음을 주시옵소서.

하나님 아버지 세상을 이기는 믿음으로는 부족합니다.

이제는 세상이 감당할 수 없는 믿음을 간절히 원하고 간구합니다.
부활의 권능으로 살아 있는 순백의 신앙을 주시옵소서.
성령을 믿음으로 마실 때마다 영원한 생명을 맛보아 알기를
원합니다.
내 육신으로는 연약하여 할 수 없는 것이 있을 것이로되 우리
하나님은 능치 못할 것이 없사오니 기도하는 나를 강권하여
주시옵소서.
내 육신의 죄를 사하여 주신 예수님을 깊이 생각하고 살기를
원합니다.
내 뜻대로 마옵시고 오직 주 뜻대로 살게 하여 주시옵소서.
내 원대로 마옵시고 오직 성령의 뜻대로 살기만을 간청합니다.
저는 육신을 따르지 않고 성령을 따라 행하는 자가 되어 말씀을
온전히 이루기를 원합니다.

고난을 통해 하나님을 만나고 하나님을 알게 하여 주시옵소서.
보혈의 손과 성령의 손이 하나가 되어 내 속사람과 겉사람을
만져주셔서 말씀 안에서 온전해 지게 하여 주시옵소서.
여호와의 오른손이 내 심령 안에 안수하시어 하나님의 권능이
사랑과 용서의 삶으로 나타나게 하여 주시옵소서.
영에 속한 자가 되어 하나님을 기쁘시게 하는 삶만 살기를 간절히
간구합니다.

성령께서 친히 내 영과 더불어 내가 하나님의 자녀인 것을 증언해

주셨사오니 자녀이면 천국의 상속자답게 살게 해주시옵소서.
지금 내가 처해 있는 곤고도 하나님을 믿고 있으니 아무것도
아닙니다.
거뜬히 일어서겠습니다.
그리스도의 십자가를 내 가슴에 심어 놓고 당당하게
전진하겠습니다.

내가 나약할 그 때에 홍해가 갈라질 수 있음을 믿습니다.
내가 할 수 없는 나약함이 홍해를 갈라지게 만들고 거룩한 복음의
사명이 있을 때 요단강을 건널 수 있도록 인도해 주실 줄 믿습니다.
내가 주님과 함께 영광을 받기 위하여 고난도 주님과 함께 당당히
받을 수 있는 마땅히 행할 믿음을 주시옵소서.
고난의 열매는 쓰지만 영광의 열매는 달게 될 것을 믿고 준비하며
살겠습니다.

고난의 행보가 기도의 능력으로 나타나게 하시고 기도의 위력이
내 삶에 실상이 되게 하여 주시옵소서.
나를 향한 악인을 판단하지 말고 그저 그리스도의 마음으로
세워주고 받쳐주고 섬겨주며 살게 하여 주시옵소서.
마지막이 아름다운 성도가 되게 하여 주시고 내 믿음을 철저하게
말씀으로 만들어서 남은 여생을 불같이 살기를 간구합니다.
내가 만일 미쳤어도 그리스도 안에서 하나님을 위한 것이 되기를
원합니다.

그리스도의 사랑이 나를 강권적으로 이끌어 주시옵소서.

주님이 나를 대신하여 죽으셨은즉 나도 주를 위해 날마다

내 욕심이 죽고 내 교만이 죽고 내 고집이 죽게 하여 주시옵소서.

나를 대신하여 죽었다가 다시 살아나신 주님을 위하여 살기를

간절히 원합니다.

내 겉사람을 만드신 하나님이 내 속사람도 만드셨은즉 내 몸과

혼과 영이 그리스도 안에서 온전하고 완전하게 빚어 주시옵소서.

내 고통과 어려움을 사람 앞에 쏟아 내지 않게 하여 주시고 오직

하나님 앞에 기도로 다 아뢰는 지혜를 주시옵소서.

치밀어 오르는 화를 내면 마음이 묶이게 되고 그 분노는 죄를

만들어 내게 됩니다.

내면에 숨어 있는 화와 이 분노를 성령의 불로 다 태워 주시옵소서.

내 정신이 그리스도의 정신이 되고 내 몸에 그리스도의 피가

능력이 되게 하여 주시옵소서.

공의로우신 나의 하나님이 내 고통을 갚아주실 것을 믿게 되니

나를 힘들게 한 자들에게 화내고 보복할 이유가 전혀 없습니다.

원수 갚는 것이 하나님께 있으니 주님께서 갚아주시옵소서.

하나님의 진노하심에 맡기고 저는 그저 용서하고 사랑하며 말씀에

순종하며 살겠습니다.

죄를 죄로 행하지 않겠다는 단호한 믿음으로 전진하기를

원합니다.

세월이 지날수록 뒷걸음치는 믿음을 저버리게 하여 주시옵소서.

예수님의 말씀이 나에게 권세가 되고 상급이 되게 하여
주시옵소서.

누가 무슨 말을 하여 나를 억울하게 만들어도 성령으로 견디고
변명 한 마디 안 하는 믿음을 허락해 주시옵소서.
나는 보혈의 권세로 썩어짐의 종노릇 한 것에서 해방되었습니다.
이제는 오직 주님만을 순종하는 것이 내 소원이고 내 목적이
되었습니다.
오직 예수님을 사랑하는 마음으로 항상 기뻐하며 범사에 감사하게
하여 주시옵소서.
하나님 우편에 있는 영원한 즐거움이 내게 임하기를 원합니다.
내 마음을 성령의 바람으로 시원하게 하여 주시고 기쁨과 감사가
충만하게 만들어 주시옵소서.

누군가를 만나고 어떤 일을 할지라도 속단하여 판단하지 않기를
원합니다.
판단하시고 정죄하시는 분은 오직 하나님 한 분밖에 없습니다.
그러므로 하나님이 정죄하지 않으시면 아무도 나를 판단하거나
정죄할 수 없습니다.
하나님 앞에서 심판받지 않으려면 정직하게 말하고 진실한
마음으로 사람들을 대하게 하여 주시옵소서.
내 마음에 정직을 품고 내 입술이 정직을 말할 때 기쁨의 샘물이
넘치게 될 것을 믿습니다.

지금은 세상 속에 살고 있는 죄인이지만 예수님께 충성하고
순종하려는 신부의 마음으로 살게 해주시옵소서.

세상에 살고 있어도 세상을 보지 않고 천국만 바라보고 복음
외에는 아무것도 보지도 말고 취하지도 말고 생각하지도 않게
하여 주시옵소서.
위험하면 할수록 주님께서 진리로 역사하는 것을 볼 수 있는
기회로 믿고 더욱 순종하며 나아가겠습니다.
힘이 들면 들수록 예수님의 도우심으로 일어서는 것을 알게 하여
주시고 깨닫게 도와주시옵소서.
어떤 일을 하다가도 내 의가 드러나지 않게 하여 주시고 내가
조심하지 않으면 주님의 거룩한 이름이 더럽혀진다는 것을 항상
생각하고 살게 해주시옵소서.
나는 복음에 사로잡힌 사람이고 복음을 위해 살고 복음의 푯대를
향하여 전진하고자 합니다.
복음은 죄와 구원을 가르치는 일이요, 천국과 지옥을 알게 하는
거룩한 일입니다.

나는 예수님을 믿기 때문에 예수님을 자랑하고 살고 싶습니다.
공손히 행동하고 정직하게 말하여 복음의 진리가 삶의 덕으로
열매 맺게 하여 주시옵소서.
나의 모든 동기와 목적은 우리 주 예수 그리스도와 십자가
복음입니다.

온전한 복음을 전하려면 내 자아가 성령의 불로 연단 받아야
합니다.
죄성 깊은 내 자아가 불의 능력으로 태워지고 없어지고 사라지게
도와주시옵소서.
죄로 얼룩지고 용서받았음에도 죄성 깊은 불완전한 내 자아를
십자가에서 완전히 죽게 하여 주시옵소서.

예수님도 하나님의 일을 하는 중에는 자신을 종으로써 낮추고
낮추시어 자신을 아무것도 아닌 것으로 여기시고 살아가셨습니다.
정욕을 옷입고 있는 내 자아를 십자가에서 온전히 죽게 하여
주시옵소서.
예수님은 자신 스스로를 낮추시고 겸손하게 사셨건만 내 자아란
놈이 뭐길래 창조주 앞에서 자유의지를 앞세워 이토록 교만하게
살아가는지 탄식만 나옵니다.
이제부터는 사람의 본분을 지켜서 하나님을 경외하고 하나님의
명령들을 지키며 살기를 원합니다.

하나님은 모든 행위와 은밀한 일을 선악 간에 심판하실 것입니다.
나를 전심으로 부인하기 위해서는 언약의 말씀을 굳건히 믿고
성령에 사로잡힌 기도에 전념하게 도와주시옵소서.
미련하고 어리석은 자아가 사라지게 되면 하나님의 통치가 시작될
수 있음을 믿습니다.

자아의 장벽을 넘어서기만 하면 하나님의 임재가 나를 다스리시고
통치하게 되실 것입니다.
성경에 기록된 빌립은 자아가 죽었기 때문에 사람들이 인정해
주는 박수 받는 장소를 떠날 수 있었습니다.
그로 인해 광야의 한복판에서 에디오피아의 모든 국고를 맡은
관리인에게 복음을 전하고 세례를 베풀 수 있었습니다.
그 에디오피아의 한사람으로 인하여 지금까지도 믿는 자들이
현존할 수 있게 되었음을 믿습니다.

오늘도 잃어버린 한 영혼을 찾으시는 하나님이 나를 통해 복음의
길을 열어 주시옵소서.
빌립의 자아가 죽어서 온전히 순종하였기에 나타난 복음의 열매가
나의 삶에도 나타나게 도와주시옵소서.
온전하게 죽은 빌립의 자아는 세례를 베푼 후 주의 영이 임하여
다른 장소로 순간 이동까지 할 수 있는 영광도 누릴 수 있게
되었습니다.
나는 없고 주님으로 채워졌을 때 무엇이든지 가능할 수 있음을
믿습니다.
하나님 아버지, 성령으로 말씀으로 내 심령을 채워 주시옵소서.
하나님 죄성 깊은 내 자아를 온전히 죽게 하여 그 비워진 자리에
하나님의 영이 임하여 성령의 은혜를 누리고 살게 해주시옵소서.
내 거짓된 자아의 지경을 성령의 힘으로 넘어서기를 원합니다.
그러기 위해서는 내 자신에게 집중하고 살지 않기를 간구합니다.

나에게 집중하지 않고 하나님께 집중하고 살게 하여 주시옵소서.
오직 복음과 영혼구원에만 총력을 다하고 살기를 원합니다.
하나님께서는 세상의 미련한 저 같은 자를 택하사 지혜 있는
자들을 부끄럽게 하셨습니다.
하나님께서는 세상의 나약한 저 같은 자를 택하사 강한 자들을
부끄럽게 만드시고 일하셨습니다.
그러므로 하나님은 약한 사람들을 섬기고 주 안에서 수고하는
것을 기쁘게 받으시는 하나님이십니다.
욕된 것으로 심고 영광스러운 것으로 다시 살아나게 하신
것처럼 지금 약한 것으로 심고 강한 것으로 다시 살아나게 하여
주시옵소서.
주님 없이는 어떤 것도 할 수 없는 존재가 되어 성령 안에서 약한
것을 자랑하는 간증자가 되게 하여 주시옵소서.
그러므로 하나님의 은혜는 내 능력이 약한 데에서 온전하여짐을
알게 되었습니다.
이로 인하여 내가 가지고 있는 약한 것들이 그리스도 예수님
안에서 자랑이 되고 능력이 됨을 믿게 되었습니다.
내가 가지고 있는 약점과 내가 가지고 있는 고난의 가시들이 우리
주님 안에서는 은혜가 되고 주님을 더욱 의지할 수 있는 실상이
되게 하시니 도리어 나는 크게 기뻐하고 기뻐합니다.

이러므로 내가 그리스도를 위하여 약한 것이 오직 주님만을
의지하고 살아가는 존재가 되었습니다.

내가 예수님을 위하여 능욕과 궁핍과 박해와 곤고를 기뻐합니다.

약할 때 강함을 주신 나의 하나님께 감사를 드립니다.

내 약점 때문에 하나님이 드러나는 강점이 되게 하여 주시고

나의 불가능이 하나님의 위대하심을 나타내는 기회가 되게 하여

주시옵소서.

우리 주님은 힘없고 나약한 나에게 능력이 되어 주시고 생명이

되시기를 원하십니다.

내 자아의 죽음을 인정할 때 주님은 내 곁에서 성령으로 역사해

주십니다.

내 자아가 십자가에서 끝나야 주님이 일을 시작해 주십니다.

내 자아가 사라져야 만이 성령님이 운행하기 시작하십니다.

성령 안에서 나를 비추어 주시는 말씀의 힘을 허락하여

주시옵소서.

내 영이 힘을 얻기 위하여서 말씀을 읽고 말씀의 양식을 먹게 하여

주시옵소서.

성경 말씀 속에 살아있는 하나님의 영이 실재가 되어 나에게

임재하여 주시옵소서.

거듭난 생명의 영과 성령과의 교제가 항상 기도 속에 있기를

원합니다.

정직한 마음 위에 성령이 임하여 주시옵소서.

온전한 심령 가운데 그리스도의 십자가의 기둥이 내 중심이 되어

살기를 원합니다.

내 마음 위에 성령의 단비를 뿌려 주시고 예수님의 보혈로

기경되어 옥토가 되게 하여 주시옵소서.

내 심령 밭에 사랑과 희락과 화평과 오래 참음과 자비와 양선과 충성과 온유와 절제의 열매를 맺게 해주시옵소서.

그리스도의 사람은 육체와 함께 세상의 욕심과 탐심을 십자가에 못 박고 살아가는 성도임을 믿습니다.

성령으로 살아서 성령으로 행하여 헛된 영광을 구하지 않게 하여 주시옵소서.

성령대로 살지 않으면 육체의 일은 분명합니다.

시기하고 분내고 끼리끼리 당을 짓고 분열하고 음행과 온갖 더러운 것과 탐심으로 세상 것에 빠져 우상숭배 할 것이 확실합니다.

하나님의 나라를 유업으로 받지 못하게 만드는 세상의 상식과 세상의 방법대로 살지 않게 하여 주시옵소서.

육체의 소욕은 성령을 거스르고 성령은 육체를 거스르게 될 때에 성령 따라 행하게 도와주시옵소서.

그리하여 육체의 욕심을 이루지 않고 살 수 있기를 원합니다.

내 몸으로 육체의 기회로 삼지 말고 오직 예수님의 십자가와 부활로 살게 해주시옵소서.

십자가의 걸림돌이 되는 모든 것을 스스로 베어 버리는 믿음을 주시옵소서.

순종의 걸림돌이 되는 모든 것은 자원하여 버릴 수 있는 힘을 주시옵소서.

죄성 깊은 내 자아를 살아나게 만드는 그 어떤 것도 과감하게 찍어 버리겠습니다.

내 눈이 범죄 할 것 같으면 빼어버릴 만큼 보는 죄에 예민하게 대응할 수 있게 도와주시옵소서.

내 귀가 범죄 할 것 같으면 내 귀를 잘라 버릴 만큼 듣는 죄에 빠르게 반응하기를 원합니다.

손과 발이 죄짓는 것에 달음질하려 할 때 말씀의 못이 십자가에 확박혀서 움직일 수 없게 만들어 주시옵소서.

내 생각으로 죄를 지으려고 할 때 보혈의 덮개를 머리에 싸매 주셔서 악한 자가 죄된 생각을 넣지 못하도록 막아 주시옵소서.

내 마음으로 죄의 씨앗을 심어 품으려고 할 때 성령의 불이 죄의 잔뿌리까지 완전히 없어지도록 다 태워 없애 주시옵소서.

죄의 그림자조차 밟지 않게 하여 주시고 세상적인 죄의 회중에 들지 않고 살기를 원합니다.

오직 말씀과 기도에 전무하여 복음자로 살게 하여 주시고 하늘의 것과 영원히 마르지 않는 보혈의 피를 마시고 성령을 마시는 영생을 좇아 살게 해주시옵소서.

이 땅에서는 썩지 않을 양식만을 위해 일하여 하나님의 뜻에 동참하고 주님의 계획 속에 살아가는 자로 살기를 원합니다.

말씀 안에서 성령 안에서 온전히 이룬 자로 살게 하여 주시옵소서.

그리스도를 본받아 살게 하여 주셔서 나의 낮은 몸을 주님의 영광된 몸의 형상처럼 변하게 하실 날을 손꼽아 기다리겠습니다.
오직 십자가를 품에 안고 점과 흠없는 말씀의 순종만을 생각하며
살게 도와주시옵소서.
예수님의 십자가를 본받아 나를 버리고 십자가의 길을 가게 하여
주시옵소서.

세상 그 무엇보다 십자가를 내 가슴에 새기고 사랑하며 살기를
원합니다.
애굽에서 주는 세상의 즐김과 누림보다 십자가 아래에서 받는
거룩한 고난과 하늘의 보화를 간구하며 살기를 원합니다.
영의 것을 위하여 세상 것을 내려놓는 믿음의 결단과 온유한
겸손을 주시옵소서.
땅의 것을 얻으려다가 영원한 것들을 다 흘려보내는 어리석은
자로 살지 않기만을 원합니다.
내 안에 예수님을 생각할 때에 하늘의 그 손이 일하시어 주님의
영광을 나타내 주시옵소서.

내가 무엇인가를 하지 않고 가만히 있어도 내 안에 계신
그리스도의 겸손이 일하게 하여 주시옵소서.
예수님의 마음을 내 안에 두고 예수님의 시선을 내 눈에 두고
살기를 원합니다.
그리스도의 원하심을 내 생각에 차고 마음에 동이며 살기를
간구합니다.

십자가의 그 길이 장차 나에게는 이 세상과 족히 비할 수도 없는
영광의 길이 될 것을 믿습니다.
고난과 불편이 따르고 억울함과 애통이 나를 에워싸도 주님이
나를 통해 일하실 것이 믿어지니 그저 감사할 뿐입니다.
감사가 영적인 힘이 되게 하여 주시고 감사를 통하여 그리스도의
겸손을 이루어내는 지혜자로 살기를 간구합니다.
사랑하고 사랑하게 하여 주시옵소서.

겸손하고 겸손해지게 하여 주시옵소서.
시간이 지날수록 더욱 낮아지고 또 낮아지는 삶이 되기를
원합니다.
나를 살리신 그 사랑을 세상에 있는 공기처럼 숨을 쉬듯 전하며
살기를 간구합니다.

하늘의 모든 영광을 다 내려놓으신 예수님을 본받아 나도 작지만
세상에 있는 모든 영광을 다 내려놓을 수 있는 믿음과 소망과
사랑을 주시옵소서.
무엇을 하든지 말씀 안에서 주님이 기뻐하시는 그 길을 가게 하여
주시고 뒤돌아서지 않기를 원합니다.
그리스도의 마음을 내 십자가에 새기고 그리스도의 시선을 내
마음에 단단히 차고 살기를 소망합니다.
나를 향한 십자가의 사랑이 온 땅을 덮게 하여 주시고 나를 주님의
길로 인도해 주시옵소서.

나를 살리신 그 사랑으로 모든 사람들의 영혼을 살려 주시고
이제라도 주님의 나라와 하나님의 의를 위한 영원한 일에
동참하며 살기를 간구합니다.
기회가 와서 세상 것을 하나 얻고 영적인 것을 내어 주는 자로
살지 않기를 원합니다.
정욕이 틈을 타고 들어와도 안 취하고 안 받아서 영원한 것을
끝까지 지켜내는 순결한 신부로 살게 하여 주시옵소서.

하나를 내어 주고 열을 얻는 지혜보다 지금 가지고 있는 작은
능력으로도 우리 주님을 기쁘시게 만드는 삶을 살게 하여
주시옵소서.
싸워도 의를 명분 삼아 싸우지 않게 하여 주시고 명분 삼을 의가
없을지라도 내 영혼을 지키는 것이 가장 거룩한 예배요 살아 있는
의가 됨을 기억하게 하여 주시옵소서.
내 자아로 인한 죄를 버리고 영의 생각을 하며 사는 것이 의에
대하여 살게 되는 것임을 믿습니다.
명분을 의로 여기는 죄에 빠지지 않게 하여 주시옵소서.
그럴듯한 싸움이 의로 포장되지 않기를 원합니다.
의는 의요, 죄는 죄입니다.
의와 죄는 함께 할 수 없습니다.
의에 대하여는 오직 나를 비우고 겸손하게 말씀에 순종하는 것
외에는 결코 다른 길이 없음을 믿습니다.

죄에 대하여는 교묘한 의로 나를 비우는 듯하나 실상은 육신의
정욕을 얻고자 하는 숨어 있는 자기의만 될 뿐입니다.
주님 앞에 나를 내어드리고 복음의 밭을 갈면서 뒤를 돌아보지
않게 하여 주시옵소서.
말씀을 지키는 신부가 되어 말씀이 나를 지켜주는 삶을 살 수 있게
은혜를 내려 주시옵소서.
계명을 지키는 그리스도의 상급자가 되어 계명이 나의 옷이 되어
살아가는 신부로 살기를 원합니다.
하나님의 사랑이 참으로 내 속에서 온전하게 이루어지게 하여
주시옵소서.
이로써 내가 주님 안에 있는 줄을 확실히 믿고 살겠습니다.
그런즉 내가 주의 뜻 행하기를 주저하지 않기를 간구합니다.

험담의 언어가 일상이 되지 않게 하여 주시고 사랑의 언어와
용서의 언어가 내 삶을 수놓는 아름다운 장식이 되게 하여
주시옵소서.
비방과 멸시가 나를 험담하여도 공의로운 주께서 나를 햇빛과
같이 비추어 주시니 내 감사의 잔이 넘치나이다.
비방이 상급으로 바뀌고 멸시가 하늘의 칭찬이 될 것입니다.
그리스도의 이름으로 치욕을 당하여 영광의 영이 내 위에 계심을
느끼고 살게 하여 주시옵소서.
그리고 보니 예수님의 이름으로 무엇을 하든지 버릴 것 하나도
없이 하늘의 칭찬이 되고 상급이 되고 영원한 영광이 되는 것을

알게 해주신 하나님을 찬양합니다.
기쁨의 잔이 넘칠 때마다 천국에서 입게 될 영광의 옷도 더욱
빛나게 하여 주시옵소서.

겸손의 잔을 마실 때에 나의 무릎이 땅바닥에 닿게 하여 주시고
마음의 짐이 주의 능력으로 더욱 가벼워지게 하여 주시옵소서.
살아있는 순종이 되기를 원합니다.
아름다운 순종이 되게 하여 주시옵소서.
거룩하고 겸손한 순종이 내 삶에 기념되고 하늘에 기록되는
영광을 사모합니다.
고난의 쓴 잔이 내 영에게는 하나님이 주시는 최고의 명약임을
믿습니다.
슬픔의 고통을 지나 하늘에서 주는 기쁨에 이르기를 원합니다.
잠시 잠깐의 내 어려움이 안개처럼 사라지고 내 근심과 세상의
염려도 함께 소멸되게 하여 주시옵소서.
고난의 잔을 순종으로 마시고 성령으로 삼켜질 때마다 하늘에
영광이 부어지기를 간구합니다.

하나님의 말씀이 나에게 큰 힘이 됩니다.
하나님의 존재가 나의 존재에 큰 빛이 되고 위로가 되며 영원한
보호자가 되십니다.
하늘에서 받게 될 더 큰 존영이 성령으로 밝게 빛날 것이 믿어지니
빛나는 믿음을 더욱 취하겠습니다.

세례요한처럼 복음의 확성기로 살게 하여 주시되 내가 드러나는
나팔소리가 되지 않게 하여 주시옵소서.

하나를 내어 주고 하나를 잃는 것보다 하나를 안 받고 다른
하나까지 얻어내는 지혜를 내려 주시옵소서.
죽은 후 사라지는 일시적인 것에 마음을 두지 않고 살기를
원합니다.
예수님처럼 죽기까지 복종하다가 죽을 수만 있다면 무엇이 아쉽고
무엇이 두려울 것이 있겠나이까.
예수님처럼 죽도록 충성하다가 충성스럽게 내 십자가에서 죽을
수만 있다면 무엇을 바라리이까.
예수님처럼 겸손과 온유로 살다가 낮아지고 낮춰지게 하여
주시옵소서.
예수님처럼 거룩하게 살다가 거룩한 모습으로 십자가에서 죽고 또
죽어 거룩한 부활체를 이루어 주시옵소서.

내가 나된 것은 주님의 은혜로 겸손의 차꼬를 차고 있기
때문입니다.
내 마음에도 절제의 차꼬를 차고 있기 때문에 고난도 꿀송이처럼
달게 느껴집니다.
내 배에서 쓰면 쓸수록 내 영혼이 더욱 강해지고 강건해질
것입니다.
내 입에서는 달고 내 배에서 쓴 고난이 찾아올지라도 기꺼운

마음으로 받게 하여 주시옵소서.

못 자국 난 주님의 거칠고 험한 손이 나의 손이 되기를 간구합니다.

예수님의 못 자국난 거룩한 흔적을 내 삶에도 살아있는
핏자국으로 나타내 주시옵소서.

그리하여 이 기도가 신부의 면류관을 받을 수 있는 영의 기도가
되게 하여 주시고 하나님의 보좌 앞 금제단에 상달되는 기도가
되기를 간구합니다.

여호와의 마음에 가장 합한 기도를 영의 기도로 올려 드립니다.

하나님이 흠향하시고 가장 기뻐하시는 기도로 응답하여
주시옵소서.

예수 그리스도의 신부가 되는 가장 아름다운 기도를 우리 주님
앞에 올려드리며 우리 주 예수 그리스도의 이름으로 간절히
기도합니다. 아멘.

뒤에 있는 것은 잊어버리고 앞에 있는 것을 잡으려고 푯대를 향하여
그리스도 예수 안에서 하나님이 위에서 부르신 부름의 상을 위하여
달려가노라 빌 3:13-14

신부의 삶이 상급이 되는 기도

너는 위엄과 존귀로 단장하며 영광과 영화를 입을지니라 욥 40:10

내가 여호와로 말미암아 크게 기뻐하며 내 영혼이
나의 하나님으로 말미암아 즐거워합니다.
예수님이 흘려주신 보혈로 구원의 옷을 내게 입혀주시니
내 영혼이 주를 찾기에 갈망합니다.
그리스도의 신성한 성품에 참여하여 그리스도의 성품을 이루는
삶이 되게 하여 주시옵소서.
주님이 주시는 사랑하는 마음으로 사랑을 이루고 살기를
원합니다.
주님이 입혀주시는 용서하는 옷이 내 삶에 덮어지게 하여
주시옵소서.

하나님이 나에게 공의의 겉옷을 더해 주셔서 말씀의 열매를 맺게
하여 주시옵소서.
온전히 예수님과 하나가 되어 신랑의 말씀과 신부의 보석으로
내 삶이 단장되기를 원합니다.
주님께 올려 드리는 회개의 눈물이 하늘의 보석으로 쌓이게 하여
주시옵소서.
지금 겪고 있는 고난의 진주 보석이 장차 천국에서 들어갈

아름다운 진주성이 되게 하여 주시옵소서.

신부로 사는 자는 곧 어린양의 아내가 될 것입니다.

신부는 하나님께로부터 하늘에서 내려오는 거룩한 성 예루살렘의
거룩한 모습이 될 것입니다.

이 땅에서의 삶이 신부가 그리스도를 위하여 단장한 것처럼 살게
하여 주시옵소서.

그리스도를 위하여 보석으로 단장한 어여쁜 모습이 되기를
원합니다.

성에서 흘러나오는 분위기가 그리스도를 위하여 살아온 신부의
모습이 되게 하여 주시옵소서.

그리스도를 위하여 준비해 온 신부의 거룩한 모습을 기대하며
살겠습니다.

성의 모습이 신부가 단장한 모습이 되는 것을 기억하여 이 땅에서
더욱 온전하고 아름답게 준비하기를 원합니다.

신부가 들어가서 살게 될 성곽의 기초석을 순종의 보석으로
꾸미게 하여 주시옵소서.

신부가 세상에서 그리스도를 사랑한 자기의 보석으로 삶을
살아낼 때마다 그 행위가 성곽의 보석으로 바뀌어 아름다운 성이
지어지고 있음을 믿습니다.

말씀의 보석으로 신부의 삶을 아름답게 꾸미고 믿음의 보석으로
신부의 삶을 단장하며 살아가도록 도와주시옵소서.

소망의 보석으로 천국을 향한 마음을 품고 살아가고
사랑의 보석으로 그리스도의 사랑을 행하며 살기를 원합니다.
신부에게 있는 사랑의 보석은 신랑되신 예수 그리스도의 거룩한
성품을 이루어내는 가장 최고의 보석임을 믿습니다.
그리하여 신부는 그리스도의 사랑 때문에 울고 그리스도의 사랑
때문에 인내하며 살아갈 수 있음을 믿습니다.
그리스도를 향한 신부의 사랑은 온유하고 시기하지 아니하며
자랑하거나 교만하지 않습니다.

그리스도를 향한 신부의 사랑은 누구에게도 무례히 행하지 않고
자기의 유익을 구하지 않습니다.
신랑의 성품을 닮아가려고 화가 난 상황에서도 성내거나 분내지
않는 신부가 되게 하여 주시옵소서.
온유한 말로 말 속에 소금의 맛을 내고 살아가는 신부가 되기를
원합니다.
예수님을 사랑하는 신부가 되어 스쳐 지나가는 생각에도 악이
없기를 소망합니다.
불의를 기뻐하지 않으며 진리와 함께 기뻐하는 신부가 되게 하여
주시옵소서.
하나님의 말씀을 내 삶에 차고 모든 것을 참고 믿고 바라며 살게
해주시옵소서.

사랑의 은사를 주셔서 사랑의 보석을 가장 많이 단장하고 살기를

원합니다.

영원히 없어지지 아니할 말씀이 내 속사람의 양식이 되게 하여
주시옵소서.

오직 예수님만을 사랑하고 기다리는 신부가 되어 세상과 구별된
거룩한 보석으로 눈을 단장하고 귀를 단장하고 손과 발을
거룩하게 가꾸는 삶을 살게 해주시옵소서.

가장 지혜로운 신부가 되어 지혜의 화관을 쓰고 세상을 살게 하여
주시옵소서.

예수님을 손꼽아 기다리는 신부는 감사의 보석으로 단장하여 보고
듣고 생각하고 행동하는 모든 것에 감사로 살아갑니다.

기도하고 감사하게 하여 주시고 예배드릴 수 있는 것에 감사하는
상급자로 살게 해주시옵소서.

말씀 가운데 하나가 되기를 원합니다.

성령 가운데 하나가 되게 하여 주시옵소서.

기도 가운데 하나가 되는 삶을 살게 하여 주시옵소서.

아버지 하나님 앞에 간절히 간절히 간구합니다.

주여 주여 나를 도와주시고 인도해 주시옵소서.

주 뜻대로 이 모든 것을 이루어 주시옵소서.

내 입술에서 성령의 기름부음이 임하게 하여 주시옵소서.

모든 고난을 성령으로 이기게 하여 주시옵소서.

마귀의 방해가 심할수록 천국에서는 큰 자가 될 수 있음을
믿습니다.

믿음의 시험이 많을수록 천국에서는 존귀한 자가 될 수 있음을
믿습니다.

천국에서 상급 없는 이 땅에서의 잘나가는 리더보다 천국에서
면류관을 받는 이 땅에서의 무명인으로 살게 하여 주시옵소서.

심령이 가난한 자로 겸손한 마음을 가지고 낮은 자세로 살아가는
자가 천국에서 큰 자가 될 것입니다.

천국에서의 보상은 이 땅에서 심은 대로 거두게 될 것을 믿습니다.

하나님이 거하시려고 지으신 내 심령의 집을 주의 손으로
세워주시옵소서.

이 땅에서 나의 삶이 아름다운 영의 사람이 되기를 원합니다.

나의 낮아짐이 순종의 보화가 되게 하여 주시옵소서.

나의 내려감이 겸손의 보석이 되기를 원합니다.

설명할 길이 없는 천국을 보지 않고 믿게 해주시니 감사합니다.

형용할 수 없는 천국을 믿음의 눈으로 보게 해주시니 감사합니다.

그리스도의 사랑으로 마음에 거슬리는 모든 것들이 사라지게 하여
주시옵소서.

말씀의 소리가 기도가 되기를 원합니다.

세상에 있는 모든 것들을 주님의 시선으로 보게 하여 주시옵소서.

해의 영광에 들어갈 수 있는 빛의 옷과 영광의 옷을 준비하며
살기를 원합니다.

삼층천의 빛을 감당할 수 있는 깨끗하고 온전한 믿음을

주시옵소서.

예수님의 몸에 새겨진 거룩한 흔적이 내 생각과 마음에도
새겨지기를 소망합니다.

예수님의 손에 새겨진 생명의 흔적이 내 삶에도 새겨지기를
간구합니다.

예수님이 흘리신 피의 흔적이 내 모든 죄를 용서해 주셨음을
믿습니다.

나의 육적인 오감을 버리고 거룩한 신부의 모습이 되기를
원합니다.

육의 오감이 죽고 영의 감각이 살아나기를 소망합니다.

고난의 풀무불을 통과하여 보석같이 연단되기를 간구합니다.

하나님의 의를 내 마음에 심어주시옵소서.

그리스도의 십자가를 내 심령에 심어주시옵소서.

죄에서 완전히 돌아서서 내 영이 회개의 열매를 먹고 살게 하여
주시옵소서.

예수님이 십자가에서 온 몸으로 싸워내신 영적 전쟁을 믿음으로
본받기를 원합니다.

조롱과 멸시를 이겨내시고 억울함과 고통을 아버지의 뜻에 따라
이겨내신 주님을 찬양합니다.

사랑과 용서로 이겨내신 주님의 마음을 내 심령에 깊이 새겨
놓습니다.

예수님의 십자가의 고난은 내 추악한 죄 때문에 받으신 사랑의
희생이셨습니다.
내 안에 있는 가짜의 영들아 예수님의 이름으로 명하노니
떠나갈지어다.
사람들의 말을 통해 들어온 근심의 영들아 성령의 불로 완전히
태워질지어다.
이 시간 예수님의 이름으로 기도하고 기도하겠습니다.
이 시간 성령의 능력으로 기도하고 기도하겠습니다.
주님께서 나를 붙잡아 주시고 친히 나를 이끌어주시옵소서.
예수님의 피로 명하노니 모든 악한 영들아 내 앞에서
사라질지어다.

내 속사람아 예수 그리스도의 권세를 받을지어다.
내 속사람아 성령의 능력을 받아 기도하고 기도할지어다.
내 영혼아 생명의 근원이신 하나님만을 바라보고 살지어다.
말씀 속에 역사하시는 하나님을 믿고 전진할지어다.
기도 속에 운행하시는 성령님을 신뢰하고 나아갈지어다.
신랑을 향한 신부는 감사하는 어여쁜 목소리를 가지고 있습니다.
신랑을 향한 신부는 기뻐하는 어여쁜 목소리를 가지고
살아갑니다.

그러나 신부는 그리스도와 함께 고난의 잔을 함께 마시고 눈물의
잔을 함께 나눌 때를 가장 감사하고 기뻐합니다.

예수님을 사랑하는 신부가 되어 남편 되신 그리스도의 말씀에
전적으로 따르게 하여 주시옵소서.
신중하며 순전하기를 원합니다.
맡겨진 일에 최선을 다하며 선한 모습으로 그리스도께 복종하게
하여 주시옵소서.
순종의 보석으로 신랑되시는 예수님의 말씀을 항상 마음에 품고
살기를 원합니다.
신랑이 원하시는 대로 자기를 부인하고 자기 십자가를 지고 뒤를
돌아보지 않고 살게 하여 주시옵소서.
그리스도를 향한 신부의 사랑이 되어 겸손의 보석으로 단장하기를
원합니다.
신랑이 스스로를 낮추고 신랑이 자신 스스로를 아무것도 아닌
것으로 만드신 것을 기억하는 신부가 되게 하여 주시옵소서.
더욱 낮추고 낮추며 살아가는 영의 사람이 되기를 간구합니다.
자기를 스스로 비워 종의 형체를 가지고 살게 하여 주시옵소서.
끝까지 낮추고 죽기까지 복종하여 십자가에서 항상 죽는 삶을
살게 해주시옵소서.

십자가를 가슴에 품고 신랑이 주신 십자가 위에서 죽는 것을 큰
영광으로 믿으며 살아가는 신부가 되기를 간구합니다.
신부에게 십자가는 영원히 잊을 수 없는 눈물의 본체입니다.
십자가의 사랑이 내 삶에 전부가 되게 하여 주시옵소서.
신부는 십자가로 세상을 이길 수 있음을 믿습니다.

신부는 십자가로 세상을 화목하게 만들어 낼 수 있습니다.
신랑이 흘려주신 십자가의 피를 한시도 잊지 않고 살게
해주시옵소서.
내 마음을 평안과 평강의 보석으로 단장하고 살기를 소망합니다.
나의 생각과 마음이 거룩과 경건의 보석으로 단장하기를
원합니다.
내 입술이 온유의 보석으로 꾸미고 살게 하여 주시옵소서.
내가 가는 곳마다 겸손의 보석으로 미움과 다툼을 제거하는 자로
살게 해주시옵소서.
가장 아끼는 옥합의 보석을 그리스도를 향한 향기로 깨뜨려
신랑이 가장 좋아하고 가장 원하는 곳에 아낌없이 흘려보내고
살게 하여 주시옵소서.

오늘 나는 예수님이 주신 자기 보석을 취하여 말씀을 장식하고
살겠습니다.
내 생각과 마음을 단장하여 눈과 귀를 꾸미고 아름다운 신부의
삶을 살아내겠습니다.
말 한마디에도 겸손과 온유의 보석으로 곱게 가꾸기를 원합니다.
예수님의 온유와 겸손이 흘러나오도록 살아내게 하여 주시옵소서.
자기 보석으로 아름답게 단장한 대로 성곽에 있는 모든 기초석을
얻기를 원합니다.
천국에 있는 성의 모습이 장차 나라를 다스릴 신부의 거룩한
자태가 되게 하여 주시옵소서.

나는 하나님이 택하신 족속이요, 왕 같은 제사장들이요, 거룩한
나라요, 주님의 소유된 백성임을 믿습니다.
예수님의 성품으로 만들어서 예수님과 함께 거룩한 나라를 다스릴
수 있는 영광을 주시옵소서.
예수님의 보혈로 구원의 옷을 입도록 허락해 주신 하나님께
감사드립니다.
장차 천국에서 왕의 자녀로 만들어 주실 하나님을 찬양합니다.
내 심령을 비워 신성한 성품에 참여할 수 있는 자격을 주셔서
감사합니다.
예수님의 영광과 보혈의 은총으로 나를 불러 주시옵소서.
보배롭고 지극히 큰 약속으로 신성한 성품에 참여하는 자가
되기를 원합니다.

예수님을 믿는 믿음으로 사람들에게 믿음의 덕을 세우고 살게
하여 주시옵소서.
내 삶을 말씀으로 절제하고 인내하며 경건의 모든 훈련을
통과하게 하여 주시옵소서.
하나님이 나에게 맡겨 주신 주변 사람들을 사랑하고 더 나아가
모든 것을 사랑할 수 있는 주님의 성품을 주시옵소서.
말씀을 행하여 내 영이 말씀의 양식을 먹고 말씀에 순종하여
하늘의 존영을 얻게 해주시옵소서.
믿음으로 예수님의 은혜에 들어감을 얻어서 하나님의 영광을
바라고 즐거워하기를 원합니다.

이 땅에서는 왕의 성품을 이루어내기 위하여 고난과 환난이
생기게 될 것입니다.
내 겉사람이 힘들수록 내 영은 더욱 기쁘고 감사하게 하여
주시옵소서.
하나님이 주신 이 고난을 통하여 예수님이 가지신 인내를 이루고
살기를 원합니다.
그 인내로 내 성격과 인격을 하나님의 성품으로 만들어서 왕의
자격을 얻게 하여 주시옵소서.
내 자아가 죽고 그 자리에 예수님의 온유와 겸손이 심어져서
온유한 마음과 겸손한 성품이 장차 나라들을 다스릴 수 있는
자격이 되게 하여 주시옵소서.
예수님의 지혜와 명철을 주셔서 총명하고 겸손한 자로 살기를
원합니다.

이 땅에서 지혜와 인내를 온전히 만들게 하여 주시옵소서.
주님이 주신 사람들을 사랑하고 용서하되 끝까지 견디며 살게
하여 주시옵소서.
완전한 신부의 자격과 성품을 말씀과 함께 이루어내기를
원합니다.
예수님이 가지고 계신 능력과 부와 지혜와 힘을 내려주시옵소서.
존귀는 완전한 신부가 갖게 되는 영광의 옷이요, 다스림의
성품임을 믿습니다.
하나님이 주시는 지혜와 감사로 살기를 원합니다.

이 땅에서 말씀에 순종하여 예수님의 성품을 이루어 낸 만큼
하늘에서도 영광의 반열이 다르고 신부의 자격이 달라지게 되는
것을 기억하고 살겠습니다.
그러므로 무조건 겸손으로 단장하여 자기의를 버리고 말씀에
복종하는 삶만 살다가 천국에 입성하게 도와주시옵소서.
신부에게 주실 영광과 권능을 말씀대로 순종하고 죽기까지
복종하여 칭찬과 영광과 존귀가 있게 하여 주시옵소서.
하나님이 나를 나라와 제사장으로 삼아 주셨으니 하나님의
나라에서 거룩한 직분을 받게 하여 주시옵소서.
왕의 성품으로 살기를 원합니다.

예수님의 고난과 희생의 잔을 순종함으로 마시고 살게 하여
주시옵소서.
예수님이 주시는 고난과 희생으로 예수님의 성품을 만들어 살기를
원합니다.
예수님의 거룩을 말씀으로 살아내어 거룩한 성품을 이루기를
원합니다.
내 영이 거룩한 삶을 살아내면 거룩한 양식을 먹고 거룩한 열매가
거룩한 성품이 될 것을 믿습니다.
예수님의 긍휼을 받아 내 영이 긍휼의 양식을 먹고 긍휼한 성품이
되도록 도와주시옵소서.
그로 인해 장차 거룩으로 다스리고 긍휼한 마음으로 다스릴 수
있는 자격을 얻게 하여 주시옵소서.

예수님의 사랑을 내 삶으로 살아내기를 원합니다.

사랑의 성품으로 나라들을 섬길 수 있는 영광을 허락해

주시옵소서.

예수님의 용서를 내 삶으로 살아내고 용서하는 성품을 얻어 장차

그 나라를 용서하는 성품으로 섬기게 하여 주시옵소서.

예수님이 십자가에서 죽도록 충성하신 것처럼 나도 말씀에 죽도록

충성하여 충성하는 성품을 얻기를 원합니다.

예수님이 기뻐하시는 성품을 내 것으로 만들어 신부의 기쁨을

누리고 살게 하여 주시옵소서.

우리 주님의 감사하시는 성품이 내 심령을 지배하여 감사가 차고

넘치기를 원합니다.

예수님의 온유와 겸손한 성품을 내 마음에 심어주시고 내 삶에

새겨 주시옵소서.

예수님의 거룩과 경건한 성품을 내 삶으로 살아내기를 원합니다.

예수님의 평안과 평강의 성품을 내 삶에서 나타내고 살기를

간구합니다.

예수님의 순종과 복종하는 성품으로 살게 하여 주시옵소서.

열 고을을 얻을 수 있는 칭찬받는 신부가 되기를 소망합니다.

예수님의 인자와 긍휼한 성품이 나의 삶이 되게 하여 주시옵소서.

예수님의 인내와 절제하는 성품을 내 삶에서 열매로 맺고 살기를

간구합니다.

예수님의 양선과 친절한 성품을 본받아 내 삶으로 살아낼 수
있도록 도와주시옵소서.
천국에서 주님이 주시는 대제사장의 자격을 얻게 하여
주시옵소서.
예수님의 자비와 화평하는 성품을 본받고 사는 것이 나의
푯대입니다.
예수님의 자족하는 마음과 참 만족을 본받아 온전한 마음으로
살게 하여 주시옵소서.
예수님이 자기 자신을 아무것도 아닌 것으로 만드신 지극히
겸손한 성품이 내 인격이 되기를 간구합니다.
하나님이신 예수님도 스스로를 낮추시고 더 낮추셔서 자신을
아무것도 아닌 것으로 만드신 것처럼 저도 바닥에 엎드리며 살게
해주시옵소서.

하나님이 신부의 기도와 간구를 들으시고 신부가 하는 일에
주님의 마음과 시선이 있기를 소망합니다.
예수님의 신부가 보좌를 향하여 기도할 때에 주는 그 간구함을
들으시고 주께서 주의 뜻과 계획 안에서 아름답게 이루어
주시옵소서.
기도로 평강을 얻은 후에 신랑과 동행하고 함께 살아가는 신부가
되기를 원합니다.

주님이 주신 온유하고 겸손하신 마음을 가지고 살게 하여 주실 것을 믿고 나를 구원해 주시고 천국의 처소를 예비해 주신 내 신랑 되신 예수님의 이름으로 간절히 기도합니다. 아멘.

이는 너희를 부르사 자기 나라와 영광에 이르게 하시는 하나님께 합당히 행하게 하려 함이라 살전 2:12

"신부단장 기도책"에 여러분들이 더 깊이 기도할 수 있는 아름다운 영의 기도가 준비되어 있습니다. 말씀으로 어여쁘게 수놓은 영의 기도를 여러분들에게 안겨드립니다. 오셔서 마음껏 영의 양식을 드시고 더욱 성장하신 영으로써 가장 아름다운 신부의 자태를 빚어 보시기를 권면해 드립니다.

– 읽는 기도, 신부단장 기도의 저자 드립니다 –

자유의지

성령이 충만하면 자동으로 될까
기도가 충만하면 자동으로 될까
그렇다면 예수님은 어째서
"이 잔을 내게서 옮기시옵소서"라고 기도하셨을까
그러나 주님은 자기의 뜻에 자유의지를 맞추지 않으시고
아버지의 뜻에 맞추셨다

예수께서 승천하실 기약이 차가매 예루살렘을 향하여 (십자가를
지고 죽기 위해) 올라가기로 굳게 결심하시고 눅 9:51

내 안에 ...

성령으로 믿고사는 믿음이 내 안에
성령으로 소망하는 소망이 내 안에
성령으로 사랑하는 사랑이 내 안에
성령으로 기뻐하는 기쁨이 내 안에
성령으로 감사하는 감사가 내 안에
내가 주님 안에 주님이 내 안에 거하시니 온전한 하나됨을 이루리
오늘도 내 안에는 영의 것 하늘의 것만 채우는 하루를 보내려네
그것이 하늘의 은사를 맛보아 아는 하루가 될 것이니
하나님의 뜻을 행하는 자가 되어 영원한 곳에서 다시 찾으리
이 땅에서는 믿음과 소망과 사랑이 나의 양식이 되어 먹고
하늘에서는 영원한 면류관이 되어 되찾으리
이 땅에서는 기쁨의 옷이 나의 겉옷이 되고
감사의 옷이 나의 속옷이 되어 날마다 입으며 살리라

우리가 감사함으로 그 앞에 나아가며 시를 지어 즐거이 그를
노래하자 시편 95:2

예수 그리스도

사랑하는 예수 그리스도
살아계신 예수 그리스도
동행하는 예수 그리스도
다시 오실 예수 그리스도

영원하고 영원하신
예수~ 그 리 스 도!

예수께서 이르시되 내가 곧 길이요 진리요 생명이니
나로 말미암지 않고는 아버지께로 올 자가 없느니라 요 14:6

예수께서 이르시되 나는 부활이요 생명이니 나를 믿는 자는
죽어도 살겠고 무릇 살아서 나를 믿는 자는 영원히 죽지
아니하리니 이것을 네가 믿느냐 요 11:25-26

신부단장 지침서

초판 1쇄 인쇄 2024년 8월 12일
초판 2쇄 발행 2024년 8월 27일

지은이   무명의 기도자

펴낸이   황성연

펴낸곳   도서출판 더하트

출판등록   제 2024-000016호

주문처   하늘유통

주소   경기도 파주시 광탄면 혜음로883번길 39-32

전화   031-947-7777

팩스   0505-365-0691

홈페이지   www.jesus-jesus.com

ISBN   979-11-941770-81 03230